Wörlen · Kokemoor | Sachenrecht

Sachenrecht

mit Kreditsicherungsrecht

Begründet von
Dr. iur. Rainer Wörlen (†)
ehemals Professor an der Hochschule Schmalkalden

fortgeführt von
Dr. iur. Axel Kokemoor
Professor an der Hochschule Fulda

unter Mitarbeit von
Dr. iur. Stefan Lohrer
Professor an der Hochschule Aschaffenburg

10., überarbeitete und verbesserte Auflage 2017

Verlag Franz Vahlen

Zitiervorschlag: *Wörlen/Kokemoor* SachenR Rn.

www.vahlen.de

ISBN 978 3 8006 5423 9

Wilhelmstraße 9, 80801 München
Druck: Druckhaus Nomos
In den Lissen 12, 76547 Sinzheim

Satz: R. John + W. John GbR, Köln
Umschlaggestaltung: Martina Busch, Grafikdesign, Homburg Saar

Gedruckt auf säurefreiem, alterungsbeständigem Papier
(hergestellt aus chlorfrei gebleichtem Zellstoff)

»Die Beharrlichkeit auf den
Besitz
gibt uns in manchen Fällen
die größte Energie.«

»Taste aber nur einer das
Eigentum
an, und der Mensch mit seinen Leidenschaften
wird sogleich da sein.«

(Johann Wolfgang von Goethe)

Vorwort

Das vorliegende Lernbuch soll Studierenden insbesondere der Rechts- und Wirtschaftswissenschaften sowie des Wirtschaftsrechts den Einstieg in das Sachenrecht und das Kreditsicherungsrecht erleichtern. Durch die zahlreichen Prüfungsschemata, Lern- und Arbeitshinweise sowie 45 Übungsfälle eignet es sich gleichermaßen gut für eine komprimierte Wiederholung vor Prüfungen.

Charakteristisch für das »Sachenrecht« – wie auch die anderen von *Rainer Wörlen* begründeten »Lernbücher« – ist sein didaktisches Konzept des »Lernens im Dialog«, das mit Spaß am Lernen den *aktiven* Einstieg in ein Rechtsgebiet ermöglichen soll. Es hat sich seit vielen Jahren bewährt und lässt ihn in dieser (»seiner«) Buchreihe weiterleben. Die Zielsetzung wurde von Wörlen in dem nachfolgend abgedruckten Vorwort zur ersten Auflage eingehend beschrieben. **Den Studierenden, die mit diesem Buch arbeiten, sei die Lektüre des Auszugs aus dem »Vorwort zur ersten Auflage – zugleich eine Arbeitsanleitung« wärmstens auch zur Arbeitserleichterung empfohlen!**

Die zehnte Auflage bringt Rechtsprechung und Literatur auf den aktuellen Stand. Ferner wurden wiederum Gliederungsteile modifiziert und weiteren Themengebieten Übersichten und kurze Prüfungsschemata vorangestellt. Auch neue Lern- und Prüfungshinweise sowie Beispiele sind enthalten.

Bei der Darstellung des Kreditsicherungsrechts wurde die bereits enthaltene Einführung zum Recht der Personalsicherheiten weiter ergänzt, um Parallelen und Unterschiede zu den Realsicherheiten noch besser zu verdeutlichen. Wegen ihrer großen Bedeutung in der Praxis erfolgt die Betrachtung des Eigentumsvorbehalts und der Sicherungsgrundschuld nun ausführlicher.

Konstruktiv-kritische Anregungen und »Fehlermeldungen« nehmen wir dankbar und gern entgegen. Unsere Anschriften lauten: Hochschule Fulda, Leipziger Straße 123, 36037 Fulda, Fax: 0661/9640-452, E-Mail: axel.kokemoor@sk.hs-fulda.de sowie Hochschule Aschaffenburg, Würzburger Straße 45, 63743 Aschaffenburg, Fax: 06021/4206-701, E-Mail: stefan.lohrer@h-ab.de.

Fulda und Aschaffenburg, im Juni 2017

Axel Kokemoor
Stefan Lohrer

Auszug aus dem Vorwort zur 1. Auflage – zugleich eine Arbeitsanleitung

Der in meinen Büchern »BGB AT«, »Schuldrecht AT« und »Schuldrecht BT« behandelte Stoff wird als bekannt vorausgesetzt.

Den Studierenden soll der Stoff hier wie dort nicht in einem vortragsähnlichen Monolog nahegebracht werden, sondern – wie es in der praxis- und anwendungsbezogenen Lehre an Fachhochschulen üblich ist – in Form eines »Lehrgesprächs«. Ihnen soll anhand von zur Thematik hinführenden Fragen Gelegenheit gegeben werden, sich zunächst *eigene Gedanken* zu machen, bevor sie die Antworten lesen, die den Stoff lehrbuchartig darbieten.

Bei der Darstellung des Stoffes wird weitgehend die sog. »Fall-Methode« angewandt: »Das Recht« wird in der Praxis des täglichen Lebens von Rechtsfällen (Rechtsstreitigkeiten) beherrscht; so liegt es nahe, eine praxis- und anwendungsbezogene Lehre am »Fall« zu orientieren. Ein Fall endet regelmäßig mit einer Frage, und zu dieser Frage sollten die Studierenden bei der Durcharbeitung dieses Buches – *auch ohne besondere Aufforderung – zunächst eigene Überlegungen anstellen,* bevor sie weiterlesen.

Erfolgreiches Lernen bedeutet schließlich nicht nur **Lesen** und **Nachdenken,** sondern immer und immer wieder: **Wiederholen!** Um den Studierenden Gelegenheit zu geben, zu überprüfen, was von dem Gelesenen im Gedächtnis geblieben ist, werden ihnen am Ende von Teilabschnitten Stoffgliederungsübersichten, Merksätze und Prüfungsschemata dargeboten. Sollte man bei der Lektüre dieser Überschriften feststellen, dass man der Zusammenfassung nicht ohne Schwierigkeiten folgen kann, sollte man tunlichst zurückblättern, um den Stoff nachzuarbeiten! Gegebenenfalls mache man sich Notizen, um einem »Problem« anhand von vertiefender Literatur nachzugehen.

Juristische »Probleme« werden in diesem Buch bewusst nicht ausführlich erörtert [...] Zur Nacharbeitung des hier dargebotenen Stoffes dienen die konkreten Literaturhinweise »Zur Vertiefung« am Ende von Abschnitten innerhalb des Textes. [...]

Schließlich soll diese »Einstiegsliteratur« bei der Stoffvermittlung auch schon an die zivilrechtliche, gutachtliche Denkweise heranführen, deren Beherrschung für die Anfertigung von Prüfungsklausuren geboten ist. Bisweilen wird der Stoff, den ein Fall vermitteln soll, daher in gutachtenähnlicher Form »klausurmäßig« aufbereitet.

Hierzu möchte ich den Studierenden dringend raten, meine *»Anleitung zur Lösung von Zivilrechtsfällen«* ..., wenn noch nicht geschehen, nach dem dort im Vorwort unterbreiteten Arbeitsvorschlag durchzuarbeiten! Das bedeutet: Alle Klausuren sind nach Lektüre des Sachverhalts in der vorgegebenen Bearbeitungszeit **selbst** zu **lösen.** Das »**Lesen**« einer solchen »Anleitung« reicht nicht aus! Um die Klausurentechnik zu erlernen und nicht ewig Anfänger zu bleiben, gibt es nur einen »schmerzlichen« Weg: immer wieder Klausuren schreiben!

Es ist kein Zufall, dass in diesem Vorwort so häufig vom »*Arbeiten*« (= *Durch*arbeiten, *Nach*arbeiten – auch *Vor*arbeiten kann nicht schaden!) die Rede ist. Es soll ja zugleich eine *Arbeits*anleitung sein!

»Ohne Arbeit kein Erfolg!« oder »Ohne Fleiß kein Preis!« sind nicht etwa Allgemeinplätze, sondern reine Wahrheit, »nichts als die Wahrheit!« Das Arbeiten (Synonym: Studieren!) kann dieses Buch, wie auch andere, nicht ersetzen. Es kann und soll die Arbeit aber etwas erleichtern und auflockern!

Bevor Sie mit der Lektüre beginnen, noch ein letzter Ratschlag, der, obwohl eigentlich selbstverständlich, nicht oft genug gegeben werden kann: **Lesen Sie jede zitierte Vorschrift (= §!) sorgfältig durch.** Wenn Sie dieses Buch durcharbeiten, ist die ständige Benutzung (Lektüre) eines Textes des BGB unerlässlich. Empfehlenswert ist die Anschaffung der **neuesten Auflage** der Textsammlung »Bürgerliches Gesetzbuch« der Reihe Beck-Texte im dtv (Nr. 5001) mit einer lesenswerten Einführung von *Köhler* oder die umfassendere NWB-Textausgabe »Wichtige Gesetze des Wirtschaftsprivatrechts« mit einer Einführung von *Güllemann*. Den Hinweis »*Lesen!*« werden Sie im Text dieses Buchs immer wieder finden. Wenn ich die Wichtigkeit der Gesetzeslektüre in meiner »*Anleitung zur Lösung von Zivilrechtsfällen*« noch mit dem Satz »Die halbe Juristenwahrheit steht im Gesetz« unterstrichen habe, so möchte/muss ich dem noch hinzufügen:

»Die Hälfte aller Fehler in juristischen Anfängerklausuren könnte vermieden werden, wenn die Bearbeiter die zitierten Vorschriften (genauer) lesen würden.«

Köln, im Dezember 1991 *Rainer Wörlen*

Inhaltsverzeichnis

Verzeichnis der Übersichten

Abkürzungsverzeichnis

a . . . . Ar (1a=100 m^2 = 0,01 ha)
aA . . . . anderer Ansicht
aE . . . . am Ende
Abs. . . . . Absatz
Abschn. . . . . Abschnitt
AcP . . . . Archiv für die civilistische Praxis (Zeitschrift)
ADSp. . . . . Allgemeine Deutsche Spediteurbedingungen
AG . . . . Aktiengesellschaft/Amtsgericht
AGB . . . . Allgemeine Geschäftsbedingungen
AL . . . . AD LEGENDUM (juristische Ausbildungszeitschrift)
allg. . . . . allgemein
Alt. . . . . Alternative
Art. . . . . Artikel
AT . . . . Allgemeiner Teil
Aufl. . . . . Auflage
ausf. . . . . ausführlich

BauGB . . . . Baugesetzbuch
BayBO . . . . Bayerische Bauordnung
Bd. . . . . Band
BeurkG . . . . Beurkundungsgesetz
BGB . . . . Bürgerliches Gesetzbuch
BGBl. . . . . Bundesgesetzblatt
BGH . . . . Bundesgerichthof
BGHZ . . . . Entscheidungen des Bundesgerichtshofs in Zivilsachen (Amtliche Sammlung)
BImSchG . . . . Bundes-Immissionsschutzgesetz
BJagdG . . . . Bundesjagdgesetz
BNatSchG . . . . Bundesnaturschutzgesetz
Bsp. . . . . Beispiel/e
BT . . . . Besonderer Teil
BVerfG . . . . Bundesverfassungsgericht
BVerfGE . . . . Entscheidungen des Bundesverfassungsgerichts
bzgl. . . . . bezüglich
bzw. . . . . beziehungsweise

CRR . . . . Capital Requirements Regulation = Verordnung (EU) Nr. 575/2013 des Europäischen Parlaments und des Rates vom 26. Juni 2013 über Aufsichtsanforderungen an Kreditinstitute und Wertpapierfirmen und zur Änderung der Verordnung (EU) Nr. 646/2012

DaBaGG . . . . Gesetz zur Einführung eines Datenbankgrundbuchs
DDR . . . . Deutsche Demokratische Republik
dh . . . . das heißt
DNotZ . . . . Deutsche Notar-Zeitschrift
dtv . . . . Deutscher Taschenbuch-Verlag
dtv-BGB . . . . Beck-Texte im dtv: Bürgerliches Gesetzbuch (Nr. 5001)

EBV . . . . Eigentümer-Besitzer-Verhältnis
EGBGB . . . . Einführungsgesetz zum Bürgerlichen Gesetzbuche
entspr. . . . . entsprechend
ErbbauVO . . . . Erbbaurechtsverordnung
ErbbauRG . . . . Erbbaurechtsgesetz

ErbR . . . . Erbrecht
ERVGBG . . . . Gesetz zur Einführung des elektronischen Rechtsverkehrs und der elektronischen Akte im Grundbuchverfahren sowie zur Änderung weiterer grundbuch-, register- und kostenrechtlicher Vorschriften
etc . . . . et cetera
EV . . . . Eigentumsvorbehalt
evtl. . . . . eventuell

f. . . . . folgende (Seite)/für
ff. . . . . folgende (Seiten)
FGPrax . . . . Praxis der freiwilligen Gerichtsbarkeit (Zeitschrift)
FlugLärmG . . . . Gesetz zum Schutz gegen Fluglärm
FlurbG . . . . Flurbereinigungsgesetz
Fn. . . . . Fußnote

GbR . . . . Gesellschaft des bürgerlichen Rechts
GBO . . . . Grundbuchordnung
GBV . . . . Verordnung zur Durchführung der Grundbuchordnung (Grundbuchverfügung)
gem. . . . . gemäß
GG . . . . Grundgesetz für die Bundesrepublik Deutschland
ggf. . . . . gegebenenfalls
GmbH . . . . Gesellschaft mit beschränkter Haftung
grds. . . . . grundsätzlich
GrESt . . . . Grunderwerbsteuer
GrEStG . . . . Grunderwerbsteuergesetz

HGB . . . . Handelsgesetzbuch
ha . . . . Hektar (1 ha = 100 a = 10 000 m^2)
hM . . . . herrschende Meinung
Hs. . . . . Halbsatz

idR . . . . in der Regel
InsO . . . . Insolvenzordnung
iSd . . . . im Sinne der/des
iSv . . . . im Sinne von
iVm . . . . in Verbindung mit

JA . . . . Juristische Arbeitsblätter (Zeitschrift)
JURA . . . . Juristische Ausbildung (Zeitschrift)
JuS . . . . Juristische Schulung (Zeitschrift)

Kap. . . . . Kapitel
Kfz . . . . Kraftfahrzeug
KG . . . . Kommanditgesellschaft

lat. . . . . lateinisch
lit. . . . . litera (Buchstabe)

mwN . . . . mit weiteren Nachweisen
MüKo . . . . Münchener Kommentar

NJW . . . . Neue Juristische Wochenschrift (Zeitschrift)
NZM . . . . Neue Zeitschrift für Miet- und Wohnungsrecht

OHG . . . . offene Handelsgesellschaft
OLG . . . . Oberlandesgericht

Pkw . . . . Personenkraftwagen
PfandlV . . . . Pfandleiherverordnung

qm . . . . Quadratmeter

Rn. . . . . Randnummer(n)
RegVBG . . . . Registerverfahrensbeschleunigungsgesetz
Rpfleger . . . . Der Deutsche Rechtspfleger (Zeitschrift)
RSiedlG . . . . Reichssiedlungsgesetz
Rspr. . . . . Rechtsprechung

S. . . . . Satz/Seite(n)
SachenR . . . . Sachenrecht
ScheckG . . . . Scheckgesetz
sog. . . . . sogenannt/e/er
StGB . . . . Strafgesetzbuch
stRspr . . . . ständige Rechtsprechung

unstr. . . . . unstreitig
usw . . . . und so weiter
uU . . . . unter Umständen

v. . . . . vom/von
Var. . . . . Variante
vgl. . . . . vergleiche
VO . . . . Verordnung
VOB/B . . . . Vergabe- und Vertragsordnung für Bauleistungen Teil B

WEG . . . . Wohnungseigentumsgesetz
WG . . . . Wechselgesetz/Wohngemeinschaft
WM . . . . Wertpapier-Mitteilungen – Zeitschrift für Wirtschafts- und Bankrecht

zB . . . . zum Beispiel
ZKF . . . . Zeitschrift für Kommunalfinanzen
ZfIR . . . . Zeitschrift für Immobilienrecht
zit. . . . . zitiert
ZJS . . . . Zeitschrift für das Juristische Studium
ZPO . . . . Zivilprozessordnung
ZVG . . . . Gesetz über die Zwangsversteigerung und die Zwangsverwaltung
ZWE . . . . Zeitschrift für Wohnungseigentumsrecht

Literaturverzeichnis

Aufsätze ..., sowie nur vereinzelt zitierte Werke werden in der jeweiligen »Literatur zur Vertiefung« am Ende von Kapiteln und Unterabschnitten und in den Fußnoten genannt.

Alpmann und Schmidt, T. Veltmann: Sachenrecht 1, 21. Aufl. 2017 (zit.: *Alpmann und Schmidt* SachenR I); *J. Lüdde:* Sachenrecht 2, 18. Aufl. 2016 (zit.: *Alpmann und Schmidt* SachenR II)

Baur, F./Stürner, R., Sachenrecht, 18. Aufl. 2009 (zit.: *Baur/Stürner* SachenR)

Habersack, M., Examens-Repetitorium Sachenrecht, 8. Aufl. 2016 (zit.: *Habersack* SachenR)

Helms, T./Zeppernick, J.M., Sachenrecht I: Mobiliarsachenrecht, 3. Aufl. 2016 (zit.: *Helms/Zeppernick* SachenR I)

Helms, T./Zeppernick, J.M., Sachenrecht II: Immobiliarsachenrecht, 2. Aufl. 2015 (zit.: *Helms/Zeppernick* SachenR II)

Jauernig, O., Bürgerliches Gesetzbuch, Kommentar, 16. Aufl. 2015 (zit.: Jauernig/*Bearbeiter*)

Krüger, U., Kreditsicherungsrecht, 2011 (zit.: *Krüger*, KreditsicherungsR)

Lüke, W., Sachenrecht, 3. Aufl. 2014 (zit.: *Lüke* SachenR)

Medicus, D./Petersen, J., Bürgerliches Recht, 25. Aufl. 2015 (zit.: *Medicus/Petersen* BürgerlR)

Münchener Kommentar, Münchener Kommentar zum Bürgerlichen Gesetzbuch, Bd. 7: Sachenrecht (§§ 854–1296), 7. Aufl. 2017 (zit.: MüKoBGB/*Bearbeiter*)

Palandt, O., Bürgerliches Gesetzbuch, Kommentar, 76. Aufl. 2017 (zit.: Palandt/*Bearbeiter*)

Prütting, H., Sachenrecht, 36. Aufl. 2017 (zit.: *Prütting* SachenR)

Schreiber, K., Sachenrecht, 6. Aufl. 2015 (zit.: *Schreiber* SachenR)

Vieweg, K./Werner, A., Sachenrecht, 7. Aufl. 2015 (zit.: *Vieweg/Werner* SachenR)

Weber, H./Weber, J.-A., Kreditsicherungsrecht, 9. Aufl. 2012 (zit.: *Weber/Weber* KreditsicherungsR)

Weber, R., Sachenrecht II – Grundstücksrecht, 4. Aufl. 2015 (zit.: *Weber* SachenR II)

Westermann, H.-P./Gursky, K.-H./Eickmann, D., Sachenrecht, 8. Aufl. 2011 (zit.: *Westermann/Gursky/Eickmann* SachenR)

Westermann, H.-P., Grundbegriffe des BGB. Eine Einführung anhand von Fällen (begründet von Harry Westermann (†), fortgeführt von H.-P. Westermann), 17. Aufl. 2013 (zit.: *Westermann* Einführung)

Westermann, H.-P., BGB-Sachenrecht, 12. Aufl. 2012 (zit.: *Westermann* SachenR)

Wilhelm, J., Sachenrecht, 5. Aufl. 2016 (zit.: *Wilhelm* SachenR)

Wolf, M./Wellenhofer, M., Sachenrecht, 31. Aufl. 2016 (zit.: *Wolf/Wellenhofer* SachenR)

Wörlen, R./Kokemoor, A., Handelsrecht – mit Gesellschaftsrecht, 12. Aufl. 2015 (zit.: *Wörlen/Kokemoor* HandelsR)

Wörlen, R./Metzler-Müller, K., BGB AT – Einführung in das Recht, Allgemeiner Teil des BGB, 14. Aufl. 2016 (zit.: *Wörlen/Metzler-Müller* BGB AT)

Wörlen, R./Metzler-Müller, K., Schuldrecht AT, 12. Aufl. 2015 (zit.: *Wörlen/Metzler-Müller* SchuldR AT)

Wörlen, R./Metzler-Müller, K., Schuldrecht BT, 12. Aufl. 2016 (zit.: *Wörlen/Metzler-Müller* SchuldR BT)

1. Kapitel. Einführung in das Sachenrecht

Das Sachenrecht ist schwerpunktmäßig im Buch 3 des BGB[1] geregelt und umfasst primär die §§ 854–1296. 1

Hinweis: Wie in jedem neuen Rechtsgebiet sollten Sie sich zuerst einen Überblick über die Grobstruktur verschaffen, indem Sie die Inhaltsübersicht Ihres Gesetzestextes aufschlagen.

Dort sehen Sie, dass das Buch Sachenrecht in acht Abschnitte gegliedert ist, die wiederum in verschiedene Titel untergliedert sind. In den Abschnitten finden Sie insbesondere Vorschriften zum Besitz, allgemeine Vorschriften über Rechte an Grundstücken, Regelungen zum Eigentum sowie zu sog. beschränkt dinglichen Rechten wie zB Hypothek, Grundschuld und Pfandrecht.

I. Grundbegriffe

Im Folgenden wollen wir uns wichtige sachenrechtliche Begriffe ansehen, dh Eigentum, Besitz, Sache und beschränkt dingliche Rechte. 2

Hinweis: Für das Verständnis eines Rechtsgebiets ist auch die Kenntnis der Grundbegriffe und geltenden Grundsätze sehr bedeutsam.

1. Eigentum

Besonders ausführlich, nämlich in über 100 Paragrafen, ist im dritten Abschnitt das Eigentum geregelt. 3

■* Überlegen Sie, aus welchem Grund diese ausführliche Regelung des Eigentums vorgenommen wurde!

▶ Das Eigentum an Sachen ist das umfassendste Herrschaftsrecht (dingliches Recht) des Sachenrechts und zählt zu den garantierten und geschützten Grundrechten.

■ In welcher Vorschrift des Grundgesetzes die Eigentumsgarantie verankert ist, wissen Sie vielleicht bereits. Denken Sie einen Moment nach!

▶ Antwort: Fußnote[2]!

Mit der Eigentumsgarantie ist zum einen die Freiheit des Eigentums verbunden. Zum anderen gibt es aber auch die Möglichkeit, das Eigentum des Einzelnen zum Wohle

---

1 Zu »Aufbau und Systematik des BGB« vgl. *Wörlen/Metzler-Müller* BGB AT Rn. 62–66.

* » ■ « **bedeutet immer, auch wenn das nicht jedes mal ausdrücklich erwähnt wird: Achtung! Erst selbst nachdenken, bevor Sie weiterlesen! Der Pfeil (» ▶ «) weist auf die Antwort hin.**

2 **Art. 14 GG** (Eigentum, Erbrecht und Enteignung):
(1) Das Eigentum und das Erbrecht werden gewährleistet. Inhalt und Schranken werden durch die Gesetze bestimmt.
(2) Eigentum verpflichtet. Sein Gebrauch soll zugleich dem Wohle der Allgemeinheit dienen.
(3) Eine Enteignung ist nur zum Wohle der Allgemeinheit zulässig. Sie darf nur durch Gesetz oder aufgrund eines Gesetzes erfolgen, das Art und Ausmaß der Entschädigung regelt. Die Entschädigung ist unter gerechter Abwägung der Interessen der Allgemeinheit und der Beteiligten zu bestimmen. Wegen der Höhe der Entschädigung steht im Streitfalle der Rechtsweg vor den ordentlichen Gerichten offen.

der Allgemeinheit einzuschränken (»Sozialbindung des Eigentums«). Mit dem Grundgesetz wollen wir uns aber im Rahmen dieser Darstellung nicht weiter befassen, sondern beim Sachenrecht des BGB bleiben!

4 Auch im Sachenrecht existiert eine Vorschrift, die die Freiheit des Eigentums regelt: § 903 S. 1[3] (lesen!). Aus dieser Beschreibung der Befugnisse des Eigentümers wird eine »Definition« des Begriffes Eigentum hergeleitet, die Sie im Laufe Ihres bisherigen Studiums bereits kennengelernt haben könnten.

■ Was ist »Eigentum«?

▶ Eigentum ist die **rechtliche** Herrschaft einer Person über eine Sache.[4]

2. Besitz

5 Im Gegensatz dazu steht, wie Sie ebenfalls wissen könnten, der Besitz. Dessen Definition ergibt sich unmittelbar aus dem Gesetz.

■ Wie wird der Besitz definiert und aus welcher Vorschrift des Sachenrechts folgt dies?

▶ Besitz ist die vom Verkehr anerkannte **tatsächliche** Herrschaft einer Person über eine Sache, dh die Ausübung der tatsächlichen Gewalt über die Sache (§ 854 – lesen!). Besitzer ist auch derjenige, der kein Recht zum Besitz hat, also zB auch ein Dieb.[5]

Besitz und Eigentum sind zwei Zentralbegriffe des Sachenrechts.

Machen Sie sich die grundlegende Bedeutung dieser Begriffe anhand der folgenden Übersicht 1 klar.

Übersicht 1

6

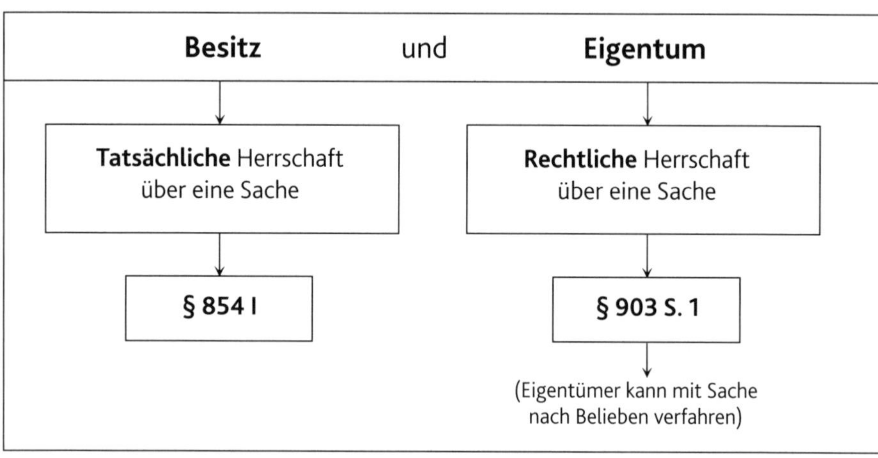

3 **Alle §§ ohne Bezeichnung sind solche des BGB!**

4 *Prütting* SachenR Rn. 306 sowie → **Rn. 46 ff.**

5 Palandt/*Herrler* § 854 Rn. 3 sowie ausf. dazu → **Rn. 27 ff.**

Übersicht 1 (*Fortsetzung*)

Besitz und Eigentum können bei einer Person (auch: Personenmehrheit) liegen oder sich auf verschiedene Personen verteilen.

Beispiele:

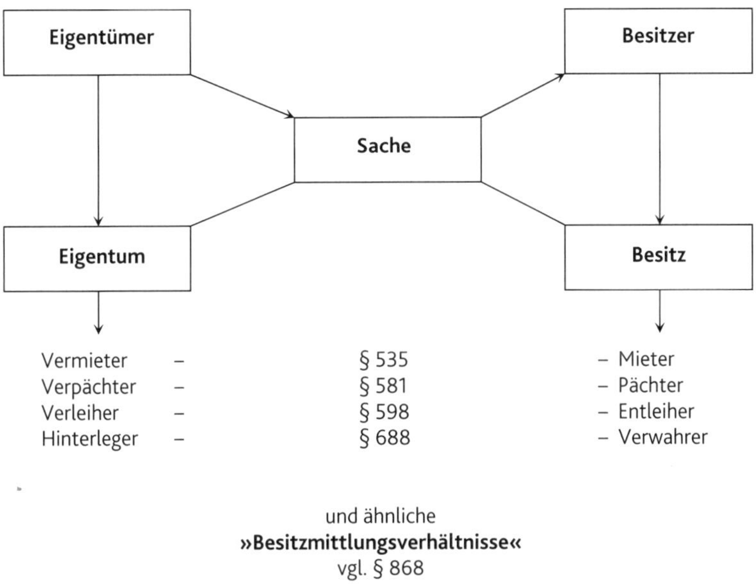

Ähnlich auch:
Eigentumsvorbehalt – § 449 (s. näher → Rn. 291a)

Bevor wir uns mit diesen beiden *dinglichen Rechten*, wie man den Besitz und das Eigentum auch bezeichnet, und den daraus möglichen Ansprüchen näher befassen, betrachten wir weitere wichtige Grundbegriffe und allgemeine Grundsätze des Sachenrechts.

3. Bewegliche und unbewegliche Sachen

Es wird zwischen beweglichen Sachen (Mobilien) und unbeweglichen Sachen (Im- 7
mobilien) differenziert.

Wenn wir bewegliche von unbeweglichen Sachen für das Sachenrecht unterscheiden, sollte Ihnen der Begriff der »**Sache**« bereits aus dem Allgemeinen Teil des BGB geläufig sein.[6] Gemäß der Legaldefinition des § 90 sind Sachen also *körperliche Gegenstände*. Keine Sachen sind damit zB Forderungen oder Patentrechte.[7] Gemäß § 90a S. 1 sind auch Tiere keine Sachen. Die sachenrechtlichen Vorschriften werden aber gem. § 90a S. 3 auf Tiere grds. entsprechend angewendet.

6 S. zB *Wörlen/Metzler-Müller* BGB AT Rn. 97–114.
7 S. Palandt/*Ellenberger* Vor § 90 Rn. 1 f.

8 Sofern Sie sich an die §§ 94 ff. erinnern, wissen Sie, dass **unbewegliche Sachen** Grundstücke und deren wesentliche Bestandteile sind.

■ Sind nur *Grundstücke* unbewegliche Sachen? Zählen nicht auch *Gebäude* – denken Sie an den Immobilien-Anzeigenmarkt der Tageszeitungen – zu den unbeweglichen Sachen? Überlegen Sie (vgl. §§ 90 ff.)!

▶ Im rechtlichen Sinn sind Gebäude keine selbstständigen unbeweglichen Sachen, sondern »wesentliche Bestandteile« von Grundstücken (vgl. § 94 I 1 – lesen!).

■ Was versteht man – rechtlich – unter einem Grundstück?

▶ Grundstück im Rechtssinn ist ein räumlich abgegrenzter Teil der Erdoberfläche, der im Grundbuch mit einem besonderen Grundbuchblatt eingetragen ist.[8]

Man bezeichnet Grundstücke auch als »Liegenschaften« und das Grundstücksrecht als »Liegenschaftsrecht« bzw. »Immobiliarsachenrecht«.

■ Was sind **bewegliche Sachen**?

▶ Bewegliche Sachen sind alle Sachen, die nicht Grundstücke oder Bestandteile von Grundstücken sind. Man bezeichnet das Recht der beweglichen Sachen auch als »Mobiliarsachenrecht«.

9 Die Unterscheidung von beweglichen und unbeweglichen Sachen hat besondere Bedeutung für die Art der **Eigentumsübertragung**.

■ Wie und nach welcher sachenrechtlichen Vorschrift wird das Eigentum an **beweglichen** Sachen grundsätzlich übertragen? Suchen Sie nach der einschlägigen Vorschrift im Gesetz und benennen Sie die Voraussetzungen!

> **Hinweis:** Die einschlägigen sachenrechtlichen Vorschriften finden Sie allgemein am leichtesten, wenn Sie den Aufbau und die Systematik im Sachenrecht verstanden haben.

▶ Im Grundfall des § 929 S. 1 (lesen!) durch *Einigung* über den Eigentumsübergang und *Übergabe* der Sache.[9]

■ Versuchen Sie, ein Beispiel für eine Übereignung *ohne Übergabe* nach § 929 S. 2 (lesen!) zu bilden.

▶ Ein Vermieter, der Eigentümer der Mietsache ist, übereignet diese an den Mieter.

■ Vielleicht wissen Sie auch schon, wie und nach welchen Vorschriften das Eigentum an **unbeweglichen** Sachen (Grundstücken) übertragen wird?

▶ Die Eigentumsübertragung an unbeweglichen Sachen vollzieht sich durch *Einigung* (»Auflassung«) und *Eintragung* ins Grundbuch gem. § 873 I iVm § 925 I 1 (lesen!).[10]

10 Die Eigentumsübertragung an Grundstücken ist sozusagen doppelt »gesichert«: Zum einen durch die formale Eintragung ins Grundbuch, zum anderen durch die Beteiligung eines Notars bei der Einigung (»Auflassung«). Bei dieser müssen Erwerber und Veräußerer gleichzeitig anwesend sein (§ 925 I 1).

■ Welche Überlegung des Gesetzgebers war wohl dafür maßgeblich, die Grundstücksübertragung nach solch strengen formalen Regeln ablaufen zu lassen?

---

8 *Wolf/Wellenhofer* SachenR § 17 Rn. 2; *Wörlen/Metzler-Müller* BGB AT Übersicht 13 (Rn. 114).
9 Ausführlicher dazu → **Rn. 102 ff.**
10 Ausführlicher dazu → **Rn. 222 ff.**

▶ Der Grund liegt unter anderem darin, dass Grundstücke idR von weitaus höherem wirtschaftlichen und »sozialen« Wert sind als bewegliche Sachen (= Warn- und Schutzfunktion).[11]

4. Beschränkte dingliche Rechte

Neben dem Eigentum als umfassendstem dinglichen Recht an Sachen (= Vollrecht; § 903 S. 1) und dem Besitz an beweglichen oder unbeweglichen Sachen gibt es im Sachenrecht noch »beschränkte dingliche« Rechte. 11

■ Haben Sie eine Vorstellung, welche Rechte damit gemeint sein könnten?

▶ Zum Beispiel der Nießbrauch (§ 1030), ein Pfandrecht (§ 1204) an einer beweglichen Sache oder eine Hypothek (§ 1113) sowie eine Grundschuld (§ 1191) an einem Grundstück.

Beschränkt sind diese dinglichen Rechte im Verhältnis zum Vollrecht Eigentum, und zwar in doppelter Hinsicht:

Erstens beschränken sie die Stellung des Eigentümers, da er die Sache, an der ein solches Recht besteht, nur noch beschränkt verwerten kann.

Beispiel Pfandrecht[12]: Wenn Sie Ihre Uhr ins Pfandhaus bringen, bleiben Sie zwar Eigentümer dieser Uhr, können Sie aber vorübergehend nicht benutzen.

Zweitens ist auch der Inhaber eines dinglichen Rechtes im Vergleich zu einem Eigentümer in seiner Verfügungsbefugnis beschränkt.

Beispiel Pfandrecht: Der Pfandrechtsgläubiger darf während der vereinbarten Dauer der Verpfändung der Uhr über diese nicht verfügen, sondern muss sie verwahren.

Im Einzelnen werden wir einige der beschränkten dinglichen Rechte, vor allem Hypothek und Grundschuld, unten[13] ausführlicher behandeln.

II. Sachenrechtliche Grundsätze

Für das Verständnis der Materie ist, wie bereits erwähnt, auch die Kenntnis der wichtigsten sachenrechtlichen Grundsätze bedeutsam. Es sind dies:

- der Typenzwang,
- der Publizitätsgrundsatz,
- der Bestimmtheitsgrundsatz,
- das Trennungs- und Abstraktionsprinzip.

1. Typenzwang und »numerus clausus«

Dingliche Rechte wirken **absolut**, dh gegenüber jedermann, und werden daher als absolute Rechte bezeichnet.[14] Das verlangt Rechtsklarheit! 12

---

11 Vgl. dazu *Wörlen/Metzler-Müller* BGB AT Rn. 290.
12 Vgl. zum Pfandrecht ausf. → **Rn. 255 ff.**
13 → **Rn. 312 ff.**
14 Ausf. *Baur/Stürner* SachenR § 4 Rn. 3–8.

Schuldrechtliche Ansprüche hingegen wirken grds. nur *relativ*, dh nur zwischen dem jeweiligen Gläubiger und seinem Schuldner (zB Käufer und Verkäufer).

Aus diesem Grund kennt das Gesetz nur eine begrenzte Zahl von Sachenrechten (= »numerus clausus der Sachenrechte«) mit gesetzlich zwingend vorgeschriebenem Inhalt. Sachenrechte unterliegen nicht der Gestaltungsfreiheit, die wir aus dem Schuldrecht bei Verträgen (vgl. § 311 I) kennen. Sie sind an die gesetzlich geregelten Typen gebunden. Man spricht in diesem Zusammenhang vom »Typenzwang der Sachenrechte«.[15]

2. Publizitätsgrundsatz

13 Da die dinglichen Rechte als absolute Rechte gegenüber jedermann wirken, müssen sie auch für jedermann erkennbar, also *offenkundig*, sein.[16]

Bei **beweglichen Sachen** wird diese Publizität idR durch die *Übergabe* der Sache und den *Besitz* erreicht (§ 929 S. 1).

> **Beispiel:** B ist Besitzer eines Fahrrads. Eines Tages erscheint E und verlangt das Fahrrad als sein Eigentum heraus. B kann nicht beweisen, dass – und wie – er das Fahrrad erworben hat. Dennoch würde B einen Prozess gewinnen, wenn E nicht beweisen kann, dass er Eigentümer des Rades ist.

■ Woraus folgt dies?

▶ Dies folgt aus der Regelung des § 1006 I 1 (lesen!). Nach dieser gesetzlichen »Eigentumsvermutung« *gilt* der Besitzer einer beweglichen Sache als Eigentümer (»Fiktion«), solange nicht das Gegenteil bewiesen ist.

■ Wodurch wird dem Publizitätsgrundsatz bei **unbeweglichen Sachen** (Grundstücken) Genüge getan?

▶ Durch die *Eintragung* der Eigentumsverhältnisse im *Grundbuch* – vgl. §§ 873, 891, 892 (lesen!).

3. Bestimmtheitsgrundsatz (Spezialitätsgrundsatz)

14 Was sich dahinter verbirgt, verdeutlicht folgendes

> **Beispiel:** Bauer B verwahrt in seiner Scheune 100 Sack Weizen für seinen Nachbarn E, die im Eigentum des E stehen. Beim wöchentlichen Stammtisch im Dorf wird Doppelkopf mit relativ hohen Einsätzen gespielt. E schuldet dem B schließlich 150 EUR.
> E verkauft deshalb drei Sack Weizen an B, und die beiden einigen sich, dass damit die Spielschuld abgegolten ist und dass B Eigentümer von drei dieser 100 Sack Weizen sein soll.

■ Ist dieser Eigentumsübergang wirksam? Anders gefragt: Was ist zur Eigentumsübertragung an einer beweglichen Sache gem. § 929 erforderlich?

▶ Grundsätzlich Einigung und Übergabe (Grundfall § 929 S. 1). Dies sollten Sie noch wissen!

■ Sind diese in unserem Fall erfolgt?

▶ Zwar ist nur von der Einigung die Rede, aber die Übergabe ist gem. § 929 S. 2 (nochmals lesen!) entbehrlich, wenn der Erwerber schon Besitzer der Sache ist. Da B die Säcke in seiner Scheune verwahrt, ist dies der Fall.

---

15 Zum Ganzen *Prütting* SachenR Rn. 20.

16 Ausf. *Baur/Stürner* SachenR § 4 Rn. 9–16.

- Dennoch ist die Übertragung des Eigentums an den drei Sack Weizen nicht wirksam; warum nicht?
- Der Gegenstand der Eigentumsübertragung ist in diesem Fall *nicht bestimmt* genug, da die Bezeichnung »drei Sack Weizen von hundert« nicht erkennen lässt, *welche* Säcke dem B gehören.

»Welche drei Säcke, ist doch egal«, könnte man sagen. Dass dies nicht gleichgültig ist, kann man unschwer erkennen, wenn man sich vorstellt, dass in der Doppelkopf-Nacht 50 Säcke Weizen gestohlen wurden!

- Worin liegt das Problem? (Überlegen Sie!)
- Fraglich ist, ob die für B bestimmten Säcke bei den 50 gestohlenen waren oder ob sie sich noch bei den 50 zurückgebliebenen Säcken befinden.

Die Eigentumsübertragung wäre wirksam gewesen, wenn die Säcke Nummern gehabt hätten und E und B sich darüber geeinigt hätten, dass zB die Säcke Nr. 98–100 dem B gehören sollen.

In unserem Fall wurde der Bestimmtheitsgrundsatz bzw. Spezialitätsgrundsatz des Sachenrechts nicht eingehalten. Dieser besagt, dass dingliche Rechte nur an beweglichen und unbeweglichen *einzelnen* Sachen, nicht aber an sog. Sachgesamtheiten bestehen können.[17]

4. Trennungs- und Abstraktionsprinzip

Unter dem **Trennungsprinzip** versteht man die strenge rechtliche Trennung der sachenrechtlichen Verfügungsgeschäfte (zB §§ 929 ff., 873, 925) vom zugrundeliegenden schuldrechtlichen Verpflichtungsgeschäft (zB § 433). 15

Durch das *Verpflichtungsgeschäft* wird nur eine Verpflichtung begründet. Zum Beispiel wird durch den Kaufvertrag gem. § 433 I 1 der Verkäufer verpflichtet, dem Käufer die Sache zu übergeben und das Eigentum an der Sache zu verschaffen.

Unter einer *Verfügung* ist ein Rechtsgeschäft zu verstehen, durch das unmittelbar auf ein Recht eingewirkt wird, und zwar durch Übertragung, Belastung, Inhaltsänderung oder Aufhebung.[18] Das Eigentum an beweglichen Sachen wird durch das Verfügungsgeschäft gem. §§ 929 ff. übertragen. Das Verfügungsgeschäft wird auch als Erfüllungsgeschäft bezeichnet.

Das **Abstraktionsprinzip** bedeutet, dass die Wirksamkeit des *Verfügungsgeschäftes* grds. abstrakt, also *losgelöst* bzw. *unabhängig*, vom schuldrechtlichen *Verpflichtungsgeschäft* und umgekehrt zu beurteilen ist.[19]

Hinweis: Das Verständnis des Trennungs- und Abstraktionsprinzips ist für eine zivilrechtliche Klausur von enormer Bedeutung!

Diese Prinzipien wurden bereits ausführlich im BGB AT[20] behandelt und sollen an dieser Stelle nur im Rahmen der zusammenfassenden folgenden Übersicht 2 dargestellt werden.

---

17 *Wolf/Wellenhofer* SachenR § 3 Rn. 11.
18 Palandt/*Ellenberger* Vor § 104 Rn. 16.
19 Ausf. zum Trennungs- und Abstraktionsprinzip *Vieweg/Werner* SachenR § 1 Rn. 10, § 4 Rn. 4; *Lüke* SachenR Rn. 43–45 und 153; *Wörlen/Metzler-Müller* BGB AT Rn. 268 ff.

Übersicht 2

I. Grundbegriffe des Sachenrechts

16 **1. Eigentum und Besitz** → vgl. Übersicht 1

2. Bewegliche und unbewegliche Sachen

Mobilien | **Immobilien**

Zum Begriff »**Sachen**« allgemein: vgl. §§ 90 ff.

Übertragung des Eigentums

§§ 929 ff.	**§§ 873, 925**
Grundsatz: Einigung und Übergabe gem. § 929 S. 1	Einigung (Auflassung) und Eintragung in das Grundbuch gem. § 873 I iVm § 925 I 1

17 **3. Beschränkte dingliche Rechte**[21]

Beschränkte dingliche Rechte sind im Verhältnis zum umfassenden Herrschaftsrecht Eigentum (Vollrecht) »beschränkt«.

Beispiele:
- Grunddienstbarkeiten: §§ 1018 ff. (zB Recht, Leitungen zu legen; Gewinnung von Bodenbestandteilen – Kies, Lehm etc)
- Nießbrauch: §§ 1030 ff. (Recht, Nutzungen zu ziehen)
- Vorkaufsrecht: §§ 1094 ff. (Vorkaufsberechtigter hat Vorrang vor anderen Grundstückskaufinteressenten)
- Reallasten: §§ 1105 ff. (wiederkehrende Leistungen, zB Lieferung von Naturalien; Wohnrecht – Landwirtschaft: »Altenteil«)
- Hypothek: §§ 1113 ff. (Grundstücksbelastung zur Sicherung einer Forderung in der Form, dass an Begünstigten Geldsumme zu zahlen ist – Bestand der Forderung erforderlich)
- Grundschuld: §§ 1191 ff. (wie Hypothek ohne Bestand der Forderung)
- Pfandrecht: §§ 1204 ff. (an beweglichen Sachen und Rechten; ähnlich wie Hypothek bei Grundstücken)

20 Zur Wiederholung und Vertiefung *Wörlen/Metzler-Müller* BGB AT Rn. 268 ff.
21 Unten 7. Kap. (→ **Rn. 312 ff.**) und 8. Kap. (→ **Rn. 334 ff.**).

Übersicht 2 *(Fortsetzung)*

II. Sachenrechtliche Grundsätze

1. **Typenzwang und numerus clausus** 18
   Das Gesetz kennt nur eine begrenzte Zahl von dinglichen Rechten mit gesetzlich vorgeschriebenem Inhalt. Keine »Gestaltungsfreiheit« wie im Schuldrecht (vgl. dort § 311 I)

2. **Publizitätsgrundsatz** 19
   Dingliche Rechte wirken absolut, dh gegenüber jedermann, und müssen auch für jedermann offenkundig sein.
   - *Bewegliche Sachen*: Besitz (vgl. § 1006 I 1 – Gesetzliche Eigentumsvermutung für Besitzer)
   - *Grundstücke*: Eintragung ins Grundbuch (vgl. Vermutung §§ 891, 892 und Grundbuchordnung[22])

3. **Bestimmtheits(Spezialitäts-)grundsatz** 20
   Dingliche Rechte sind nur an bestimmten *Einzel*sachen, nicht an sog. Sachgesamtheiten möglich (nicht: »drei von 100 Sack Weizen«).

22 Dazu 6. Kap. (→ Rn. 196 ff.).

Übersicht 2 *(Fortsetzung)*

21

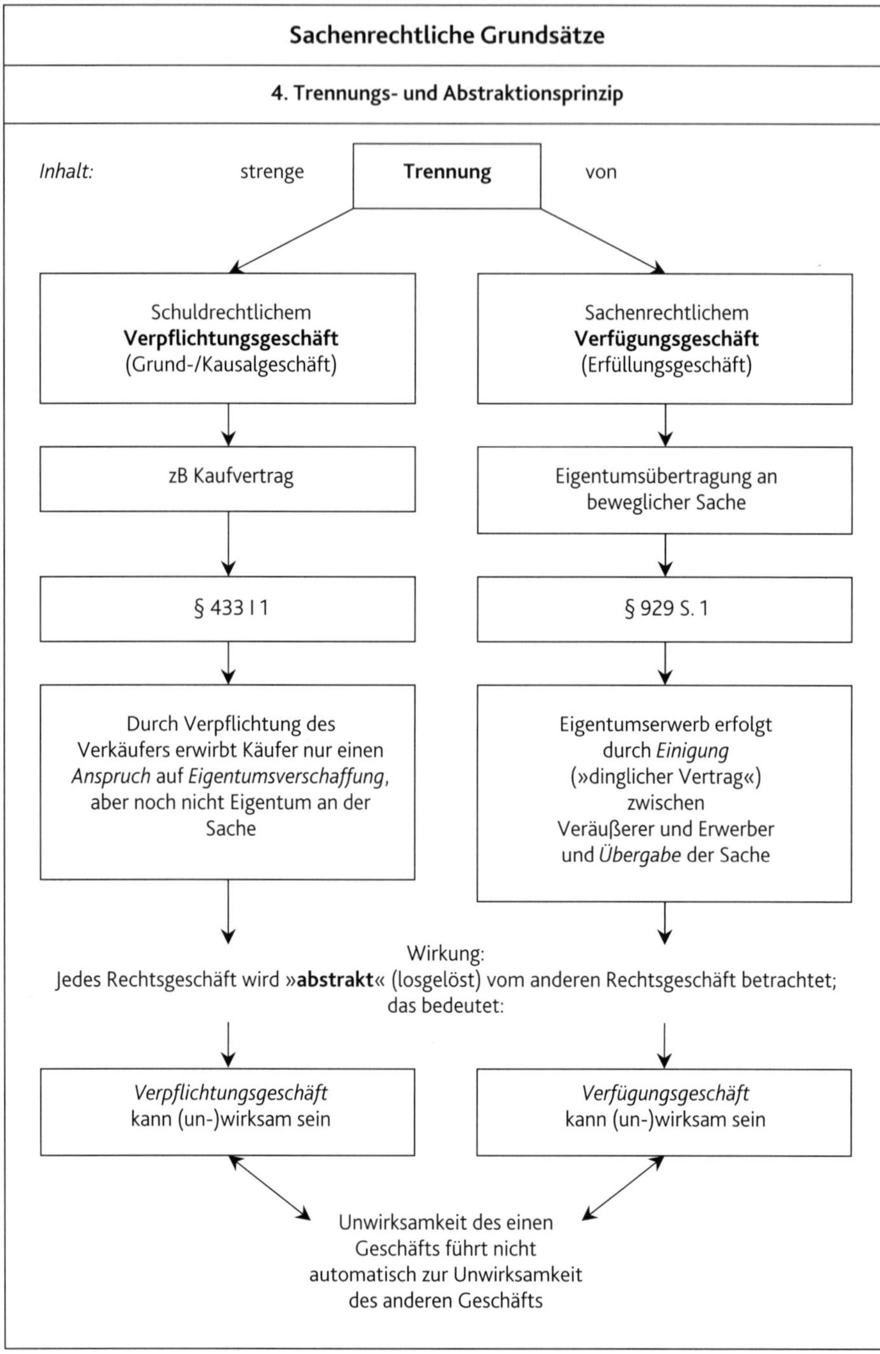

III. Exkurs: Sachenrecht in den neuen Bundesländern

In der früheren DDR gab es keinen einheitlichen Eigentumsbegriff, sondern es war (hierarchisch) zwischen dem *sozialistischen Eigentum* (Volkseigentum, Eigentum sozialistischer Genossenschaften, Eigentum der gesellschaftlichen Organisationen) einerseits und dem verbliebenen *persönlichen Eigentum* andererseits zu unterscheiden.[23] 22

Bei Grundstücken trennte die Eigentumslage häufig zwischen dem Boden und seinen Bestandteilen einschließlich der Gebäude.[24] 23

Insbesondere in den §§ 2, 2b, 2c, 4 und 5 des Art. 233 EGBGB finden sich Übergangsregelungen, die die genannten Besonderheiten fortschreiben. 24

Um den Umfang eines Grundrisses nicht zu sprengen, muss wegen weiterer Einzelheiten auf das Kapitel »Sachenrecht in den neuen Bundesländern« in der 7. Auflage sowie auf weiterführende Literatur verwiesen werden.[25] 25

Literatur zur Vertiefung (→ Rn. 1–26): *Baur/Stürner* SachenR §§ 2–4, 63; *Bayerle*, Trennungs- und Abstraktionsprinzip in der Fallbearbeitung, JuS 2009, 1079; *Becker-Eberhard*, Der Übergang vom Sachenrecht der DDR zur Sachenrechtsordnung der Bundesrepublik Deutschland in den sog. neuen Bundesländern, JURA 1994, 577; *Böhringer*, Fortbestehende liegenschaftsrechtliche Besonderheiten in den neuen Bundesländern, ZfIR 2015, 625; *Forster*, Anfechtung des Verfügungsgeschäfts und Erlöschen der Vollmacht – Brillante Irrtümer und goldige Verlustgeschäfte (Anfängerklausur), JuS 2011, 1090; *Habersack* SachenR §§ 1, 2 und 3; *Helms*, Verliehen, verschenkt, verkauft [Klausur auf dem Niveau des dritten Semesters zu Fragen des Minderjährigen- und Sachenrechts], AL 2015, 27; *Helms/Zeppernick* SachenR I Kap. 1 A, B; *Lieder*, Die Anwendung schuldrechtlicher Regeln im Sachenrecht, JuS 2011, 874; *Lüke* SachenR § 1; *Loose*, Sachenrecht kompakt – ein Überblick für Studienanfänger zum dritten Buch des BGB, JA 2016, 808; *Petersen*, Das Abstraktionsprinzip, JURA 2004, 98; *Petersen*, Der Minderjährige im Schuldrecht und Sachenrecht, JURA 2003, 399; *Schreiber* SachenR 1. Teil; *Schreiber*, Die Grundprinzipien des Sachenrechts, JURA 2010, 272; *Prütting* SachenR §§ 1–5; *Vieweg/Werner* SachenR § 1; *Westermann* Einführung Kap. 14; *Westermann/Gursky/Eickmann* SachenR §§ 1–4, 6; *Westermann* SachenR § 1; *Wilhelm* SachenR 1. Teil; *Wolf/Wellenhofer* SachenR §§ 1, 2. 26

23 *Baur/Stürner* SachenR § 63 Rn. 3 f.

24 *Baur/Stürner* SachenR § 63 Rn. 7, 16.

25 Ausf. *Wörlen*, Sachenrecht, 7. Aufl., Rn. 22–26; *Baur/Stürner* SachenR § 63; *Wilhelm* SachenR 1. Teil, D; s. ferner *Becker-Eberhard* JURA 1994, 577 sowie zu den fortbestehenden Besonderheiten *Böhringer* ZfIR 2015, 625.

2. Kapitel. Besitz

I. Begriff

Obwohl dies im alltäglichen Sprachgebrauch selten beachtet wird, ist der Besitz in rechtlicher Hinsicht streng vom Eigentum zu unterscheiden. Wenn Nichtjuristen (bzw. weniger »Rechtskundige«, als Sie es schon sind) gemeinhin vom »Hausbesitzer« sprechen, meinen sie damit zumeist den »Hauseigentümer«, der zB als Vermieter mehrerer Wohnungen eines Mietshauses gar nicht selbst in dem Haus wohnt. 27

In diesem Fall hat der Vermieter zwar noch die rechtliche Herrschaft (= Eigentum) über das Haus, er übt indessen nicht die tatsächliche Herrschaft (»Gewalt«) über die Sache aus. Somit ist er nicht (»unmittelbarer«) Besitzer des Hauses.

Lesen Sie noch einmal § 854 I, aus dem wir die Definition des Besitzes entnommen haben!

II. Unmittelbarer und mittelbarer Besitz

1. Unmittelbarer Besitz 28

Aus der Umschreibung des Besitzes in **§ 854 I** ergibt sich, wie soeben angedeutet, dass damit der »unmittelbare Besitz« gemeint ist. Der **unmittelbare Besitzer** übt also selbst die tatsächliche Gewalt bzw. tatsächliche Sachherrschaft über die Sache aus.

Der unmittelbare Besitz bleibt auch bei einer »*Lockerung*« des Besitzes bestehen (§ 856 II). Maßgeblich ist die Verkehrsauffassung.[26]

> **Beispiel:** Eine Studentin verlässt für kurze Zeit ihren Platz in der Bibliothek und belässt ihren Laptop auf dem Tisch. Die Studentin bleibt nach der Verkehrsauffassung unmittelbare Besitzerin.

Ein Begriff, den Sie im Zusammenhang mit dem unmittelbaren Besitz kennen sollten, ist der des sog. »**Besitzdieners**« gem. **§ 855** (lesen!).

Übt jemand (der Besitzdiener) die tatsächliche Gewalt über eine Sache *für einen anderen* (den sog. Besitzherrn), insbesondere in dessen Haushalt oder Betrieb oder in einem ähnlichen Verhältnis aus, durch das er *weisungsgebunden* ist, so ist *nur* der *Besitzherr* (unmittelbarer) Besitzer. Die tatsächliche Gewalt über die Sache wird also nicht selbst durch den unmittelbaren Besitzer, sondern durch den Besitzdiener ausgeübt. Der Besitzdiener steht in einem sozialen Abhängigkeitsverhältnis (»weisungsgebunden«) zum Besitzherrn (§ 855 nochmals lesen!).[27]

- ■ Fallen Ihnen Beispiele für Besitzdiener und Besitzherren ein?
- ▶ Überlegen Sie, bevor Sie weiterlesen!

> **Beispiele** für Besitzdiener: Hausangestellte, Arbeitnehmer oder Beamte.
> **Beispiele** für Besitzherrn: »Hausherr«, »Unternehmensinhaber« oder »Dienstherr«.[28]

---

26 Palandt/*Herrler* § 856 Rn. 1, § 854 Rn. 3.
27 *Helms/Zeppernick* SachenR I Rn. 16.
28 Zu den Bsp. für Besitzdiener und Besitzherrn sowie ausf. zu § 855 s. Palandt/*Herrler* § 855 Rn. 1 ff.; *Baur/Stürner* SachenR § 7 Rn. 61–72; *Vieweg/Werner* SachenR § 2 Rn. 24.

2. Mittelbarer Besitz

Vom unmittelbaren Besitz ist der in § 868 legaldefinierte mittelbare Besitz zu unterscheiden (§ 868 lesen!).

■ Wenden Sie § 868 beispielhaft auf den Fall der Vermietung (§ 535 I) an!
▶ Im Falle einer Vermietung wird unmittelbarer Besitzer der Mietsache der Mieter (§ 854 I). Der Vermieter bleibt Eigentümer und ist mittelbarer Besitzer.

Auf Übersicht 1 sind weitere Rechtsverhältnisse genannt, bei denen unmittelbarer Besitz und Eigentum auseinanderfallen: zB Pacht (§§ 581 ff.), Leihe (§§ 598 ff.) und Verwahrung (§§ 688 ff.).

Man bezeichnet diese und ähnliche Rechtsverhältnisse als »**Besitzmittlungsverhältnisse**«, die in § 868 erwähnt sind (Vorschrift lesen!). Die dort genannten[29] und »ähnliche« Verhältnisse[30] sind dadurch gekennzeichnet, dass der unmittelbare Besitzer vom bisherigen Besitzer ein Recht oder eine Pflicht zu seinem gegenwärtigen Besitz herleitet. Ist dies der Fall, ist gem. § 868 *auch* »der andere« (der vorherige unmittelbare Besitzer) immer noch »Besitzer«, und zwar *»mittelbarer Besitzer«*!

Der bisherige Besitzer ist meistens der Eigentümer selbst – denkbar ist aber zB auch, dass ein Mieter die gemietete Sache verleiht.

29 **Beispiel:** Bleiben wir bei dem einfachen Fall, dass der Eigentümer die ihm gehörende Sache vermietet. Der Vermieter ist dann Eigentümer und gem. § 868 auch mittelbarer Besitzer. Der Mieter ist gem. § 854 I unmittelbarer Besitzer, da er die tatsächliche Gewalt über die Mietsache ausübt.

Der unmittelbare Besitzer wird auch »**Besitzmittler**« genannt.

Weitere Voraussetzung für den mittelbaren Besitz ist der **Fremdbesitzwille** des unmittelbaren Besitzers (Besitzmittlers).[31] Entscheidend ist also, dass der unmittelbare Besitzer seinen Besitz nicht nur für sich selbst, sondern auch für den anderen, im Beispiel für den Eigentümer, ausübt. Der unmittelbare Besitzer muss sich bewusst sein und anerkennen, dass er die Sache nicht »ewig« behalten darf! Sobald der gute Wille des Besitzmittlers erlischt, weil er zB einfach beschließt, die gemietete Sache für sich zu behalten *(= Eigenbesitzwille,* § 872*)*, erlischt auch der mittelbare Besitz des Eigentümers. Kennzeichen des mittelbaren Besitzes ist das Einigsein zwischen Eigentümer und unmittelbarem Besitzer darüber, dass der unmittelbare Besitzer die Sache »für den anderen« besitzt (= *»Fremdbesitzwille«*). Entschließt sich zB der Mieter einer Sache anders, also dazu, die Sache für sich zu behalten, begeht er eine Unterschlagung gem. § 246 StGB. Er hat dem Eigentümer zu diesem Zeitpunkt nicht nur die Sache als solche, sondern auch den mittelbaren Besitz entzogen.

Unter der Voraussetzung aber, dass alles mit rechten Dingen zugeht, dass also der Eigentümer (bzw. der vorherige unmittelbare Besitzer) und der neue unmittelbare Besitzer sich über dessen »Fremdbesitz« einig sind, bleibt der Eigentümer gem. § 868 ebenfalls Besitzer (= mittelbarer Besitzer).

29 Neben den bereits erwähnten auch **Nießbrauch** (§§ 1030 ff.) und **Pfandrecht** (§§ 1204 ff.).

30 **Außer der Leihe zB auch: Eigentumsvorbehalt (§ 449); uU Werkvertrag (§§ 631 ff.), Auftrag (§§ 662 ff.)** – Aufzählung bei Palandt/*Herrler* § 868 Rn. 9–11.

31 Hierzu und im Folgenden s. *Wolf/Wellenhofer* SachenR § 4 Rn. 26.

Zusammengefasst sind also für den mittelbaren Besitz gem. § 868 drei Voraussetzungen erforderlich:

Prüfungsschema mittelbarer Besitz (§ 868)

1. **Unmittelbarer Besitz** des **Besitzmittlers** gem. § 854 I
2. **Besitzmittlungsverhältnis** gem. § 868 und
3. **Fremdbesitzwille** des Besitzmittlers

■ Was meinen Sie, welches Ziel der Gesetzgeber bei der Gleichstellung von unmittelbarem und mittelbarem Besitz vor Augen hatte? 30

▶ Der Grund für diese Gleichstellung ist unter anderem Folgender: Besitz und Eigentum sind im BGB in verschiedenen Vorschriften (von denen wir noch einige kennenlernen werden) geschützt. Wird der Besitzer einer Sache bei der Ausübung seines Besitzes beeinträchtigt oder gestört, so kann sich das uU dahingehend auswirken, dass die Sache beschädigt oder ganz zerstört wird. Dagegen ist der Besitzer mit verschiedenen Ansprüchen gegen den Besitzstörer durch das Gesetz geschützt zB §§ 861, 862.[32]

Diese Ansprüche soll nach dem Willen des Gesetzgebers auch der Eigentümer (oder ein anderer rechtmäßiger vorheriger Besitzer) einer Sache, der den unmittelbaren Besitz einem anderen überlassen hat, gegen den Besitzstörer ausüben können. Damit nicht sämtliche Vorschriften für »den Besitzer« für den Eigentümer wiederholt werden müssen, hat man die Gleichstellung in § 868 vorgenommen.

Da die Definition des Besitzes in § 854 I, in dem von der »Erlangung der tatsächlichen Gewalt über die Sache« die Rede ist, nur den unmittelbaren Besitz betrifft, war diese Gleichstellung notwendig. Anderenfalls würden die Rechte »des Besitzers« nur dem unmittelbaren Besitzer zustehen.

Dass es sich dabei nicht um graue oder spitzfindige Theorie handelt, wird das folgende Fallbeispiel zu den Rechten des Besitzers gegenüber dem Besitzstörer zeigen.

III. Schutz des Besitzers

Im Folgenden sehen wir uns die Gewaltrechte und Besitzschutzansprüche an. 31

1. Gewaltrechte des unmittelbaren Besitzers

Übungsfall 1

Der Autofahrer B lässt ein beschädigtes Mietfahrzeug am Straßenrand stehen, um die Werkstatt zu benachrichtigen. Dies nimmt einige Zeit in Anspruch, da er sich in einem Funkloch befindet. Als er zurückkommt sieht er, wie der Dieb D sich soeben mit dem Navigationsgerät davonmacht. B läuft hinter D her. Da er ihn nicht einholen kann, ergreift er einen am Straßenrand liegenden Knüppel, wirft ihn dem D gekonnt zwischen die Beine, sodass dieser hinfällt. Das Navigationsgerät bleibt erstaunlicherweise, im Gegensatz zu D, unversehrt. B nimmt D das Navigationsgerät wieder ab.

War B berechtigt, dem D den Knüppel zwischen die Beine zu werfen, um das Navigationsgerät wiederzubekommen?

32 Ausf. dazu → **Rn. 35 ff.**

Wenn Sie den Fall aufmerksam gelesen haben, werden Sie möglicherweise bemerkt haben, dass ausnahmsweise einmal nicht nach einem Anspruch des B gegen D gefragt ist. Es geht nicht um die Frage, ob B von D ein Tun oder Unterlassen verlangen kann (§ 194 I).

Es geht konkret darum, ob B ein Recht hatte, dem D gegenüber Gewalt anzuwenden. Den Einstieg in die Lösung unseres Falles finden wir, wenn wir uns über die Rechtsstellung des B klar werden.

- ■ Welche Rechtsstellung hat B (Überlegen Sie!)?
- ▶ B war zwar niemals Eigentümer, aber als Mieter des Autos ist er unmittelbarer Besitzer (§ 854 I).

32 Ob er es zum Zeitpunkt des Diebstahls auch noch war, werden wir gleich prüfen.

- ■ Welche Vorschrift aus dem Besitzrecht kommt in Betracht, um das Handeln des B zu rechtfertigen? Überfliegen Sie die Überschriften der §§ 854 ff.!
- ▶ Wenn Sie den Sachverhalt unseres Falles noch im Gedächtnis haben, müssten Sie bei der Überschrift »Selbsthilfe des Besitzers« **§ 859** (= gesetzlicher Rechtfertigungsgrund) aufgemerkt haben. Lesen Sie also § 859 I und II!
- ■ Einschlägig ist hier § 859 II. Welche Voraussetzungen müssen demnach erfüllt sein, damit B gegen D Gewalt anwenden durfte?
- ▶ Erste Voraussetzung des § 859 II ist, dass B **Besitzer** des Autos, genauer des Navigationsgeräts, gewesen ist.
- ■ Trifft das zu?
- ▶ B hat das Auto samt Navigationsgerät gemietet und war somit unmittelbarer Besitzer einer beweglichen Sache gem. § 854 I, da er die tatsächliche Gewalt ausübte.
- ■ Stimmt das wirklich, oder war der Besitz des B zum Zeitpunkt des Diebstahls schon beendet? Lesen Sie dazu § 856 (ganz)!
- ▶ B hat zwar, um die Werkstatt zu benachrichtigen, die Ausübung der tatsächlichen Gewalt vorübergehend aufgegeben. Dadurch wurde aber gem. § 856 II der Besitz nicht beendet. B war weiterhin (unmittelbarer) Besitzer des Autos und des Navis, sodass die erste Voraussetzung von § 859 II erfüllt ist.

33
- ■ Kurze Zwischenfrage in Erinnerung an den Allgemeinen Teil des BGB: Wie würden Sie das Navigationsgerät im Verhältnis zum Auto rechtlich qualifizieren?
- ▶ In diesem Fall stimmen der alltägliche und der juristische Sprachgebrauch überein: Das Navigationsgerät ist als Autozubehör auch »Zubehör« im rechtlichen Sinne gem. § 97 (nicht etwa wesentlicher Bestandteil iSd § 93!).[33]
- ■ Welche zweite Voraussetzung muss erfüllt sein, damit B von seinem Selbsthilferecht gem. § 859 II Gebrauch machen durfte?

34
- ▶ D muss die Sache mittels »**verbotener Eigenmacht**« weggenommen haben!
- ■ Welche Vorschrift darüber Auskunft gibt, wann verbotene Eigenmacht vorliegt, haben Sie beim Überfliegen des Gesetzes eben wahrscheinlich gesehen?
- ▶ Was verbotene Eigenmacht ist, ergibt sich aus der Legaldefinition in § 858 I (lesen!).

Hinweis: Schreiben Sie am besten § 858 I neben § 859! Um in der Klausur keine Vorschrift oder Voraussetzung zu übersehen und um Zeit zu sparen, sollten Sie Ihren Gesetzestext durch Paragrafenverweise und Unterstreichungen »aufbereiten«. Überprüfen Sie allerdings vorab, inwieweit dies nach Ihrer Prüfungsordnung zulässig ist!

33 **Zur Wiederholung** s. *Wörlen/Metzler-Müller* BGB AT Übersicht 13 Rn. 114.

■ Trifft dies in unserem Fall zu?
▶ D hat dem B ohne seinen Willen den Besitz entzogen. Die Besitzentziehung war auch nicht durch das Gesetz gestattet und damit widerrechtlich. Somit ist auch die zweite Voraussetzung von § 859 II, also verbotene Eigenmacht gem. § 858 I, erfüllt.

B hat D auch auf **frischer Tat betroffen** bzw. ihn **verfolgt.** B war also dem D gegenüber berechtigt, gem. § 859 II Selbsthilfe unter Anwendung von Gewalt auszuüben. Diese Gewaltanwendung muss **erforderlich** bzw. angemessen sein.[34] In unserem Fall war der Wurf des Knüppels noch ein angemessenes Mittel, um den Diebstahl zu verhindern.

Nicht immer aber wird der Besitzer in der Lage sein, den Täter einer verbotenen Eigenmacht auf frischer Tat zu ertappen. Für diesen Fall gibt das Gesetz dem Besitzer Ansprüche auf Wiedereinräumung des Besitzes bzw. auf Beseitigung oder Unterlassung der Besitzstörung. Die Besitzschutzansprüche wollen wir uns nun näher ansehen.

2. Besitzschutzansprüche

Folgende Besitzschutzansprüche sind zu unterscheiden: 35

- Anspruch wegen Besitzentziehung § 861 I
- Anspruch wegen Besitzstörung § 862 I
- Ansprüche des früheren Besitzers § 1007 I und II
- Ansprüche aus unerlaubter Handlung § 823 I und II iVm § 858[35]
- Ansprüche aus ungerechtfertigter Bereicherung § 812 I 1.

Hinweis: Um keine Punkte zu verlieren, sollten Sie in der Klausur immer alle für den begehrten Anspruch in Betracht kommenden Anspruchsgrundlagen (zumindest kurz) prüfen!

■ Welchen Anspruch würden Sie geltend machen, wenn Sie sich als Mieter gegen Lärmbeeinträchtigungen eines Nachbarn wehren wollen? 36
▶ Den Anspruch auf Beseitigung der Störung gem. **§ 862** (lesen!).[36]
■ Und was macht man, wenn man aus dem Urlaub kommt und feststellt, dass sich der Vermieter nunmehr in der gemieteten Wohnung ausgebreitet hat?
▶ Man klagt auf Wiedereinräumung des Besitzes gem. **§ 861** (lesen!).

Wie Sie § 861 entnommen haben, ist Anspruchsberechtigter der frühere (unmittelbare) Besitzer. Diesem müsste der Besitz durch verbotene Eigenmacht gem. § 858 I entzogen worden sein. Anspruchsgegner ist der fehlerhaft Besitzende. Der Anspruch zielt auf Wiedereinräumung des Besitzes bzw. Herausgabe der Sache, nicht auf Schadensersatz. 37

34 S. Palandt/*Herrler* § 859 Rn. 2.

35 **§ 858 ist ein Schutzgesetz** iSd § 823 II, Palandt/*Herrler* § 858 Rn. 1.

36 Ähnlich ist der Fall, in dem der Mieter einer Wohnung auf seinen Briefkasten einen Aufkleber anbringt: **»Bitte keine Werbung, Handzettel oder dergleichen einwerfen«**. Wenn die Firma XY trotzdem laufend Werbezettel einwirft, kann der Mieter Unterlassungsklage gem. § 862 I 2 erheben. In solchen Fällen hat der BGH den **Unterlassungsanspruch** bejaht (BGHZ 106, 229 = NJW 1989, 902). – Zur unaufgefordert erhaltenen E-Mail- oder SMS-Werbung s. Palandt/*Herrler* § 1004 Rn. 10.

■ Nehmen Sie an, Ihr Sparbuch wurde gestohlen und der Dieb hat 1.000 EUR abgehoben. Können Sie diesen Betrag nach § 861 vom Dieb verlangen?
▶ Da § 861 keine Rechtsgrundlage für den Anspruch auf Herausgabe des abgehobenen Geldbetrages bietet, lautet die Antwort: nein!
■ Welche Ansprüche kommen indessen in Betracht? Nennen Sie die möglichen Anspruchsgrundlagen aus zwei gesetzlichen Schuldverhältnissen!

Hinweis: Allgemein sollten Sie die einschlägigen Paragrafen so genau wie möglich angeben, dh ggf. Absatz, Satz, Halbsatz, Variante, Nummer und Buchstabe benennen!

▶ Denken Sie erst nach, bevor Sie Fußnote[37] lesen!

38 Die Besitzschutzansprüche müssen allerdings fristgemäß ausgeübt werden; **Ausschlussfristen** finden sich in §§ 861 II, 862 II und § 864.

■ Können Sie nunmehr auch dem kleinen Jungen (rechtlich) helfen, dessen Drachen sich losgerissen hat und auf der Wiese des Bauern B landet, der allerdings dem Knaben verbietet, sein Eigentum zu betreten?
▶ Hier hilft der Anspruch aus § 867 (lesen!), der dem Besitzer ein Verfolgungsrecht gibt.
■ Welchen Anspruch hat der Junge, wenn der Bauer B den Drachen an sich genommen, also in Besitz hat?
▶ Überlegen Sie, bevor Sie Fußnote[38] lesen.

39 Es gibt auch Fälle, in denen weder dem Kläger noch dem Beklagten ein Recht zum Besitz zusteht oder ein solches nachgewiesen werden kann. Beispiel hierfür ist

Übungsfall 2

E muss beruflich für 15 Monate nach Südamerika und gibt deshalb seinen Pkw ins Autohaus des B zur Aufbewahrung. Gelegenheit macht Diebe: Der Angestellte A des B nimmt den Wagen heimlich mit, verkauft und übergibt ihn an den gutgläubigen K.
Da B dem E bei dessen Rückkehr den Pkw nicht zurückgeben kann und keinen Schadensersatz leisten will, fragt er Sie um Rat, ob er den K (aus Besitzschutz) auf Herausgabe in Anspruch nehmen kann.

Hinweis: Gerade im Sachenrecht sollten Sie sich jedenfalls bei etwas komplexeren Fällen nach dem Lesen des Sachverhaltes zur grafischen Veranschaulichung eine Sachverhalts- und Personenskizze erstellen!

■ Kommt § 861 zur Anwendung?
▶ Nein; denn K selbst hat keine verbotene Eigenmacht iSd § 858 I begangen. Auch die Voraussetzungen des § 858 II 2 liegen nicht vor, da K die Fehlerhaftigkeit des Besitzes seines Vorgängers A nicht kennt.

40 ■ Lesen Sie **§ 1007 I**! Greift diese Vorschrift ein? (Immer erst selbst nachdenken, dann weiterlesen!)
▶ Da § 1007 I voraussetzt, dass der Besitzer bei dem Erwerb des Besitzes nicht in gutem Glauben war (bösgläubiger Besitzer), hilft auch diese Vorschrift dem B nicht weiter.

37 **§ 823 I** (Schadensersatz wegen Eigentumsverletzung) und **§ 812 I 1 Alt. 2** (Eingriffskondiktion) – s. hierzu *Wörlen/Metzler-Müller* SchuldR BT Rn. 395–415 und 371–375.
38 **Anspruch auf Wiedereinräumung des Besitzes gem. § 861 I!**

Die Lösung finden Sie in **§ 1007 II 1** (gutgläubiger Besitzer) (lesen!).

Da der Pkw dem B abhanden gekommen ist (lesen Sie hierzu § 935, auf den wir später nochmals zurückkommen[39]), kann B ihn auch vom gutgläubigen K herausverlangen.

Besitzschutz gibt es auch aufgrund Ihnen bereits aus dem Besonderen Schuldrecht bekannter Vorschriften. Hierzu 41

Übungsfall 3[40]

Dr. A betreibt im ersten Stock eines Miethauses seine ärztliche Praxis. Der Mieter M des Erdgeschosses veranlasst Bauarbeiten, die großen Lärm verursachen und dazu führen, dass Dr. A einen erheblichen Rückgang seiner Praxiseinnahmen verzeichnen muss.

Welchen Anspruch hat Dr. A gegen M?

- ■ Was wird Dr. A von M verlangen wollen?
- ▶ Da Dr. A aufgrund der Lärmbelästigung durch die von M verursachten Bauarbeiten einen Einnahmeverlust erlitten hat, wird er Schadensersatz verlangen wollen.
- ■ Kann er das mit der Besitzstörungsklage nach § 862 erreichen?
- ▶ Mit der Besitzstörungsklage kann nur Unterlassung der Bauarbeiten, aber kein Schadensersatz verlangt werden.
- ■ Welche Anspruchsgrundlage für Schadensersatz kommt hier in Betracht?
- ▶ Ergebnis: Siehe Fußnote![41]

Diese Anspruchsgrundlage gewährt Schadensersatz bei schuldhafter und widerrechtlicher Rechtsgutsverletzung. 42

- ■ Welches Rechtsgut iSd **§ 823 I** könnte hier verletzt worden sein?
- ▶ Es kommt die Verletzung eines »**sonstigen Rechts**«, also eines absoluten Rechts in Betracht. Zwar ist der Besitz kein absolutes Recht schlechthin, doch wird er nach der hM einem solchen gleichgestellt, wenn er durch ein Recht zum Besitz eine Verstärkung erfahren hat.[42]

Da M schuldhaft und widerrechtlich den rechtmäßigen Besitz des Dr. A verletzt hat, muss er diesem Schadensersatz leisten.

Die Ansprüche aus den §§ 861 und 862 sollen nach dem ausdrücklichen Willen des Gesetzgebers gem. § 869 S. 1 dem **mittelbaren** Besitzer (idR meist dem Eigentümer der Sache) ebenfalls zustehen.

Hinweis: Schreiben Sie sich also, soweit prüfungsrechtlich zulässig, § 869 an die §§ 861, 862!

- ■ Was fällt Ihnen in diesem Zusammenhang auf, wenn Sie § 869 S. 1 nochmals lesen? (Überlegen Sie!) 43
- ▶ Das Selbsthilferecht des § 859 ist nicht genannt!

39 Ausführlicher → **Rn. 123**.

40 Ähnliche Fälle: BGHZ 73, 355 = NJW 1979, 1358 und BGHZ 79, 232 = NJW 1981, 865.

41 **§ 823 I**; s. zB *Wörlen/Metzler-Müller* SchuldR BT Rn. 395–407.

42 S. *Lüke* SachenR Rn. 115 mwN; MüKoBGB/*Wagner* § 823 Rn. 288 ff.

Nach hM steht das Selbsthilferecht des § 859 aber auch dem mittelbaren Besitzer zu.[43]

Hinweis: Sie können sich deshalb § 859 bei § 869 an den Rand schreiben. Unterstreichen Sie außerdem im Text von § 869 die §§ 861, 862!

Um die Richtigkeit dieser Meinung zu verdeutlichen, brauchen wir unseren »Knüppel-Fall« (Übungsfall 1, → Rn. 31) nur ein wenig abzuwandeln:

Nehmen wir an, dass B immer noch unterwegs ist, um die Werkstatt zu benachrichtigen. Zufällig kommt der Eigentümer und Vermieter des Wagens, E, vorbei, der den B persönlich kennt, und sieht, wie D sich mit dem Navigationsgerät davonmachen will.

Es wäre kaum einzusehen, warum der Eigentümer und mittelbare Besitzer E tatenlos zusehen müsste, um später seinen Anspruch aus § 861 iVm § 869 geltend zu machen, während der unmittelbare Besitzer B nach § 859 vorgehen und Selbsthilfe ausüben kann.

Die gleichen Rechte wie der Besitzer soll auch der »Besitzdiener« (vgl. §§ 855, 860 = lesen!), zB der Chauffeur der Cheflimousine, haben.

Wir wollen aber beim Besitzrecht nicht zu sehr ins Detail gehen, sondern uns anhand der folgenden zusammenfassenden Übersicht (3) nur die wichtigsten Arten des Besitzes sowie die Rechte des Besitzers merken und dann zum Eigentum übergehen.

43 Statt aller: Palandt/*Herrler* § 869 Rn. 2 mwN.

Übersicht 3

44

Vorschriften zum Besitz			
	§ 854	§ 868	§§ 865, 866
Besitzarten	**Unmittelbarer Besitz** = tatsächliche Gewalt (und nicht nur Besitzdiener, § 855)	**Mittelbarer Besitz** = unmittelbarer Besitz wird mit Fremdbesitzwillen für mittelbaren Besitzer (meist Eigentümer) ausgeübt (zB Mieter)	**Teilbesitz** (zB Zimmer in »WG«) **Mitbesitz** (zB Eheleute Mietwohnung)
Erwerb, Übertragung und Verlust	Erwerb und Übertragung durch Erlangung der tatsächlichen Gewalt an der Sache; Verlust: Wegfall der Sachherrschaft	Erwerb: Vereinbarung eines Besitzmittlungsverhältnisses; Übertragung: Abtretung des Herausgabeanspruchs (§ 870); Verlust: Wegfall der Voraussetzungen von § 868 (zB Fremdbesitzwille wird aufgegeben)	Wie bei § 854
Ansprüche und Rechte des Besitzers	§§ 859, (860), 861, 862, 867	§ 869 iVm §§ 861, 862, und auch § 859 (hM)	Wie bei § 854

Übersicht 3 *(Fortsetzung)*

45

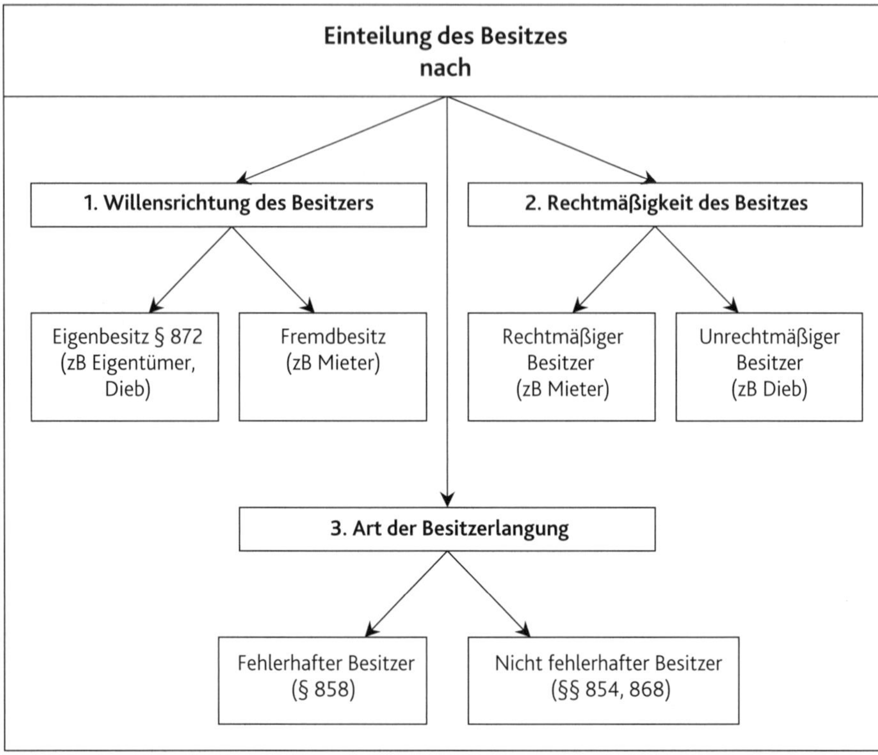

Literatur zur Vertiefung (→ Rn. 27–45): *Alpmann und Schmidt* SachenR I 1. Teil; *Baur/Stürner* SachenR §§ 6–9; *Habersack* SachenR § 4 I; *Helms/Zeppernick* SachenR I Kap. 1 C, Kap. 6; *S. Lorenz,* Grundwissen – Zivilrecht: Besitzschutz, JuS 2013, 776; *Lüke* SachenR § 2; *Ludyga/Würdinger*, Verkauf ohne Brief und Bestattung ohne Auftrag [Examensfall zum Sachenrecht einschließlich Besitzschutz], AL 2017, 25; *Medicus,* Besitz, Grundbuch und Erbschein als Rechtsscheinträger, JURA 2001, 294; *Omlor/Gies,* Der Besitz und sein Schutz im System des BGB, JuS 2013, 12; *Omlor/Gies,* Klausurkonstellationen zum Besitzschutzrecht, JuS 2013, 1065; *Petersen,* Grundfragen zum Recht des Besitzes, JURA 2002, 160 und 255; *Petersen*, Der Dritte im Mobiliarsachenrecht, JURA 2015, 1177; *Röthel/Sparmann,* Besitz und Besitzschutz, JURA 2005, 456; *K. Schmidt*, Schuldrecht und Sachenrecht: Abschleppkosten und Schadensersatz bei Besitzstörung durch Falschparken (Entscheidungsbesprechung BGH Urt. v. 4.7.2014 – V ZR 229/13), JuS 2015, 269; *K. Schmidt*, Parkverstoß und Zustandsstörerhaftung (Entscheidungsbesprechung BGH Urt. v. 18.12.2015 – V ZR 160/14), JuS 2016, 1128; *Schreiber* SachenR 2. Teil; *Schreiber,* Die Besitzformen, JURA 2012, 514; *Schreiber,* Mittelbarer Besitz, JURA 2003, 682; *Prütting* SachenR §§ 6–14; *Vieweg/Werner* SachenR § 2; *Westermann* Einführung Kap. 1; *Westermann* SachenR §§ 2 und 3; *Wilhelm* SachenR 2. Teil, A; *Wolf/Wellenhofer* SachenR §§ 4–5.

3. Kapitel. Eigentum

I. Wesen des Eigentums

Die Bedeutung des Eigentums reicht weit über die Sphäre der Rechtsordnung hinaus. Das Privateigentum ist auch die Grundlage unserer heutigen Wirtschaftsordnung.[44] 46

Der in **Art. 14 GG** und den Länderverfassungen genannte Eigentumsbegriff umfasst alle vermögenswerten Rechtspositionen. Dazu zählen private subjektive Rechte vermögensrechtlicher Art und auch öffentlich-rechtliche Positionen, falls sie auf eigener Leistung und eigenem Kapitaleinsatz beruhen. Durch unsere Verfassung werden somit dingliche und obligatorische Rechte – wie zB Forderungen, Wertpapiere, Gesellschaftsanteile, Aktien, Patent- und Urheberrechte – als eigentumsfähige Rechtsgüter anerkannt.[45]

■ Zur Wiederholung: Wo ist der privatrechtliche Eigentumsbegriff im BGB zu finden und auf was bezieht sich dieser? 47

▶ Das BGB enthält Regelungen für das Eigentum an Sachen, also an körperlichen Gegenständen (§ 90), in **§ 903 S. 1**.[46]

Eigentum gibt es folglich nur an beweglichen und unbeweglichen Sachen, nicht aber an anderen Gegenständen wie Forderungen, sonstigen Rechten oder geistigen Schöpfungen. Dieses umfassende Herrschaftsrecht besteht nur an individuell bestimmten Sachen und nicht an Sachgesamtheiten – wie zB an einem Betrieb.[47]

■ Lesen Sie nochmals § 903 S. 1! Wie kann man die darin geregelten Befugnisse des Rechtsinhabers umschreiben?

▶ Dieser Vorschrift lassen sich zwei Richtungen entnehmen, in die das Eigentum wirkt: eine, die das Verhältnis des Eigentümers zur Sache regelt (= positive oder innere Befugnis) und eine, welche die Stellung des Eigentümers anderen gegenüber betrifft (= negative oder äußere Befugnis).[48]

Zur *positiven* Befugnis gehört insbesondere die Freiheit des Eigentümers, die Sache zu besitzen, zu nutzen, sie zu verbrauchen oder zu beschädigen. Er darf die Sache veräußern, belasten oder das Eigentum daran aufgeben. Durch die *negative* Befugnis soll das Eigentum vor unmittelbaren Einwirkungen Dritter geschützt werden.[49] Der Eigentümer kann also das Betreten seines Grundstücks, die Benutzung, Wegnahme oder Beschädigung seiner Sache untersagen.

---

44 Ausf. zu Geschichte und Bedeutung des Eigentums: *Prütting* SachenR § 26.

45 S. *Schreiber* SachenR Rn. 120. Nach der Rspr. des BVerfG ist sogar das aus dem Mietvertrag folgende Besitzrecht des Mieters an seiner Wohnung Eigentum iSv Art. 14 GG – so BVerfG NJW 1993, 2035.

46 **§ 903 S. 2** wurde 1990 eingefügt und enthält eine besondere Verweisung auf den **Tierschutz**. S. dazu *Wörlen/Metzler-Müller* BGB AT Rn. 45.

47 → **Rn. 14 (»Bestimmtheits-/Spezialitätsgrundsatz«).**

48 *Prütting* SachenR Rn. 307.

49 Zum Ganzen *Prütting* SachenR Rn. 307 f.

48 Mit diesem Wissen können Sie folgendes Problem lösen:

Übungsfall 4[50]

Der Käufer K lässt an seiner Armbanduhr der Marke Rolex durch einen Juwelier eine Brillant-Lünette und ein brillantbesetztes Ziffernblatt anbringen.
Als die Uhr an das Unternehmen Rolex zur Reparatur geschickt wird, verweigert dieses die Herausgabe, solange die Veränderungen nicht auf Kosten des K entfernt werden.

Welchen Anspruch hat K gegen das Unternehmen Rolex?

- ■ Versetzen Sie sich in die Lage des K und überlegen Sie, was er vom Unternehmen Rolex verlangen wird!
- ▶ K möchte die Uhr wieder bekommen. Er wird also Herausgabe der Uhr verlangen.
- ■ Nach welcher Vorschrift könnte K einen Herausgabeanspruch haben?
- ▶ K könnte gegen das Unternehmen Rolex einen Herausgabeanspruch nach § 985[51] haben (lesen!).

Ein Anspruch gem. § 985 ist gegeben, wenn insbesondere K Eigentümer der Uhr ist. Ihm steht nach § 903 S. 1 das Recht zu, mit seiner Sache nach Belieben zu verfahren. Das Rolex-Unternehmen muss also die vorgenommenen Veränderungen und damit eine mögliche Beeinträchtigung seines Markennamens hinnehmen. K ist weiterhin Eigentümer der Rolex und kann folglich seinen Herausgabeanspruch gem. § 985 gegenüber dem Unternehmen geltend machen.

Aus § 903 S. 1 ergibt sich durch die Formulierung »soweit nicht das Gesetz oder Rechte Dritter entgegenstehen«, dass das Eigentum kein schrankenloses Recht ist.

Wir wollen uns deshalb die wichtigsten Beschränkungen vor Augen führen, um das Wesen des Eigentums besser zu verstehen. Diese können in privatrechtliche und öffentlich-rechtliche Schranken eingeteilt werden.

1. Privatrechtliche Schranken des Eigentums

49 § 905 S. 1 verneint grds. räumliche Schranken für das Eigentum an einem Grundstück, da dem Eigentümer ein Recht auf den Raum über der Oberfläche und auf den Erdkörper unter ihr gewährt wird.

- ■ Lesen Sie § 905 S. 2 und überlegen Sie, welche Einwirkungen der Eigentümer zu dulden hat. (Nennen Sie Beispiele!)
- ▶ Elektrische Leitungen über seinem Grundstück, Viadukte für Bahn oder Straße, Tunnelbauten, sofern nicht die Gefahr einer Senkung der Oberfläche besteht.[52]

Zudem ist die Ausübung des Eigentums durch das sog. Schikaneverbot eingeschränkt (§ 226 lesen!).

50 Nach § 904 darf der Eigentümer die Einwirkung eines anderen auf seine Sache nicht verbieten, wenn die Einwirkung zur Abwendung einer gegenwärtigen Gefahr not-

50 Nach OLG Köln NJW 1995, 1759.
51 **Ausf. zu § 985 → Rn. 68 ff.**
52 *Prütting* SachenR Rn. 310 mwN.

wendig und der drohende Schaden (der abgewendet werden soll und ohne die Einwirkung eintreten würde) gegenüber dem Schaden, der aus der Einwirkung dem Eigentümer erwächst, unverhältnismäßig groß wäre.

Zum sog. Notstand folgender

Übungsfall 5

Briefträger Toni (T) muss die Post dem Bauern B, der einen abgelegenen Bauernhof bewohnt, zustellen. Auf dem Weg dorthin greift ihn plötzlich der Hund des H an. Um die Hose und seine Gesundheit zu retten, bricht T eine Latte aus dem dem B gehörenden Gartenzaun und schlägt auf den Hund des H ein.

H verlangt von T Schadensersatz wegen der Verletzung seines Hundes, B möchte Ersatz für seinen beschädigten Zaun. Zu Recht?

Bevor wir den Fall lösen, wollen wir zunächst die §§ 904 und 228, die den **Notstand** regeln, lesen.

- ■ Vergleichen Sie beide Vorschriften! Worin liegt der Unterschied? (Erst die beiden Vorschriften genau prüfen, überlegen und dann die Antwort lesen!) **51**
- ▶ Im Rahmen des **§ 228** muss die Gefahr von der *Sache selbst* drohen, auf die man einwirkt.
  Bei **§ 904** braucht keine Gefahr von der Sache her zu drohen. Man benutzt eine fremde Sache, um die *von anderer Seite* her drohende Gefahr abzuwenden.
- ■ Ist ein Schadensersatzanspruch des H gegen T gegeben? (Bitte kurz in Form einer Lösungsskizze auf einem Konzeptzettel prüfen, bevor Sie weiterlesen!)
- ▶ H könnte von T Schadensersatz wegen Eigentumsverletzung gem. § 823 I verlangen.
  Dadurch, dass T auf den Hund des H eingeschlagen hat, hat er ursächlich und vorsätzlich dessen Eigentum[53] verletzt. Die Tatbestandsmäßigkeit der Handlung ist somit gegeben.
  Fraglich ist, ob die Handlung widerrechtlich war. Dies ist nicht der Fall. Die Verletzung des Hundes war gem. § 228 S. 1 gerechtfertigt, da von dem Tier eine Gefahr ausging, die nicht anders abzuwenden war. Den T träfe nur dann eine Ersatzpflicht gem. § 228 S. 2, wenn er zB das Tier gereizt und dadurch die Gefahr verschuldet hätte. Damit handelte T nicht widerrechtlich.
  H hat also keinen Schadensersatzanspruch gem. § 823 I gegen T.
- ■ Zwischenfrage: Wie nennt man den in § 228 geregelten Notstand? **52**
- ▶ Antwort: § 228 regelt den sog. **defensiven Notstand.**[54]
- ■ Ist das Beschädigen des Gartenzauns ebenfalls nach dieser Vorschrift gerechtfertigt?
- ▶ Da vom Zaun des B keine Gefahr ausging, ist das Abbrechen der Latte nicht nach § 228, sondern als **aggressiver Notstand** nach § 904 S. 1 gerechtfertigt.

B war zur Duldung verpflichtet. Die dem handelnden T drohende Gefahr (evtl. erhebliche Körperverletzung) war unverhältnismäßig groß gegenüber der Beschädi-

53 **Tiere sind zwar keine Sachen, aber grds. wie solche zu behandeln (§ 90a S. 1, 3),** s. *Wörlen/Metzler-Müller* BGB AT Rn. 45 mit Fn. 46.
54 S. *Wörlen/Metzler-Müller* SchuldR BT Rn. 401.

gung des Gartenzauns. Deshalb war das Handeln des T rechtmäßig. Er muss aber den dem B entstandenen Vermögensschaden gem. § 904 S. 2 ersetzen.

53 Eigentumsbeschränkungen stellen – wie bereits oben angedeutet – auch Rechte an fremden Sachen dar, wie zB an Grundstücken Dienstbarkeiten, Nießbrauch, Vorkaufsrechte, Reallasten, Hypotheken und Grundschulden; an beweglichen Sachen Nießbrauch und Pfandrecht. Es handelt sich hierbei um echte Einschränkungen des Eigentumsinhalts.[55] Einschränkungen unter privatrechtlichen Gesichtspunkten ergeben sich auch aus dem Nachbarrecht.[56]

2. Öffentlich-rechtliche Schranken des Eigentums

54 Die *Enteignung* stellt den stärksten Eingriff in das Eigentum dar: Dadurch wird das Eigentum entzogen. Nach Art. 14 III GG ist eine Enteignung nur zum Wohl der Allgemeinheit zulässig; sie muss entweder unmittelbar durch Gesetz oder aufgrund eines Gesetzes durch Verwaltungsakt vorgenommen werden.[57] Das entsprechende Gesetz muss Art und Maß der Entschädigung regeln (sog. Junktim[58] zwischen Enteignung und Entschädigung).

Von einem enteignungsgleichen Eingriff spricht man, wenn ein Eingriff ins Eigentum ohne gesetzliche Grundlage erfolgt. Dieser hat nach ständiger Rechtsprechung zum Enteignungsrecht ebenfalls eine Entschädigung zur Folge, falls er nicht durch Rechtsmittel abgewendet werden konnte.[59]

Gesetzliche Eigentumsbeschränkungen stützen sich auf Art. 14 I 2 GG. Sie betreffen insbesondere den rechtsgeschäftlichen Verkehr, indem sie Genehmigungspflichten begründen oder den Eigentümer zu einem Dulden, Unterlassen oder Handeln verpflichten.[60]

Beispiele: BauGB, BNatSchG, FlurbG und BImSchG.[61]

55 Näheres hierzu im 7. Kap. (→ **Rn. 312 ff.**) und 8. Kap. (→ **Rn. 334 ff.**).
56 → **Rn. 162 ff.**
57 Ausf. hierzu einschließlich der geschichtlichen Entwicklung: *Prütting* SachenR Rn. 315–320.
58 **»Iunctim«(lat.) = vereinigt.** Unter **Junktimklausel** versteht man die Bestimmung einer Rechtsnorm, dass eine im Rang unter ihr stehende Rechtsvorschrift eine bestimmte Regelung nur in Verbindung mit einer anderen Regelung treffen darf. **Bsp.: Art. 14 III 2 GG,** wonach eine Enteignung nur durch Gesetz oder aufgrund eines Gesetzes zulässig ist, das Art und Ausmaß der Entschädigung regelt.
59 *Westermann/Gursky/Eickmann* SachenR § 27 Rn. 27 mwN.
60 *Prütting* SachenR Rn. 321.
61 S. dazu und zu weiteren gesetzlichen Grundlagen *Prütting* SachenR Rn. 321.

Übersicht 4 55

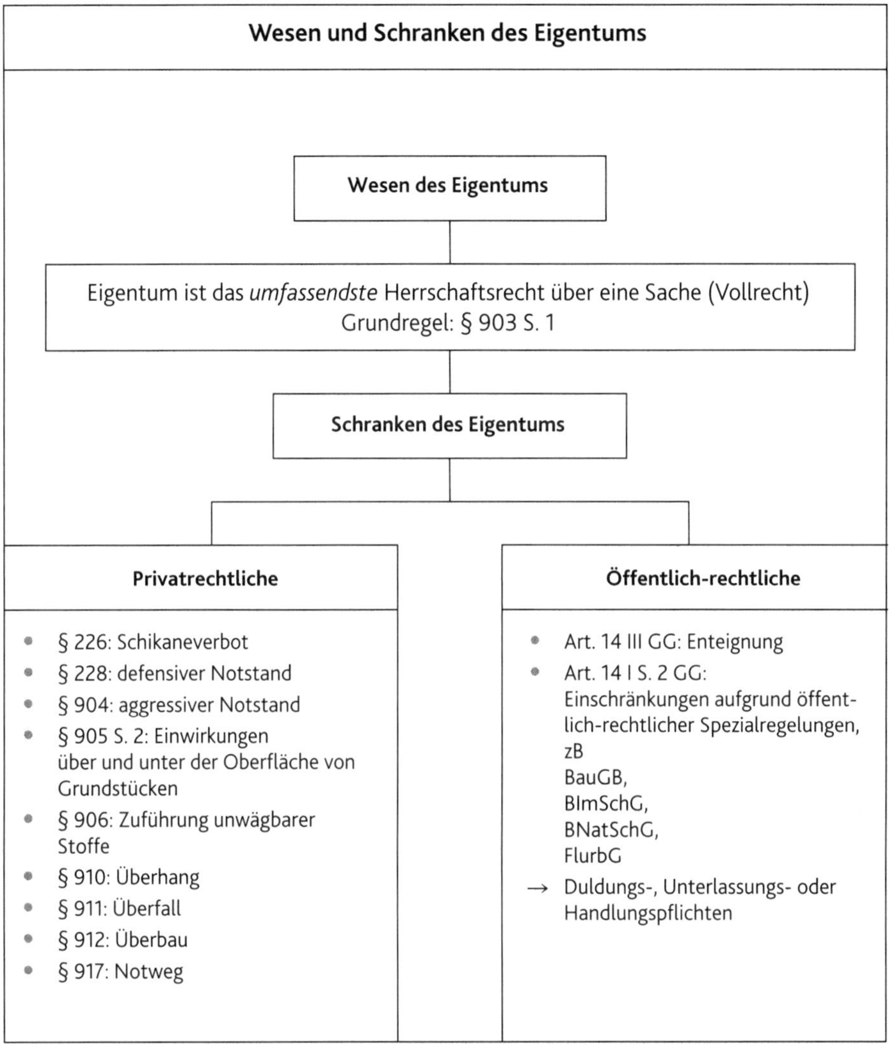

II. Mehrheit von Eigentümern

Meist steht das subjektive Eigentumsrecht einem einzigen Berechtigten zu; man be- 56
zeichnet dies als **Alleineigentum**. Das Eigentum an einer Sache kann allerdings auch mehreren Berechtigten zugewiesen sein, und zwar in der Form des **Miteigentums** nach Bruchteilen oder als **Gesamthandseigentum**.

1. Miteigentum nach Bruchteilen

Bei dieser Sonderform des Eigentums steht das Eigentum an einer Sache zwei oder 57
mehreren Personen zu. Jedem Miteigentümer ist ein ziffernmäßig bestimmter Anteil am Eigentum zugewiesen (*ideeller Bruchteil*). Es handelt sich um einen Anwendungs-

fall der Gemeinschaft nach Bruchteilen iSd §§ 741 ff. Zusätzlich gelten die Vorschriften der §§ 1008 ff., die vor allem das Miteigentum an Grundstücken regeln. Zwischen dem Miteigentum nach Bruchteilen und dem Alleineigentum bestehen – bis auf den durch die Quote geregelten Umfang – keine wesentlichen Unterschiede.[62]

58 Miteigentum kann zum einen **kraft Gesetzes** entstehen. Beispiele hierfür sind die Verbindung nach § 947 I, die Vermischung und Vermengung (§ 948)[63] sowie »Grenzbäume« (§ 923) – Vorschriften lesen!

Der in der Praxis häufiger vorkommende Fall ist der, dass Miteigentum **kraft rechtsgeschäftlichen Erwerbs** begründet wird.

■ Wenn Sie an die »Zweisamkeit« von Personen denken, fällt Ihnen bestimmt ein Beispiel hierfür ein!

▶ Durch rechtsgeschäftlichen Erwerb entsteht Miteigentum, wenn ein im gesetzlichen Güterstand oder in Gütertrennung lebendes Ehepaar bzw. in eheähnlicher Gemeinschaft lebende Personen gemeinsam ein Grundstück erwerben. In diesem Fall sind sie zB Miteigentümer des Grundstücks mit je ½ Anteil.

Zur Verdeutlichung der Rechte und Pflichten der Miteigentümer lösen wir

Übungsfall 6

Die Oldtimerfans A, B, C und D erwerben gemeinsam einen Ford Mustang. In der Freizeit benutzen sie den Wagen wochenweise – entsprechend einer getroffenen Vereinbarung – abwechselnd.
A, der das Auto vereinbarungsgemäß in jeder ersten Woche im Monat nutzen durfte, hat nach einigen Wochen keine Freude mehr an dem Pkw und will »aussteigen«.

Geht das?

59 Lassen Sie uns zunächst überlegen, um welchen Zusammenschluss es sich hier handelt!

■ Besteht zwischen A, B, C und D evtl. eine **Gesellschaft bürgerlichen Rechts** (GbR) iSd § 705 (lesen!)? Was ist hierfür außer einem Gesellschaftsvertrag Voraussetzung?

▶ § 705 setzt zudem voraus, dass diese vier Personen einen *gemeinsamen* Zweck erreichen wollen.

■ Stellt die gemeinschaftliche Nutzung des Pkw einen solchen Zweck dar?

▶ Die bloße gleichartige Beteiligung an dem Gegenstand ohne verabredete Förderung (zB durch Beiträge) eines weiteren gemeinsamen Zwecks genügt hierfür nicht.[64]

60 Es handelt sich somit bei den Oldtimerfans um eine bloße **Gemeinschaft nach Bruchteilen** (§§ 741 ff.), nicht jedoch um eine GbR. A, B, C und D sind also *Miteigentümer* des Ford Mustang zu je ¼ geworden (vgl. § 742).

62 Zum Ganzen *Wolf/Wellenhofer* SachenR § 2 Rn. 7 f.

63 **Miteigentum nach Bruchteilen an beweglichen Sachen kommt vor allem bei Wertpapierbeständen in Betracht** (vgl. §§ 6 ff. Depotgesetz). Ansonsten ist dessen Bedeutung bei Mobilien gering, da es sich fast immer um einen schnell vorübergehenden Zustand handelt.

64 Palandt/*Sprau* § 705 Rn. 3; s. allg. zur GbR zB *Wörlen/Kokemoor* HandelsR Rn. 149 ff.

- Sofern der Wagen in die Werkstatt zur Inspektion muss, ist zu fragen, wer in welcher Höhe die entsprechenden Kosten zu tragen hat.
- ▶ Da nach § 748 jeder Teilhaber den anderen gegenüber verpflichtet ist, die Kosten der Erhaltung nach dem Verhältnis seines Anteils zu tragen, haben A, B, C und D jeweils einen Betrag in Höhe von ¼ der Werkstattrechnung zu finanzieren.
- Kann A, der nicht mehr an der Wagennutzung teilhaben will, ohne die Zustimmung der anderen »aussteigen«, also juristisch ausgedrückt über seinen Anteil verfügen? Suchen Sie die entsprechende Vorschrift!
- ▶ Wenn Sie die Überschriften der §§ 741 ff. überflogen haben, werden Sie wahrscheinlich die Vorschrift gefunden haben, die in Fußnote[65] genannt ist.

Danach kann also jeder Teilhaber der Bruchteilsgemeinschaft über seinen Anteil verfügen.

- In welcher Form hat diese Verfügung zu erfolgen?
- ▶ Die Verfügung erfolgt in der Form, die für das Alleineigentum vorgeschrieben ist, also nach § 929 S. 1.

A könnte zB seinen Anteil an B übertragen, der dann zu ½ Eigentümer des Oldtimers würde. Da nach der Regelung der §§ 743 II, 745 III 2 jedem Miteigentümer ein seinem Anteil entsprechender Mitgebrauch an der Sache zusteht, kann B nunmehr für insgesamt zwei Wochen den Oldtimer benutzen.

- Gehen Sie davon aus, dass A seinen Miteigentumsanteil an E übereignet hat. Dieser möchte den Wagen allerdings immer Mitte des Monats fahren. Ist er an die von A, B, C und D getroffene Vereinbarung gebunden? (Lesen Sie im Gesetz nach, bevor Sie hier weiterlesen!) 61
- ▶ Da die vier ursprünglichen Miteigentümer durch eine entsprechende Vereinbarung die Verwaltung und Benutzung des Wagens geregelt haben (vgl. § 745 II), muss der Sonderrechtsnachfolger E gem. § 746 diese Bestimmung akzeptieren.[66]
- Könnte A auch eine Aufhebung der Gemeinschaft verlangen?
- ▶ A kann als Teilhaber jederzeit die Aufhebung der Gemeinschaft verlangen (vgl. § 749 I, den Sie vermutlich selbst schon gefunden hatten).

Bei dem Oldtimer kommt eine Teilung in Natur (vgl. § 752) allerdings nicht in Betracht. Deshalb müsste der Pkw nach den Vorschriften über den Pfandverkauf (§§ 1233 ff.) veräußert und der Erlös unter den vier Oldtimerfans aufgeteilt werden (vgl. § 753 I 1).

2. Gesamthandseigentum

Wesentlich anders ist die Regelung des Eigentums zur gesamten Hand. Für diese Eigentumsart ist die Zugehörigkeit der Sache zu einer gesamthänderisch gebundenen Vermögensmasse kennzeichnend.[67] Ein Gesamthandseigentum besteht nur in den gesetzlich angeordneten Fällen. Davon könnten Ihnen die Gesellschaft bürgerlichen Rechts (GbR[68], §§ 705 ff.) bereits bekannt sein. 62

---

65 **§ 747 S. 1.**

66 **Bei Grundstücken ist eine zwischen den Miteigentümern geschlossene Vereinbarung nur verbindlich, wenn sie im Grundbuch eingetragen ist (vgl. § 1010 I).**

67 *Prütting* SachenR Rn. 598.

68 Ausführlicher zum Gesamthandseigentum bei der GbR: *Wörlen/Kokemoor* HandelsR Rn. 158 ff.

Weitere Fälle sind die eheliche Gütergemeinschaft (§§ 1415 ff.) und die Erbengemeinschaft (§§ 2032 ff.). Die Personenhandelsgesellschaften OHG (§§ 105 ff. HGB) und KG (§§ 161 ff. HGB) sind ebenfalls Gesamthandsgemeinschaften. Neue und andere als die genannten Formen können nicht rechtsgeschäftlich geschaffen werden.

63 Die gesamthänderische Bindung (exemplarisch § 719 I und § 2033 II lesen!) bedeutet, dass ein Mitglied einer Gesamthandsgemeinschaft nicht über seinen Anteil an den einzelnen zum Gesamthandsvermögen gehörenden Gegenständen verfügen kann.

■ Was ist der wesentliche Unterschied von Gesamthandseigentum und Miteigentum nach Bruchteilen hinsichtlich der Beteiligung am gemeinschaftlichen Vermögen?

▶ Der wesentliche Unterschied besteht darin, dass sich die Beteiligung des Gesamthänders an dem einzelnen Vermögensgegenstand nicht als quotenmäßig bestimmter Anteil darstellt.

Der Gesamthänder ist also Inhaber des ganzen Rechts. Allerdings ist er (wie Sie am Beispiel von § 719 I und § 2033 II gesehen haben) in der Ausübung seiner Herrschaftsmacht durch das Recht der anderen Teilhaber, das sich ebenfalls auf den ganzen Gegenstand richtet, eingeschränkt. Über einzelne Vermögensgegenstände können die Gesamthänder nur gemeinsam verfügen (zB hierfür § 2040 I lesen!).

64 Zur Vertiefung lösen wir folgenden

Übungsfall 7

Die Schwestern Dora und Emma haben ihren Großonkel beerbt. Der Nachlass besteht im Wesentlichen aus einem Hausgrundstück.

Emma hat kein Interesse an der Immobilie und möchte ihren Anteil »versilbern«. Wie geht das?

■ Überlegen Sie zunächst, um welche Eigentumsgemeinschaft es sich bei den Schwestern handelt!

▶ Die beiden sind als *Erbengemeinschaft* iSd § 2032 eine *Gesamthandsgemeinschaft*.

■ Kann Emma über ihren Anteil an dem Hausgrundstück verfügen?

▶ Nach § 2033 II, I 1 kann die Miterbin nicht über ihren Anteil am Hausgrundstück, wohl aber über ihren Anteil am gesamten Nachlass verfügen.

Die Miterbin könnte also ihre gesamte ererbte vermögensrechtliche Stellung durch notariellen Vertrag auf einen anderen übertragen.

65 ■ Überfliegen Sie die Vorschriften der §§ 2032 ff. und suchen Sie eine (praktische) Möglichkeit, wie die Schwestern ihr Erbe insbesondere am Hausgrundstück aufteilen können!

▶ In Betracht kommt zunächst die gemeinsame Veräußerung des Grundstücks (§ 2040 I).

Wenn die Miterben keine Einigung über die Aufteilung des Erbes erzielen, kann jeder Miterbe von dem anderen die Auseinandersetzung nach den gesetzlichen Regeln verlangen (§§ 2042 I und II, 752, 753). Das Grundstück ist daher im Wege der Versteigerung zu verwerten (§ 753 I 1).

66 Das BGB kennt keine sonstigen Formen der Mehrheit von Eigentümern. Das Treuhandeigentum ist keine besondere Form der Mehrheit von Eigentümern, sondern ein

Anwendungsfall der »fiduziarischen[69] Rechtsstellung«.[70] Der Treuhandeigentümer ist also Alleineigentümer; dem Treugeber gegenüber hat er die schuldrechtliche Verpflichtung, von dem Treuhandeigentum nur zu bestimmten Zwecken Gebrauch zu machen.[71]

Übersicht 5

67

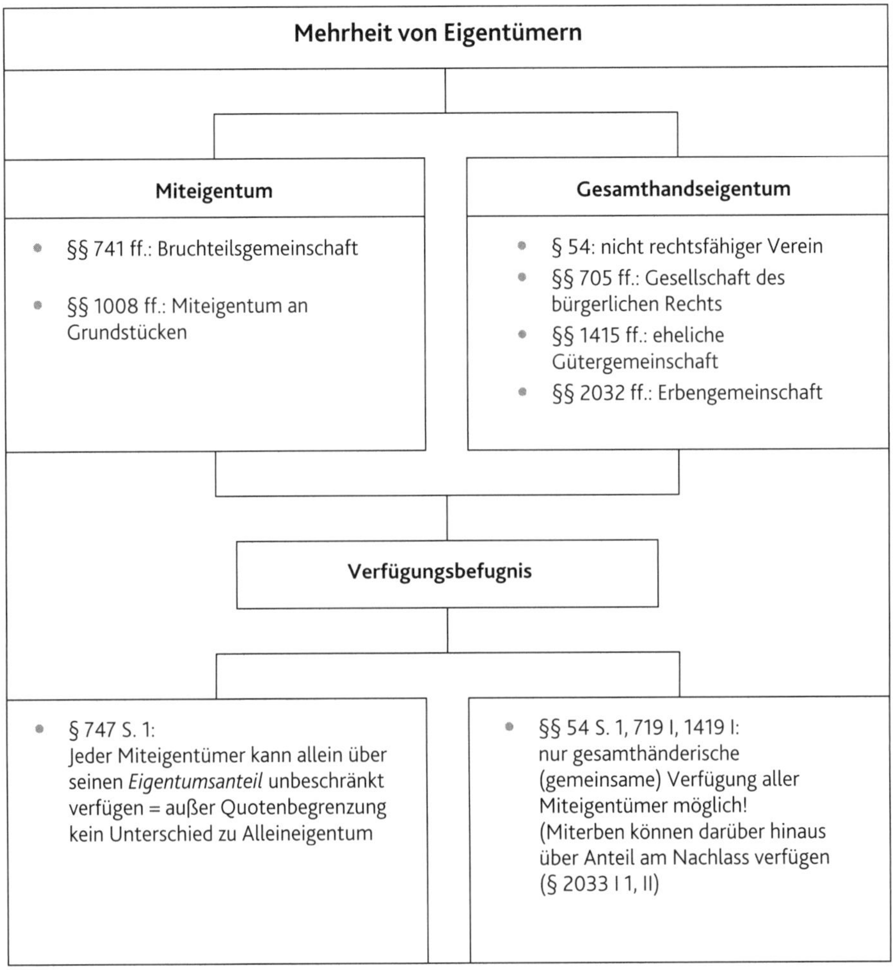

69 **Fiduziarisch = treuhänderisch.**

70 *Westermann/Gursky/Eickmann* SachenR § 28 Rn. 3; s. auch *Wolf/Wellenhofer* SachenR § 2 Rn. 10 ff.

71 *Wolf/Wellenhofer* SachenR § 2 Rn. 10.

III. Herausgabeanspruch des Eigentümers (§ 985)

68 Die Befugnis des Eigentümers, mit der Sache nach Belieben zu verfahren (§ 903 S. 1), umfasst auch das Recht auf deren Besitz. Sofern dem Eigentümer der Besitz entzogen ist, muss die Rechtsordnung dafür Sorge tragen, dass er wieder in den Besitz seiner Sache gelangt.

■ Wissen Sie, welche Vorschrift dem Eigentümer einen Anspruch auf Herausgabe der Sache gegen den unrechtmäßigen Besitzer gibt? Wir hatten diese sehr wichtige Vorschrift bereits erwähnt!

▶ Ein Herausgabeanspruch gegen den unrechtmäßigen Besitzer ergibt sich aus der in Fußnote[72] genannten Vorschrift!

Im Gegensatz zu den **possessorischen**[73] Ansprüchen, die *aus dem Besitz* an der Sache entstehen und deshalb nur ein vorläufiges Recht schaffen können[74], erwächst der Herausgabeanspruch gem. § 985 aus einem *Recht zum Besitz*. Er bewirkt deshalb eine endgültige Besitzordnung und zählt zu den **petitorischen**[75] Ansprüchen. Der Anspruch aus § 985 wird auch als »dinglicher Herausgabeanspruch« bezeichnet.[76]

■ Nach § 985 kann der Eigentümer »die Herausgabe der Sache verlangen«. Was unter »*Sache*« zu verstehen ist, haben wir bereits geklärt.

▶ Sachen sind nur körperliche Gegenstände (§ 90). Man unterscheidet (unter anderem) bewegliche und unbewegliche Sachen.

Hinweis: § 985 ist eine der zentralen sachenrechtlichen Anspruchsgrundlagen und hat daher hohe Klausurrelevanz.

Der Anspruch gem. § 985 besteht sowohl bei beweglichen als auch bei unbeweglichen Sachen. Bei unbeweglichen Sachen (Grundstücken) ist der Anspruch auf Räumung gerichtet.[77] Der Grundstückseigentümer hat uU zusätzlich zu § 985 einen Grundbuchberichtigungsanspruch nach § 894, auf den wir später[78] noch näher eingehen.

Da das Eigentum ein dingliches, *absolutes* Recht ist, steht der Herausgabeanspruch nicht nur gegen einen einzelnen bestimmten Anspruchsgegner zu (wie bei den Schuldverhältnissen, relatives Recht), sondern gegen *jeden*, der in das Eigentum eingreift. Unabhängig davon, ob zwischen dem Eigentümer und ihm irgendein Vertragsverhältnis besteht.[79]

1. Voraussetzungen des Herausgabeanspruchs

69 **Prüfungsschema § 985**

1. Anspruchssteller ist **Eigentümer**
2. Anspruchsgegner ist **Besitzer**
3. Anspruchsgegner hat **kein Recht zum Besitz**, § 986

72 **§ 985!**
73 Vom lat. possessio (Besitz) abgeleitet = den Besitz betreffend.
74 → **Rn. 31 ff.**
75 Lat.: petitio = gerichtlicher Anspruch, Klage; hier: Ansprüche auf ein Besitzrecht.
76 Ausf. hierzu: *Westermann/Gursky/Eickmann* SachenR § 29.
77 *Prütting* SachenR Rn. 513 und 519.
78 → **Rn. 235 f.**
79 S. dazu auch bei den sachenrechtlichen Grundsätzen → **Rn. 12.**

Hinweis: Sie sollten immer das Prüfungsschema anhand des Wortlautes der einschlägigen Vorschriften nachvollziehen! Soweit zulässig und möglich, können Sie auch die jeweiligen Voraussetzungen in Ihrem Gesetzestext unterstreichen.

a) Anspruchsberechtigt ist der **Eigentümer** der Sache im Zeitpunkt des Herausgabeverlangens.

- Wie kann der Eigentümer das Eigentum erlangt haben?
- ▶ Das Eigentum kann durch Rechtsgeschäft (§§ 929 ff.), durch Ersitzung (§§ 937 ff.), durch Verbindung, Vermischung, Verarbeitung (§§ 946 ff.), durch Aneignung (§§ 958 ff.) oder durch Gesamtrechtsnachfolge (zB Erbfolge) bzw. Hoheitsakt (zB Enteignung) erworben worden sein.[80]

Hinweis: Schreiben Sie sich in Ihrem Gesetzestext in § 985 über das Wort »Eigentümer«: §§ 929 ff. Diese Paragrafen sind allerdings nur zu erörtern, wenn im Sachverhalt Anhaltspunkte dafür vorliegen, dass das Eigentum an einer Sache einem anderen (ggf. dem Besitzer) übertragen wurde bzw. verlorengegangen sein könnte.
Dann ist im Gutachten eine *chronologische* Prüfung (= sog. historischer Aufbau) empfehlenswert! Es ist also zu prüfen, wer ursprünglich Eigentümer war und an wen ggf. das Eigentum verlorengegangen sein könnte.[81]

b) Anspruchsgegner ist der **Besitzer**. Dies kann der unmittelbare oder mittelbare Besitzer sein.

Die Erfüllung des Herausgabeanspruchs gegen den *unmittelbaren* Besitzer hat zur Folge, dass die Sache dem Eigentümer übergeben wird.

Der gegen den *mittelbaren* Besitzer gerichtete Herausgabeanspruch hat zum Inhalt, dass der mittelbare Besitzer seinen Herausgabeanspruch gegen den Besitzmittler an den Eigentümer abtritt (§ 870) oder den unmittelbaren Besitz herausgibt (wenn der mittelbare Besitzer den unmittelbaren Besitz wiedererlangt).[82]

c) Der Anspruchsgegner darf **kein Recht zum Besitz** haben. Nur der *unrechtmäßige* Besitzer ist zur Herausgabe verpflichtet. Das ergibt sich aus § 986 I (lesen!). Nach § 986 I kann also derjenige, der ein Recht zum Besitz hat, die Herausgabe der Sache verweigern. Jedoch stellt § 986 nicht – wie der Wortlaut vermuten lässt – eine Einrede, sondern nach der hM eine von Amts wegen zu berücksichtigende *Einwendung* dar.[83]

Das Besitzrecht muss gegenüber dem Eigentümer bestehen. Dabei ist zu unterscheiden

- zwischen einem *eigenen* Besitzrecht (§ 986 I 1 Alt. 1 – lesen!) und
- einem *abgeleiteten* Besitzrecht (§ 986 I 1 Alt. 2 – ebenfalls lesen!).

Näheres dazu vermittelt die Lösung unseres nächsten Übungsfalls. 70

80 Vgl. zum Eigentumserwerb ausf. → **Rn. 102 ff.**
81 Ausf. *Prütting* SachenR Rn. 15; *Medicus/Petersen* BürgerlR Rn. 18.
82 Palandt/*Herrler* § 985 Rn. 9.
83 S. Palandt/*Herrler* § 986 Rn. 1 sowie **zu den Begriffen** *Wörlen/Metzler-Müller* BGB AT Rn. 415 f.

Übungsfall 8

Hausverwalter H vermietet an B zwei ungenutzte Räume im Keller des Hauses des Hauseigentümers E. Hinsichtlich dieser zwei Räume schließt H mit B auch einen Mietvertrag. E hatte es H nicht gestattet, diese zu vermieten.
Als E beschließt, die beiden Räume als Materiallager wieder selbst zu nutzen, verlangt er von B deren Herausgabe.

Zu Recht?

■ Dass hier als Anspruchsgrundlage **§ 985** zu prüfen ist, wissen Sie inzwischen. Was setzt der Herausgabeanspruch nach § 985 im vorliegenden Fall voraus?
▶ E müsste Eigentümer der Räume und B deren Besitzer ohne Recht zum Besitz sein.
■ Sind die Voraussetzungen gegeben?
▶ E ist nach wie vor **Eigentümer** des Hauses. Da B die zwei Zimmer nutzt, hat er die tatsächliche Sachherrschaft inne (vgl. § 854) und ist deshalb unmittelbarer **Besitzer**. Folglich liegen die Voraussetzungen für den Anspruch nach § 985 vor.
■ Was könnte B dem Herausgabeanspruch entgegenhalten?
▶ Ein **Recht zum Besitz** iSd § 986 I 1, da B hinsichtlich der Räume einen Mietvertrag gem. § 535 abgeschlossen hat.
■ Wirkt dieser Mietvertrag auch gegenüber E?
▶ Den Mietvertrag hat H mit B abgeschlossen. Insofern bindet der Vertrag nur diese beiden Parteien und enthält kein Besitzrecht gegenüber E.

71 Somit steht dem B im Verhältnis zu E kein Recht zum Besitz gem. § 986 I 1 zu. Er muss also die Räume an E herausgeben.

Besitzrechte können aufgrund vertraglicher Vereinbarung (zB Kaufvertrag, Mietvertrag, Leihvertrag, Pachtvertrag) und auch kraft öffentlichen Rechts[84] gegenüber dem Eigentümer bestehen; ferner kann sich die Besitzberechtigung aus einer dinglichen Rechtsposition (zB Nießbrauch, Pfandrecht an beweglichen Sachen oder Dauerwohnrecht) ergeben.[85]

Ein Zurückbehaltungsrecht zB nach § 273 oder § 1000 begründet der hM zufolge kein Besitzrecht iSd § 986.[86]

2. Eigentumsvermutung

72 Für *bewegliche* Sachen wird, wie eingangs erwähnt, in § 1006 die *widerlegbare* Vermutung für das Eigentum des Besitzers aufgestellt. Diese Regelung ist dahingehend zu verstehen, dass die in Abs. 1 und 2 genannten Besitzer bei Erwerb dieses Besitzes Eigenbesitz begründet haben, hierbei unbedingtes Eigentum erworben und es während der Besitzzeit behalten haben. Die für Grundstücke vergleichbare Regelung finden wir in § 891.

---

84 So zB das Besitzrecht der Polizeibehörde aufgrund eines öffentlichen Rechtsverhältnisses, wenn die Behörde den **verkehrsordnungswidrig abgestellten Pkw** eines Bürgers abschleppen lässt. S. hierzu BGH NJW 1977, 628 f.; NJW 1993, 1258 f.

85 S. Palandt/*Herrler* § 986 Rn. 3 f.

86 Zu diesem Spezialproblem bei Interesse: *Baur/Stürner* SachenR § 11 Rn. 26a; Palandt/*Herrler* § 986 Rn. 5.

§ 1006 dürfen Sie aber nur anwenden, wenn die Eigentumslage *ungeklärt* ist und auch nicht mit Hilfe von Beweismitteln geklärt werden kann. Dem Besitzer, dessen Eigentumsrecht bestritten wird, bleibt aufgrund dieser Vorschrift der Nachweis eines rechtswirksamen Erwerbs erspart. Hierzu

Übungsfall 9

V hat dem K einen Computer gegen Barzahlung verkauft. Bei Lieferung des Geräts bekundet K, die Rechnung unverzüglich zu begleichen. Da K trotz mehrerer Mahnungen nicht zahlt, behauptet V, den Computer habe er dem K unter Eigentumsvorbehalt geliefert – was K bestreitet.
Aufgrund der sich widersprechenden Aussagen von K und V kann nicht geklärt werden, ob die Behauptung des V zutreffend ist.

Kann V von K, der nach wie vor den Rechnungsbetrag nicht zahlt, den Computer herausverlangen?

Wie Sie bereits gelernt haben, ist Voraussetzung des hier einschlägigen Herausgabeanspruchs gem. **§ 985**, dass V der Eigentümer und K der Besitzer des Computers ohne Recht zum Besitz iSd § 986 ist. 73

Da K die tatsächliche Sachherrschaft über den PC innehat, ist er unmittelbarer **Besitzer** (§ 854 I). Fraglich ist allerdings, ob V noch **Eigentümer** des Geräts ist.

- Könnte hier die *Eigentumsvermutung* des *§ 1006 I* zugunsten des K eingreifen?
- ▶ Da K von V gem. § 854 I den unmittelbaren Besitz erhalten hat, wird gem. § 1006 I 1 zugunsten des K vermutet, dass er Eigenbesitz begründet und somit auch das Eigentum erworben hat.

- Kann V diese Vermutung *widerlegen*?
- ▶ Dies wäre der Fall, wenn V einen vereinbarten Eigentumsvorbehalt nachweisen könnte. Da er aber dem K den Computer übergab, ohne den Kaufpreis erhalten zu haben und auch bei der Besitzübertragung keine Vorbehalte hinsichtlich der Eigentumsverschaffung machte, ist eine Widerlegung der in § 1006 I geregelten Vermutung nicht möglich.
- Ergebnis unseres Falles?
- ▶ Erst nachdenken, dann Fußnote[87] lesen!

Abwandlung von Übungsfall 9

Gehen Sie davon aus, dass K und V zwei befreundete Kommilitonen sind. K hat von V den Computer erhalten und nutzt ihn nunmehr seit drei Monaten zur Anfertigung seiner Bachelorarbeit.
Als V das Gerät mit der Begründung herausverlangt, er habe es K nur geliehen, entgegnet K, V habe ihm das Gerät geschenkt.
Ob der Computer zwecks Schenkung oder Leihe übergeben wurde, kann im Nachhinein nicht geklärt werden.

- Greift zugunsten des K die *Vermutungsregel* des *§ 1006 I 1* ein? 74
- ▶ Da K unmittelbarer Besitzer des Computers ist, besteht nach § 1006 I 1 die Vermutung, dass er mit der Besitzbegründung Eigenbesitz erlangt hat und aufgrund dieser Eigenbesitzbegründung Eigentümer wurde.

87 **V kann von K den Computer nicht nach § 985 herausverlangen!**

Solange V diese Vermutung nicht *widerlegen* kann, wird zugunsten des K der Fortbestand des Eigentums angenommen. Eine Herausgabeklage des V nach § 985 wäre also ohne Erfolg.

Zum Nachweis seines Eigentums kann sich der Eigentümer der gesetzlichen Vermutung des § 1006 II und III[88] (Vorschriften lesen!) bedienen. Zuvor muss er allerdings die zugunsten des jetzigen Besitzers sprechende Eigentumsvermutung des § 1006 I widerlegt haben.

3. Abwicklung des Herausgabeanspruchs und Verjährung

75 #### a) Abwicklung

Die Pflicht zur Herausgabe obliegt dem Besitzer, solange er den Besitz innehat. Verliert er diesen oder überträgt er ihn auf andere, kann der Anspruch nach § 985 nicht mehr gegen ihn geltend gemacht werden. Eventuell kommen dann Ansprüche gem. §§ 987 ff. bzw. §§ 812 ff., 816 I 1, 951 in Betracht.[89] Dies gilt auch für Geld (Münzen, Banknoten), sofern sich dessen rechtliche Erscheinungsform – durch Wechseln oder Einzahlung auf ein Konto – ändert.[90] Die Herausgabepflicht nach § 985 ist eine Holschuld. Der Besitzer muss also die Sache zur Abholung bereitstellen und die erforderlichen Kosten tragen.[91] Die Kosten der Abholung vom Herausgabeort muss der Eigentümer tragen.[92]

b) Verjährung

Nach § 197 I Nr. 2 verjährt der Eigentumsherausgabeanspruch nach 30 Jahren. Die Verjährung hat jedoch nicht den Verlust des Eigentums zum Inhalt, sondern gibt dem Besitzer nur die *Einrede* der Verjährung, also ein Leistungsverweigerungsrecht gem. § 214 I. Dieses muss vom Beklagten geltend gemacht werden und wird im Gerichtsprozess nicht von Amts wegen berücksichtigt.[93] Ein dauerhaftes Auseinanderfallen zwischen Eigentum und Besitz ist somit möglich.[94]

Beispiel: Praktisch werden kann dies zB beim Anspruch auf Herausgabe von NS-Raubkunst (Fall Gurlitt), wenn die heutigen Besitzer nicht wirksam Eigentum an Kunstwerken erworben haben,[95] die den von den NS-Machthabern verfolgten Eigentümern entzogen wurden.
Dennoch ist es (nur) Privatpersonen durch die Einrede der Verjährung gem. §§ 214 I, 197 I Nr. 2 möglich, die Herausgabe an die Eigentümer zu verweigern![96]

88 Beim Eigentum an beweglichen Sachen; bei **Grundstücken** gilt die gesetzliche Vermutung des **§ 891**.

89 *Wolf/Wellenhofer* SachenR § 21 Rn. 17.

90 S. Palandt/*Herrler* § 985 Rn. 8 sowie *Westermann/Gursky/Eickmann* SachenR § 29 Rn. 27 ff.

91 BGH NJW 1988, 3264.

92 Palandt/*Herrler* § 985 Rn. 10.

93 Näher *Wörlen/Metzler-Müller* BGB AT Rn. 413 ff.

94 Palandt/*Herrler* § 985 Rn. 11.

95 Der rechtsgeschäftliche Eigentumserwerb (→ Rn. 102 ff.) unter den Bedingungen der NS-Verfolgung wird – auch im Hinblick auf das dingliche Geschäft! – als gem. §§ 134, 138 nichtig angesehen, ein späterer gutgläubiger Erwerb (→ Rn. 114 f.) scheitert an § 935; bei fehlendem guten Glauben scheitert auch die Ersitzung (→ Rn. 127), *Prütting* SachenR Rn. 518a.

96 *Prütting* SachenR Rn. 518a mwN. Vgl. dazu mit internationalem Bezug auch *Gomille* JURA 2017, 54.

4. Konkurrenzen

Eine echte Anspruchskonkurrenz des § 985 besteht zu den dinglichen Herausgabeansprüchen des Besitzers nach §§ 861 I und 1007 I und II. Eine Herausgabe kann also aufgrund dieser drei Anspruchsgrundlagen gerechtfertigt sein. Ebenfalls ist eine Konkurrenz zu Herausgabeansprüchen gem. §§ 812 ff. und Schadensersatzansprüchen nach §§ 823 ff. iVm § 249 möglich.[97] 76

Hinweis: Auch bei den Herausgabeansprüchen sollten Sie in der Klausur immer alle in Betracht kommenden Anspruchsgrundlagen (zumindest kurz) prüfen! Ansonsten verschenken Sie unnötig Punkte!

Hierzu folgender

Übungsfall 10

Dem Eigentümer E wird vom Dieb D die Rolex (s. Fall 4) gestohlen. Bei einer Hausdurchsuchung entdeckt die Polizei das wertvolle Stück bei D.

E verlangt von D seine Rolex heraus.

- Wenn Sie die vorhergehenden Ausführungen gelesen haben, können Sie die Frage nach den gegebenen **dinglichen** Ansprüchen des E beantworten! Welche Ansprüche kommen in Betracht?
- ▶ E kann die Herausgabe der Uhr nach **§ 861 I, § 1007 I** sowie **§ 985** verlangen.
- Kommt auch ein Anspruch aus **ungerechtfertigter Bereicherung** in Betracht? 77
- ▶ Ein bereicherungsrechtlicher Anspruch ist nach § 812 I 1 Alt. 2 (sog. Eingriffskondiktion[98]) gegeben.

E kann seinen Herausgabeanspruch auf alle vorgenannten Anspruchsgrundlagen stützen.

- Und wie steht es mit Ansprüchen aus **unerlaubter Handlung**?
- ▶ Durch den Diebstahl hat D das Eigentum des V vorsätzlich und rechtswidrig verletzt, sodass E einen Anspruch auf Schadensersatz gem. § 823 I sowie § 823 II iVm § 242 StGB (Diebstahl) – evtl. auch nach § 826 – geltend machen kann.

Der Herausgabeanspruch kann sich auch aus einem Vertragsverhältnis ergeben. Nach Beendigung des Vertragsverhältnisses bestehen regelmäßig **vertragliche** Ansprüche auf Herausgabe des Besitzes. 78

- Nennen Sie mindestens fünf vertragliche Herausgabeansprüche!
- ▶ Auf ein Blatt schreiben und dann Fußnote[99] lesen!

Fraglich ist, ob § 985 neben Rückgabeansprüchen aus einem vertraglichen Schuldverhältnis anwendbar ist oder ob die vertraglichen Herausgabeansprüche den Anspruch aus § 985 verdrängen. Da § 985 sicherstellen will, dass der Eigentümer auf jeden Fall 79

97 Zum Ganzen *Wolf/Wellenhofer* SachenR § 21 Rn. 35. **Anspruchskonkurrenz** nennt man das **Zusammentreffen mehrerer Ansprüche** aufgrund eines Sachverhalts. Grds. stehen dabei mehrere Ansprüche unabhängig nebeneinander.

98 S. näher zB *Wörlen/Metzler-Müller* SchuldR BT Rn. 371, 375.

99 **Herausgabeansprüche aus Vertrag** sind in **§ 346 I Var. 1** (vertragliches Rücktrittsrecht), **§ 546** (Rückgabe der Mietsache), **§ 604** (Rückgabepflicht beim Leihvertrag), **§ 667** (Herausgabepflicht des Beauftragten), **§ 695** (Rückforderungsrecht des Hinterlegers) geregelt.

wieder den Besitz erhält, kommt diese Vorschrift nach ganz *hM* auch *neben* vertraglichen Herausgabeansprüchen zur Anwendung.[100] Denn dadurch kann sich der Eigentümer der Eigentumsvermutungen der §§ 891, 1006 bedienen, die für die vertraglichen Ansprüche keine Geltung haben; außerdem kann er den Besitz von Dritten herausverlangen, was bei vertraglichen Ansprüchen – mit Ausnahme von § 546 II und § 604 IV – nicht möglich ist.[101]

Zu welchen Ergebnissen dies führt, verdeutlicht folgender

Übungsfall 11

V hat dem K dieses Mal den Computer (s. Übungsfall 9) vorsorglich unter Vereinbarung eines Eigentumsvorbehalts übereignet und übergeben.
K »bastelt« an einigen Komponenten im PC herum und beschädigt dabei den Arbeitsspeicher. Er gibt – da er dem V keine große Fachkompetenz beimisst – den PC zwecks Reparatur zum Fachmann U.
U hält den K für den Eigentümer. Noch bevor U mit dem Testlauf beginnt, tritt V, da K seinen Ratenzahlungspflichten nicht nachgekommen ist, vom Kaufvertrag mit K zurück.

V verlangt von U Herausgabe des PC.

80 Da K den Werkvertrag (§ 631) mit U im eigenen Namen und nicht als Vertreter des V geschlossen hat, scheidet ein **vertraglicher Rückgabeanspruch** des V aus.

- Kann V als Eigentümer gegen den Besitzer U einen Herausgabeanspruch gem. **§ 985** geltend machen?
- ▶ Nach der *hM* ist § 985 anwendbar. Auch liegen dessen Voraussetzungen vor: V ist noch Eigentümer des PC. Er hat das Eigentum aufgrund des Eigentumsvorbehalts nicht an K verloren. Der unmittelbare Besitzer U hat V gegenüber kein Recht zum Besitz gem. § 986 I 2. K ist nach dem Rücktritt des V vom Kaufvertrag nicht mehr zum Besitz und zur Weitergabe des Besitzes berechtigt.

V hat daher nach der hM einen Anspruch gegen U auf Herausgabe gem. § 985.

100 Palandt/*Herrler* § 985 Rn. 1 mwN; *Wolf/Wellenhofer* SachenR § 21 Rn. 33 f.; *Prütting* SachenR Rn. 523 mwN.
101 *Wolf/Wellenhofer* SachenR § 21 Rn. 34.

Übersicht 6

Herausgabeanspruch des Eigentümers 81

§ 985

Voraussetzungen

- Anspruchssteller: **Eigentümer**
  → Eigentumserwerb:
  §§ 929 ff.; 873, 925 – durch Rechtsgeschäft
  § 937 – Ersitzung
  §§ 946 ff. – Verbindung etc
  §§ 958 ff. – Aneignung
  Erbfolge
  Hoheitsakt (zB Zuteilung nach Ersteigerung)
- Anspruchsgegner: **Besitzer**
- **Kein Recht zum Besitz** § 986

Eigentumsvermutung

- Bei **beweglichen Sachen** stellt § 1006 die widerlegbare Vermutung auf, dass der Besitzer auch Eigentümer ist.
- Für **Grundstücke** gilt § 891.

Abwicklung

- Besitzer hat Pflicht zur Herausgabe der Sache
  (für Grundstücke gilt zudem § 894)
- Falls Besitzverlust:
  Ansprüche aus §§ 987 ff.
  oder §§ 812 ff., § 816 I 1,
  § 951

Konkurrenzen

- Vertragliche Herausgabeansprüche zB § 546
- Herausgabeansprüche des Besitzers: §§ 861, 1007
- Herausgabeansprüche nach §§ 812 ff.
- Möglicherweise auch Schadensersatz gem. §§ 823 ff.

IV. Ansprüche des Eigentümers auf Nutzungsherausgabe und Schadensersatz (§§ 987 ff.)

1. Einführung

82 Der Eigentümer ist mit der Erfüllung des Anspruchs auf Herausgabe gem. § 985 in der *Hauptsache* befriedigt.

Allerdings können während des Bestehens der sog. »**Vindikationslage**« Veränderungen an der Sache eingetreten sein. Vindikationslage bedeutet:

- Der Anspruchsteller ist Eigentümer der Sache und
- der Anspruchsgegner Besitzer ohne Recht zum Besitz iSd § 986.[102]

Beispiele für Veränderungen: Vorteile durch angefallene Nutzungen, Nachteile durch Beschädigungen, Kosten für Verwendungen.

Hierfür gewährt das Gesetz sog. *Nebenansprüche* gem. §§ 987 ff. (**Eigentümer-Besitzer-Verhältnis**, EBV).[103]

Die §§ 987–993 geben dem **Eigentümer** Ansprüche auf *Nutzungsherausgabe* (§§ 987, 990) und *Schadensersatz* (§§ 989, 990), die er neben dem Anspruch auf Herausgabe der Sache geltend machen kann – allerdings grds. nur gegenüber dem unrechtmäßigen Besitzer.[104]

Der **Besitzer** hingegen hat gegen den Eigentümer ggf. einen Anspruch auf *Verwendungsersatz* gem. §§ 994, 996 (→ Rn. 92 ff.).

■ Woraus ergibt sich, dass ein Besitzrecht nicht bestehen darf? Lesen Sie §§ 987 ff. durch – wie lautet Ihre Antwort?

▶ In § 990 geht es um den bösgläubigen Besitzer. Ein rechtmäßiger Besitzer kann nie bösgläubig sein.

Sofern also der Besitzer zum Besitz berechtigt ist, ergeben sich die Nebenansprüche des Eigentümers aus dem Verhältnis, auf dem das Besitzrecht beruht, (zB Pachtvertrag).[105]

83 Zum »Einstieg« in diese Problematik lösen wir

Übungsfall 12

K hat von V einen Tablet-Computer gekauft und bereits längere Zeit im guten Glauben, dass er Eigentümer sei, genutzt.
Der Eigentümer E, dem der Tablet-Computer gestohlen worden war, meldet sich und verlangt von K Herausgabe des Geräts nach § 985. Das Gehäuse des Tablet-Computers weist Kratzer auf.

Kann E auch von K die Nutzungen herausverlangen (Zahlung für den Nutzungswert, also die Benutzung des Tablets) sowie Schadensersatzansprüche geltend machen?

---

102 **Vindicatio (lat.) = Herausgabeverlangen**; s. zur Vindikationslage näher *Wolf/Wellenhofer* SachenR § 21 Rn. 8, § 22 Rn. 3.

103 *Wolf/Wellenhofer* SachenR § 22 Rn. 3.

104 Näher *Prütting* SachenR Rn. 531.

105 **Die §§ 987 ff. sind in diesen Fällen nicht anwendbar**, BGHZ 31, 129 (132) = NJW 1960, 192.

■ Welche Voraussetzungen enthalten die §§ 987 und 990 (lesen!) für einen **Nutzungsherausgabeanspruch** des E?

▶ § 987 macht die Haftung vom Eintritt der Rechtshängigkeit abhängig. § 987 iVm § 990 verlangt das Fehlen des guten Glaubens. K müsste also bösgläubig sein.

Prüfungsschema Nutzungsherausgabe (§§ 987 I, 990 I)

1. **Eigentümer-Besitzer-Verhältnis** (Vindikationslage)
2. **Rechtshängigkeit** oder **Bösgläubigkeit** des Besitzers
3. Grds. nach 2. tatsächlich **gezogene Nutzungen**

Für die Fallbearbeitung bedeutet dies:

(1.) Es muss ein **Eigentümer-Besitzer-Verhältnis,** also eine Vindikationslage (→ Rn. 82), vorliegen.

(2.) Die **Rechtshängigkeit** tritt ein, wenn der Eigentümer vor Gericht Klage gegen den Besitzer erhoben hat und diesem die Klage zugestellt wurde; dies ergibt sich aus den §§ 261 I, 253 I ZPO.

Hinweis: Diese Vorschriften brauchen Sie jetzt nicht zu lesen, sollten diese aber an § 987 kommentieren!

Denn mit der Klagezustellung weiß der Besitzer »Bescheid«: Er muss damit rechnen, dass er vom Gericht zur Herausgabe der Sache verurteilt wird. Folglich muss er die Nutzungen herausgeben, die er *nach* dem Eintritt der Rechtshängigkeit zieht (§ 987 I).

§ 990 lässt den Besitzer darüber hinaus haften, wenn **Bösgläubigkeit** vorliegt. Dies ist gem. § 990 I 1 der Fall, wenn der Besitzer beim Erwerb des Besitzes nicht in gutem Glauben war. Der gute Glauben muss sich auf das Recht zum Besitz und die damit verbundenen Nutzungen beziehen.[106] Erfährt der Besitzer später, dass er zum Besitz nicht berechtigt ist, so haftet er gem. § 990 I 2 ab Kenntniserlangung.

■ Wissen Sie, wo im Gesetz die Legaldefinition für das Fehlen des guten Glaubens (§ 990 I 1, Bösgläubigkeit) steht?

▶ Diese finden Sie in § 932 II (lesen!). Wie lautet die Definition auf unseren Fall bezogen? Der gute Glaube fehlt bei K, wenn er bei Besitzerwerb positiv weiß (positive Kenntnis) oder grob fahrlässig nicht weiß (grob fahrlässige Unkenntnis), dass er nicht zum Besitz berechtigt ist (§ 990 I 1).

Bei nachträglicher Kenntniserlangung während der Besitzzeit ist der Besitzer nur bei positiver Kenntnis bösgläubig (§ 990 I 2).

(3.) Schließlich müssen grds. nach Rechtshängigkeit oder Bösgläubigkeit tatsächlich **Nutzungen** gezogen worden sein.

■ Wie lautet die Antwort auf die Frage nach der Herausgabe von Nutzungen in unserem Fall?

106 *Wolf/Wellenhofer* SachenR § 22 Rn. 6.

▶ Da weder Rechtshängigkeit des Herausgabeanspruchs noch Bösgläubigkeit des K gegeben waren, besteht kein Nutzungsherausgabeanspruch des E gem. § 987 bzw. § 987 iVm § 990 I.

84 Die Anspruchsgrundlage für einen **Schadensersatzanspruch** des E, § 989 (lesen!), setzt Rechtshängigkeit sowie ein Verschulden des K an der Verschlechterung der Sache voraus. § 989 iVm § 990 verlangt das Fehlen des guten Glaubens. Da diese Voraussetzungen ebenso wenig vorliegen, geht E auch hier »leer aus«.

Prüfungsschema Schadensersatz (§§ 989, 990 I)

1. **Eigentümer-Besitzer-Verhältnis** (Vindikationslage)
2. Grds. **Rechtshängigkeit** oder **Bösgläubigkeit** des Besitzers
3. Nach 2. eingetretener **Schaden**
4. **Verschulden** des Besitzers (§ 276)

Anhand dieses kleinen Falles sollte Ihnen klar geworden sein, dass der *gutgläubige* Besitzer, der auf sein Recht zum Besitz vertrauen darf, grds. weder Nutzungen herausgeben noch Schadensersatz leisten muss. Nur gegenüber dem Besitzer, der mit einer Herausgabe der Sache an den Eigentümer rechnen muss und sich entsprechend vorbereiten kann, hat der Eigentümer die Ansprüche gem. §§ 987–990. Diese Vorschriften haben also die **Privilegierung** des **gutgläubigen** und **unverklagten** unrechtmäßigen **Besitzers** zum Zweck.[107]

2. Ansprüche auf Nutzungsherausgabe

85 Der Besitzer ist nach Eintritt der *Rechtshängigkeit* sowie im Falle der *Bösgläubigkeit* nicht mehr schutzwürdig. Deshalb muss er ab diesem Zeitpunkt die gezogenen Nutzungen an den Eigentümer herausgeben. Dies ergibt sich aus § 987 I sowie aus § 987 I iVm § 990 I (nochmals lesen!). Sind die Nutzungen beim Besitzer nicht mehr vorhanden, ist Wertersatz zu leisten.[108]

■ Der Begriff der **Nutzungen** könnte Ihnen noch aus dem Allgemeinen Teil des BGB in Erinnerung sein! Welche Vorschrift definiert diese?

▶ Nach der Legaldefinition in **§ 100** sind Nutzungen die Früchte (vgl. § 99) sowie die Gebrauchsvorteile der Sache.

Hinweis: Schreiben Sie sich diese Vorschriften an den Rand von § 987!

Sofern jemand zu Recht auf Herausgabe eines Obstbaumgrundstücks vom Eigentümer verklagt wird, muss er also das ab dem Eintritt der Rechtshängigkeit oder ab Bösgläubigkeit geerntete Obst herausgeben.

■ Was ist, wenn der verklagte Besitzer aufgrund der Vorgehensweise des Eigentümers »sauer« ist und das Obst am Baum hängen bzw. verfaulen lässt?

▶ Dann haftet er gem. **§ 987 II**. Da er zumindest fahrlässig gehandelt hat, muss er dem Eigentümer den Wert ersetzen, der diesem bei ordnungsgemäßer Nutzziehung durch den Besitzer zugestanden hätte.

107 *Habersack* SachenR Rn. 101.
108 *Prütting* SachenR Rn. 532.

Grundsatz: Der Besitzer darf nach alledem vor Rechtshängigkeit oder Bösgläubigkeit darauf vertrauen, dass er den Besitz behalten und selbst die Nutzungen ziehen kann.

Hierzu gibt es allerdings zwei **Ausnahmen:** 86

Sofern der gutgläubige Besitzer den Besitz **unentgeltlich** erlangt hat, muss er gem. § 988 die vor Rechtshängigkeit tatsächlich gezogenen Nutzungen nach den Vorschriften des Bereicherungsrechts herausgeben; er kann sich allerdings auf den Wegfall der Bereicherung berufen (§ 818 III). Wie Sie sich vielleicht gedacht haben, ist Hintergrund dieser Ausnahme, dass bei unentgeltlichem Besitzerwerb eine geringere Schutzwürdigkeit besteht.[109]

Gemäß § 993 I müssen auch die sog. »**Übermaßfrüchte**« vom gutgläubigen Besitzer nach den Regeln der ungerechtfertigten Bereicherung herausgegeben werden. Unter Übermaßfrüchten versteht man nicht im Rahmen einer ordnungsgemäßen Wirtschaft gezogene Früchte.

Beispiele: Abholzen eines Waldes oder Schlachten eines Tieres.[110]

3. Ansprüche auf Schadensersatz

Aus § 993 I Hs. 2 (lesen!) ergibt sich, dass der gutgläubige (redliche) Besitzer *vor* Rechtshängigkeit grds. nicht auf Schadensersatz haftet. 87

Zur Haftung des bösgläubigen Besitzers lösen wir

Übungsfall 13

Der E betreibt eine Werbeagentur, die unter anderem Layouts für farbige Werbeprospekte fertigt. Er kauft deshalb mehrere MacBooks mit Zubehör und Druckern für insgesamt 100.000 EUR.
Der Dieb D »räumt« einen Tag nach der Lieferung die Werbeagentur aus und bietet alle Geräte dem B zu einem äußerst günstigen Preis an.
B ist zwar etwas skeptisch; die Freude über das Schnäppchen überwiegt schließlich seine Zweifel an der Herkunft der Geräte, und er kauft die Geräte dem D für 50.000 EUR ab. Aufgrund eines Defekts in einer elektrischen Leitung in den Büroräumen des B, der dem B bekannt war, entsteht ein Brand, der alle Geräte zerstört.
E erfährt durch eine Zeitungsmeldung von dem Sachverhalt und verlangt von B Schadensersatz für die Geräte in Höhe von 100.000 EUR sowie 10.000 EUR entgangenen Gewinn, da er zwei Wochen lang keine Werbeprospekte anfertigen konnte.

Zu Recht?

■ Wenn Sie die bisherigen Ausführungen sorgfältig gelesen und immer im Gesetz nachgeschlagen haben, können Sie die Anspruchsgrundlage auf Schadensersatz und deren Voraussetzungen aufzeigen!

▶ Gemäß **§ 989 I iVm § 990** ist Voraussetzung für den Schadensersatzanspruch des E, dass zwischen ihm und B im Zeitpunkt der Verletzungshandlung ein Eigentümer-Besitzer-Verhältnis bestanden hat, der B verklagter oder bösgläubiger Besitzer der Geräte sein muss und B schuldhaft den Untergang der Geräte herbeigeführt hat.

109 *Wolf/Wellenhofer* SachenR § 22 Rn. 17.
110 MüKoBGB/*Pohlmann* § 1039 Rn. 2.

■ Lesen Sie die §§ 985, 986, 929 ff. und beurteilen Sie, ob ein **Eigentümer-Besitzer-Verhältnis** (Vindikationslage) zur Zeit der Zerstörung der Geräte bestanden hat, also die Voraussetzungen für einen Herausgabeanspruch gegeben waren!

▶ B war *Besitzer* der Geräte. E ist auch *Eigentümer* geblieben. B konnte aufgrund des Diebstahls nicht Eigentümer der Geräte werden (vgl. §§ 929, 932, 935 I). Da B auch *kein Recht zum Besitz* iSd § 986 hatte, hätte E von B die Herausgabe gem. § 985 verlangen können. Ein Eigentümer-Besitzer-Verhältnis bestand also.

88 Ferner könnte der Anspruchsgegner B bereits beim Erwerb des Besitzes **bösgläubig** gewesen sein. Bösgläubig ist – wie Sie bereits wissen –, wer den Mangel seines Besitzrechts beim Erwerb des Besitzes (§ 990 I 1) kennt oder infolge grober Fahrlässigkeit nicht kennt (vgl. § 932 II).

B erwarb die Geräte zu einem äußerst günstigen Preis »privat« und war etwas skeptisch. Er hätte hellhörig werden und Nachforschungen anstellen müssen. Es war leichtfertig von ihm, dies zu unterlassen. Deshalb hat B die Sorgfaltspflicht im ungewöhnlichen Maße verletzt und folglich grob fahrlässig den Mangel seines Besitzrechts beim Erwerb des Besitzes nicht gekannt. Er war also bösgläubiger Besitzer.

■ Weitere Voraussetzung für den Schadensersatzanspruch ist das **Verschulden** des B hinsichtlich des Untergangs der Geräte. Welche Vorschrift gibt Ihnen für das Verschulden nähere Erläuterungen?

▶ Gemäß § 276 I 1 liegt Verschulden grds. bei Vorsatz oder Fahrlässigkeit vor.

B war der Defekt in einer elektrischen Leitung bekannt und er hat nichts unternommen. Damit hat er die im Verkehr erforderliche Sorgfalt außer Acht gelassen und somit fahrlässig iSd § 276 II gehandelt.

Folglich sind die Voraussetzungen für den Schadensersatzanspruch nach § 989 iVm § 990 I 1 erfüllt. B muss den Schaden ersetzen, der dem E dadurch entstanden ist, »dass infolge seines Verschuldens die Sache … untergeht …«.

■ Welchen Betrag kann danach E von B verlangen?

▶ Gemäß § 989 iVm § 990 I 1 muss B den durch die Zerstörung der Geräte entstandenen **Schaden** in Höhe von 100.000 EUR ersetzen sowie den durch den Produktionsausfall entgangenen Gewinn (vgl. § 252)[111] in Höhe von 10.000 EUR.

89 Nach § 990 II bleibt eine weitergehende Haftung des Besitzers wegen **Verzugs** unberührt.

Hinweis: Gemäß § 287 S. 2 haftet der Schuldner während des Verzugs auch für Zufall. Notieren Sie § 287 S. 2 neben § 990 II!

Auch für den dinglichen Herausgabeanspruch sind die schuldrechtlichen Verzugsregeln (§§ 286, 280 II) anwendbar. Der bösgläubige B müsste also mit der Erfüllung des Herausgabeanspruchs (§ 985) in Verzug gewesen sein.

■ Was ist, vereinfacht, grds. Voraussetzung für den Schuldnerverzug?

▶ Nach § 286 I und IV muss B trotz *Mahnung* (sofern diese nicht gem. § 286 II überflüssig ist) aus von ihm zu *vertretenden* Gründen nicht geleistet haben.[112]

111 Vgl. Palandt/*Herrler* § 989 Rn. 6.

112 Zur Wiederholung und Vertiefung s. *Wörlen/Metzler-Müller* SchuldR AT Rn. 200 ff.

Da aber E weder eine Mahnung erklärt noch die Herausgabeklage erhoben hat (die nach § 286 I 2 eine Mahnung entbehrlich machen würde), liegen die Voraussetzungen für den Schuldnerverzug nicht vor. Eine Haftung des B auf Schadensersatz aus §§ 990 II, 286 I, 280 II scheidet aus.

■ Kommt Schadensersatz nach **§ 992 iVm § 823 I** in Betracht?

▶ Voraussetzung hierfür ist, dass der Besitzer den Besitz durch **verbotene Eigenmacht** (§ 858) oder durch eine **Straftat** erlangt hat. Dies trifft auf B nicht zu. Eine Straftat in Form von Hehlerei gem. § 259 StGB wäre nur zu bejahen, wenn man bei B von Vorsatz ausgehen würde.

Ob § 823 I *unmittelbar* auf unseren Fall anwendbar ist, wollen wir betrachten mit den Konkurrenzen.

4. Konkurrenzen

Nach **§ 993 I Hs.** 2 sind Ansprüche auf Schadensersatz und Nutzungsherausgabe aus anderen Vorschriften als den §§ 987–992 grds. ausgeschlossen; hierbei handelt es sich um eine abschließende Sonderregelung. 90

Ausnahmen gelten allerdings

a) wenn der Besitzer aufgrund eines bestehenden Vertrags ein **Besitzrecht** hat (hier haben die vertraglichen Regelungen Vorrang, und die §§ 987 ff. sind nicht anwendbar),
b) beim Zusammentreffen mit **vertraglichen** Rückabwicklungsansprüchen und
c) bei Ansprüchen aufgrund einer **Leistungskondiktion** nach §§ 812 ff.[113]

Aus den §§ 992, 993 folgt, dass eine Haftung nach §§ 823 ff. nur in Betracht kommt, wenn der Besitzer sich den Besitz durch verbotene Eigenmacht oder eine Straftat verschafft hat. Dies war hier nicht der Fall, sodass ein Schadensersatzanspruch des E gegen B (Fall 13) gem. § 823 I nicht gegeben ist.

113 Ausf. hierzu: *Wolf/Wellenhofer* SachenR § 22 Rn. 35 ff. mwN sowie *Jacoby/von Hinden*, Studienkommentar BGB, 15. Aufl. 2015, Vor § 987 Rn. 7–12.

Übersicht 7

91

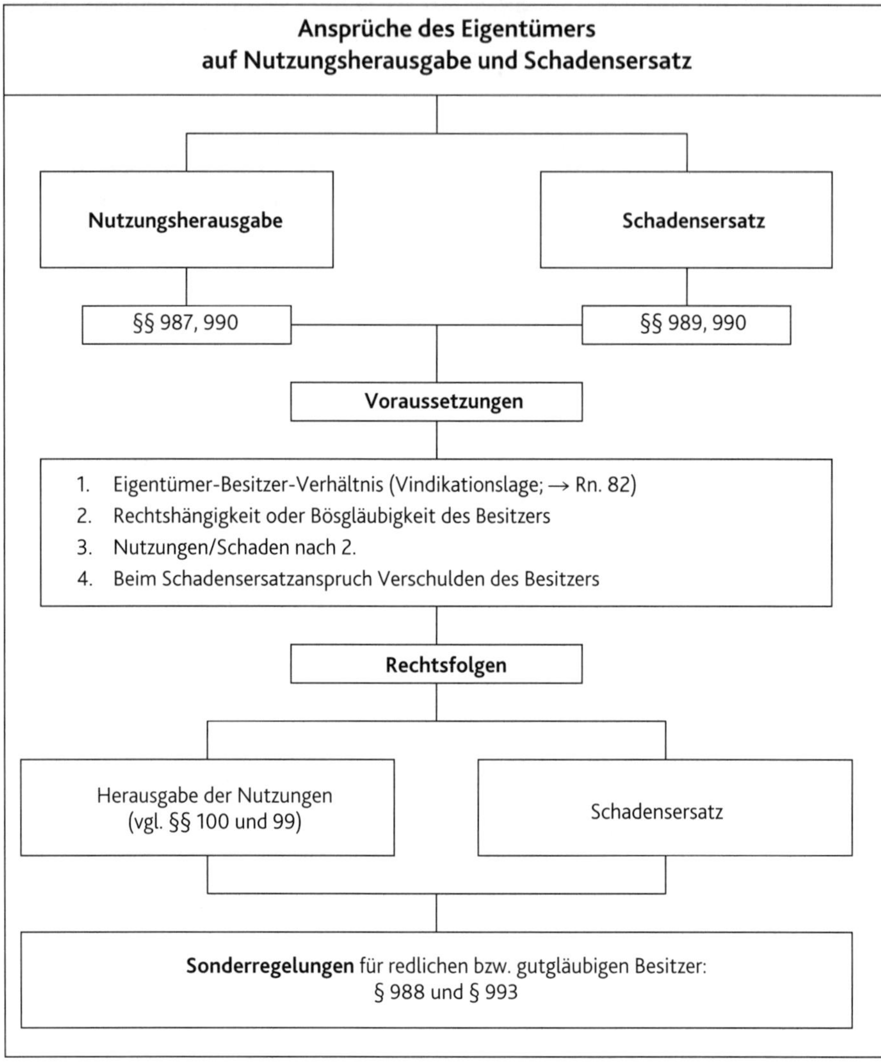

V. Ansprüche des Besitzers auf Verwendungsersatz (§§ 994 ff.)

92 Nun wollen wir uns mögliche Ansprüche des Besitzers gegen den Eigentümer näher ansehen.

Es kommt vor, dass ein Besitzer während der Besitzzeit Verbesserungs- und Erhaltungsmaßnahmen an der Sache vornimmt, die der Sache zugutekommen und für den Eigentümer bei der Wiedererlangung vorteilhaft sein können.

Ob und welchen Ausgleich der Besitzer für sog. Verwendungen verlangen kann, regeln die §§ 994–1003. Das Gesetz unterscheidet zwischen den Verwendungen *vor* und denen *nach* Rechtshängigkeit oder Bösgläubigkeit.

Prüfungsschema Verwendungsersatz (§§ 994–996)

1. **Eigentümer-Besitzer-Verhältnis** (Vindikationslage, → Rn. 82)
2. **Verwendungen** des Besitzers
3. **Keine Rechtshängigkeit** oder **Bösgläubigkeit** des Besitzers: Ersatz für notwendige *und* nützliche Verwendungen
4. **Rechtshängigkeit** oder **Bösgläubigkeit** des Besitzers: Nur Ersatz für *notwendige* Verwendungen

1. Begriff der Verwendung

Unter **Verwendungen** iSd §§ 994 ff. werden *freiwillige* Aufwendungen für eine Sache verstanden, die diese in ihrem Bestand erhalten, ihren Zustand verbessern oder wiederherstellen. Verwendungen sind also Vermögensaufwendungen, die der Sache zugute kommen sollen, ohne sie grundlegend zu ändern.[114] 93

Der Eigentümer erhält auf diese Weise Vorteile – entweder durch Ersparung eigener Aufwendungen oder aber durch eine spätere eigene Nutzungsmöglichkeit.

Sofern die aufgewendeten Gegenstände nicht wesentlicher Bestandteil der Hauptsache werden, kommen Verwendungsersatzansprüche nach §§ 994 ff. nicht in Betracht. Denn in diesem Fall bleibt der Besitzer Eigentümer der »freiwilligen Aufwendungen«.

■ Wenn Sie die vorstehenden Ausführungen noch einmal lesen, können Sie Beispiele für Verwendungen aufzählen, die ein Mieter an dem gemieteten Haus machen kann?!

▶ Verwendungen hinsichtlich der Mietsache sind zB Anstreichen der Außenwände des Hauses, Ersetzung von Fenstern und Türen, Reparatur der Heizung, Erneuerung des schadhaften Daches, Trockenlegen des Kellers, Abdichten undichter Fenster; also: unerlässliche Reparaturen.

■ Handelt es sich auch um Verwendungen im vorgenannten Sinn, wenn Sie das Auto ihres Freundes (mit)benutzen dürfen und Sie deshalb das Benzin bezahlen und die Versicherungskosten bestreiten?

▶ Da diese entstandenen Kosten nur dem Betrieb des Wagens und nicht der Sache selbst dienen, handelt es sich nicht um Verwendungen.

Zu den Verwendungen zählen auch die Kosten, die bei der Durchführung bzw. Vornahme der jeweiligen Maßnahme entstehen, also auch *fremde Arbeitskraft* (zB Arbeitskosten des Dachdeckers, der das Dach repariert). Die Kosten für die *eigene Arbeitskraft* sind zu erstatten, wenn der Besitzer seine Arbeitsleistung zur Erhaltung, Wiederherstellung oder Verbesserung der Sache einbringt und dieser bei wertender Betrachtung ein Marktwert zukommt.[115] 94

---

114 So der sog. **enge Verwendungsbegriff** des BGH (unter anderem BGHZ 131, 220 = NJW 1996, 921). Für Interessierte ausf. hierzu *Westermann/Gursky/Eickmann* SachenR § 32 Rn. 4 mwN sowie *Medicus/Petersen* BürgerlR Rn. 875 ff. Nach dem **weiten Verwendungsbegriff** sind auch Aufwendungen für grundlegende Veränderungen der Sache »Verwendungen« (Palandt/*Herrler* § 994 Rn. 2 und 4). S. auch *Lüke* SachenR Rn. 325 f.

115 Zum Ganzen BGHZ 131, 220 = NJW 1996, 921.

Nach der gesetzlichen Systematik ist zwischen notwendigen und nützlichen Verwendungen sowie Luxusverwendungen zu unterscheiden.

Zur Verdeutlichung folgender

Übungsfall 14

Dem Eigentümer E wurde sein wertvolles Mountainbike vom Dieb D gestohlen. D veräußert das Fahrrad an den gutgläubigen B. Als sich der wahre Sachverhalt nach neun Monaten herausstellt und E sein Rad von B herausverlangt, stellt B dem E in Rechnung:

a) Inspektionskosten in Höhe von 150 EUR.
b) Kosten für die Nachrüstung mit einer Teleskop-Federgabel (insgesamt: 500 EUR); dadurch ist der Verkehrswert des Fahrrads nachweislich um 400 EUR gestiegen.
c) Lackierung des Rahmens, die nicht notwendig war (Kosten: 150 EUR).

■ Lesen Sie § 994 I und überlegen Sie, was B von E ersetzt verlangen kann!
95 ▶ Ein Ersatz kommt in Betracht, wenn es sich um notwendige Verwendungen handelt (§ 994 I 1).

Unter **notwendige Verwendungen** gem. § 994 I fallen die vermögenswerten Aufwendungen, die zur Erhaltung oder ordnungsgemäßen Nutzung der Sache objektiv erforderlich sind und die der Eigentümer sonst hätte selber vornehmen müssen.[116]

■ Könnten danach die *Inspektionskosten* von E verlangt werden?
▶ Da diese objektiv erforderlich waren, um das Fahrrad weiter nutzen zu können, handelt es sich um notwendige Verwendungen.

Es gibt allerdings auch eine *Ausnahme:*

■ Lesen Sie § 994 I 2 – und überlegen Sie, welche?
▶ Eine Ausnahme gilt für die notwendigen Verwendungen, die sich als *gewöhnliche Erhaltungskosten* darstellen. Diese muss der redliche Besitzer tragen, solange ihm die Nutzungen verbleiben.
■ Wie steht es also mit den Inspektionskosten?
▶ Da dem B die Nutzung des Fahrrads – in Form des Gebrauchswerts – verbleibt, kann er die Inspektionskosten, die zu den gewöhnlichen Erhaltungskosten zählen, nicht ersetzt verlangen.

■ Welche Art von Verwendung stellen die Kosten für den Einbau der *Teleskop-Federgabel* dar? (Im Gesetz die Vorschrift suchen!)
▶ Hierbei handelt es sich um sog. nützliche Verwendungen iSd § 996.

96 Unter **nützlichen Verwendungen** gem. § 996 sind alle Vermögensaufwendungen auf die Sache zu verstehen, die deren Wert oder Gebrauchsfähigkeit erhöhen.[117]

Es ist also von dem Betrag auszugehen, um den der Wert der Sache infolge der Verwendung im Zeitpunkt ihrer Wiedererlangung durch den Eigentümer erhöht ist. Dieser berechnet sich aus der Differenz zwischen dem objektiven Verkehrswert, den die Sache

116 Zum Begriff und zu weiteren Bsp. s. Palandt/*Herrler* § 994 Rn. 5; *Wolf/Wellenhofer* SachenR § 23 Rn. 5.
117 *Lüke* SachenR Rn. 330; *Prütting* SachenR Rn. 554.

im Zeitpunkt der Wiedererlangung tatsächlich hat, und dem Verkehrswert, den die Sache zu diesem Zeitpunkt hätte, wenn die Verwendung nicht gemacht worden wäre.[118]

■ Ergebnis hinsichtlich der Kosten für die Federgabel?
▶ Da der Verkehrswert des Mountainbikes um 400 EUR gestiegen ist, kann B von E diese Summe gem. § 996 verlangen.

Hierbei handelt es sich um den Höchstbetrag, bis zu welchem die tatsächlich gemachten Aufwendungen ersetzt werden. B kann also nicht die tatsächlichen Kosten in Höhe von 500 EUR von E verlangen.

■ Kann B auch noch die Kosten für die (eigentlich überflüssige) *Lackierung* des Rahmens verlangen? 97
▶ Hierbei handelt es sich um keine notwendigen oder nützlichen Aufwendungen, sondern um sog. **Luxusverwendungen**, bei denen keine Werterhöhung vorliegt.[119] Daher kommt eine Erstattung nicht in Betracht.

Die aufgezeigten Verwendungsersatzansprüche gelten nur für den **redlichen** Besitzer. Dieser hat gegen den Eigentümer einen Anspruch auf Ersatz für notwendige *und* nützliche Verwendungen (§§ 994 I, 996 lesen!).

Der **bösgläubige** oder **verklagte** Besitzer hat lediglich einen Ersatzanspruch für die *notwendigen* Verwendungen und ist zusätzlich an die Vorschriften über die Geschäftsführung ohne Auftrag[120] gebunden (§§ 994 II, 996 nochmals lesen!).

2. Geltendmachung der Verwendungsersatzansprüche

Die Interessen von Besitzer und Eigentümer stoßen bei der Geltendmachung der Verwendungsersatzansprüche aufeinander: Der *Besitzer* will die Sache an den Eigentümer nicht herausgeben, ohne den ihm zustehenden Verwendungsersatz erhalten zu haben. Der *Eigentümer* hingegen will die Sache wieder erhalten, bevor er an den Besitzer Verwendungsersatz leisten muss. Diese gegensätzlichen Interessen sind in den §§ 1000 ff. geregelt. 98

■ Lesen Sie **§ 1001** und überlegen Sie, wann B (Fall 14) seine Kosten in Höhe von 400 EUR von E, wenn dieser nicht freiwillig zahlt, einklagen kann!
▶ Der Besitzer B kann den Verwendungsersatzanspruch erst einklagen, wenn der Eigentümer E die Sache wiedererlangt oder nachdem E die Verwendungen genehmigt hat (§ 1001 S. 1). Die Genehmigung gilt nach § 1001 S. 3 bei Rücknahme der Sache durch den Eigentümer als erteilt, wenn sich dabei der Besitzer seine Verwendungsansprüche vorbehält.

Damit der Eigentümer nicht für unabsehbare Zeit im Ungewissen über das Ob und die Höhe der Verwendungsersatzansprüche ist, sieht **§ 1002** einen Monat nach Herausgabe beweglicher Sachen und sechs Monate nach Herausgabe von Grundstücken den *Ausschluss* der Verwendungsersatzansprüche vor.

---

118 S. *Prütting* SachenR Rn. 554.
119 Zur Abgrenzung s. *Vieweg/Werner* SachenR Rn. 33.
120 Maßgeblich ist also der **wirkliche oder mutmaßliche Wille** des Eigentümers (§ 683 S. 1). Für **notwendige Verwendungen** ist dieser Wille **regelmäßig zu unterstellen**, zumal aus der Notwendigkeit der Verwendung folgt, dass das Interesse des Eigentümers gewahrt ist.

99 Das Gesetz gibt dem Besitzer noch andere Rechtsbehelfe als Ersatz für die Beschränkungen bei Geltendmachung seiner Ansprüche: Nach **§ 1000** hat er ein Zurückbehaltungsrecht gegen den Herausgabeanspruch aus § 985; der Gegenanspruch auf Verwendungsersatz muss hierbei noch nicht fällig sein.[121] Unter den Voraussetzungen des **§ 1003** kann sich der Besitzer durch Verwertung der Sache (sowie dem daraus erzielten Erlös) befriedigen (alle genannten Vorschriften lesen!).

3. Wegnahmerecht

100 Durch das in **§ 997** geregelte Wegnahmerecht erhält der Besitzer die Möglichkeit, den oben aufgezeigten Beschränkungen bei der Geltendmachung seiner Verwendungsersatzansprüche zu entgehen. Er hat gem. § 997 I 1 die Möglichkeit, die Sache, welche er mit einer anderen Sache als wesentlichen Bestandteil verbunden hat, abzutrennen und sich anzueignen. Die hierdurch entstehenden Kosten – die Sache des Eigentümers muss in den ursprünglichen Zustand versetzt werden (§ 997 I 2 iVm § 258) – hat der Besitzer zu tragen.[122]

Das Wegnahmerecht ist in den Fällen des § 997 II (lesen!) ausgeschlossen.

4. Konkurrenzen

101 Wenn ein Besitzer Verwendungen auf eine fremde Sache macht, können auch die Voraussetzungen anderer Anspruchsgrundlagen erfüllt sein.[123]

Sofern die Verwendungen *während* der Laufzeit eines wirksamen Vertrages vorgenommen werden, sind die §§ 994 ff. nicht anwendbar, da keine Vindikationslage besteht. Ein Verwendungsersatz richtet sich ausschließlich nach den Regelungen über das jeweilige Vertragsverhältnis.

Nach Beendigung des Vertrages sind die §§ 994 ff. nur dann anwendbar, wenn die vertraglichen Sonderbestimmungen einen Verwendungsersatz nicht regeln.

Bereicherungsansprüche aus einer Eingriffskondiktion, insbesondere aus § 951, kommen neben den §§ 994 ff. nicht zur Anwendung; Grund dafür ist, dass die §§ 994 ff. als speziellere Vorschriften Vorrang vor dem Bereicherungsrecht haben.[124]

Lesen Sie zur Wiederholung nun die folgende Übersicht 8!

Literatur zur Vertiefung (→ Rn. 46–101): *Alpmann und Schmidt* SachenR I 8. Teil; *Baur/Stürner* SachenR §§ 11, 24; *Gomille*, Der unfreiwillige Verlust von Eigentümerbefugnissen im internationalen Sachenrecht, JURA 2017, 54; *Gursky*, Der Vindikationsanspruch und § 281 BGB, JURA 2004, 433; *Habersack* SachenR §§ 4 II, 5 und 6; *Hellgardt/Stark*, Fortgeschrittenenklausur: Schuldrecht und Sachenrecht – Kamera auf Abwegen [auch zum EBV], JuS 2016, 1002; *Helms/Zeppernick* SachenR I Kap. 1 A IV, Kap. 5; *Hoeren/Völkel*, Semesterabschlussklausur: Sachenrecht – Die falsche Schlange [auch zum EBV], JuS 2016, 324; *S. Lorenz*, Grundwissen – Zivilrecht: Das Eigentümer-Besitzer-Verhält-

121 *Wilhelm* SachenR Rn. 1333.
122 Zum Ganzen *Wolf/Wellenhofer* SachenR § 23 Rn. 19.
123 Ausf. zu den Konkurrenzen *Wolf/Wellenhofer* SachenR § 23 Rn. 21 ff.; *Prütting* SachenR Rn. 562 ff.
124 Vgl. *Baur/Stürner* SachenR § 11 Rn. 55; Palandt/*Herrler* § 951 Rn. 23.

nis, JuS 2013, 495; *Lüke* SachenR § 7 und § 8; *Medicus/Petersen* BürgerlR § 19, § 23 und § 34; *Mylich*, Die Eigentumsverletzung – Fallgruppen und Ansprüche, JuS 2014, 298; *Petersen*, Der Dritte im Mobiliarsachenrecht, JURA 2015, 1177; *Prütting* SachenR §§ 26, 27, 47–48, 50–51; *Schreiber* SachenR 3. Teil 1. Kap. A–E; *Schreiber*, Die Eigentumsvermutung für den Besitzer, JURA 2003, 392; *Schreiber*, Der Herausgabeanspruch aus § 985 BGB, JURA 2005, 30; *Schreiber*, Die Wegnahmerechte des BGB, JURA 2007, 120; *Vieweg/Werner* SachenR §§ 3, 7 und 8; *Westermann/Gursky/Eickmann* SachenR §§ 30–33; *Westermann* SachenR §§ 2, 10, 11; *Wilhelm* SachenR 2. Teil C V; *Wolf/Wellenhofer* SachenR §§ 21–23.

Übersicht 8

Ansprüche des Besitzers auf Verwendungsersatz
§§ 994–1003
• »**Verwendungen**« sind Vermögensaufwendungen, die der Sache zugute kommen sollen, ohne sie grundlegend zu verändern
• § 994 I → Ersatz für **notwendige Verwendungen** = Aufwendungen, die bei vernünftiger Betrachtungsweise objektiv erforderlich sind. *Nicht*: Gewöhnliche Erhaltungskosten
• § 996 → Ersatz für **nützliche Verwendungen** = Aufwendungen die den Wert oder die Gebrauchsfähigkeit der Sache erhöhen (nur Werterhöhung, nicht: tatsächliche Aufwendungen!) → kein Ersatz für **Luxusverwendungen**
• Ansprüche stehen nur *redlichem* Besitzer zu (§§ 994 II, 996) → Durchsetzung: § 1001
• Zurückbehaltungsrecht des Besitzers: § 1000 S. 1
• Erlöschen der Ansprüche: § 1002 I → bewegliche Sachen: ein Monat → Grundstücke: sechs Monate

4. Kapitel. Eigentumserwerb an beweglichen Sachen

Das Eigentum an beweglichen Sachen kann durch Rechtsgeschäft, kraft Gesetzes und durch Hoheitsakt erworben werden. Im Folgenden wollen wir uns die für die Klausur und die Praxis wichtigsten Erwerbstatbestände näher ansehen. 102

I. Rechtsgeschäftlicher Eigentumserwerb

Beim rechtsgeschäftlichen Eigentumserwerb ist zu differenzieren nach dem Erwerb vom Berechtigten und dem Erwerb vom Nichtberechtigten.

1. Eigentumserwerb vom Berechtigten

a) Einigung und Übergabe (§ 929 S. 1) 102a

Prüfungsschema § 929 S. 1

1. **Einigung**
2. **Übergabe**
3. **Berechtigung**

Hinweis: Wie sonst auch, sollten Sie das Prüfungsschema anhand des Wortlautes des Gesetzes nachvollziehen!

§ 929 S. 1 stellt den Grundfall der Übereignung dar.

Zu (1) **Einigung:**

Bei § 929 S. 1 ist erstens eine Einigung zwischen Veräußerer und Erwerber erforderlich. Die Einigung ist ein (dinglicher) Vertrag und unterliegt den allgemeinen Vorschriften über Willenserklärungen[125] und Verträge[126].

In Klausur und Praxis können in diesem Zusammenhang insbesondere die §§ 104 ff. (Geschäftsfähigkeit) und §§ 164 ff. (Stellvertretung) relevant werden. Es sind also zwei übereinstimmende Willenserklärungen bezogen auf den Übergang des Eigentums auf den Erwerber notwendig. Die Willenserklärungen können ausdrücklich oder konkludent, also durch schlüssiges Handeln (zB in Form der Lieferung und Abnahme), erklärt werden.

In manchen Fällen ist zu untersuchen, ob die Einigung noch zur Zeit der Übergabe gegeben ist oder ob die Willenserklärung wirksam widerrufen wurde; damit der Widerruf wirksam ist, muss dieser dem Empfänger zugehen.[127]

Zu (2) **Übergabe:** 102b

Zweite Voraussetzung ist die Übergabe der Sache an den Erwerber. Der Besitz geht vom Veräußerer auf den Erwerber über. Die Besitzübertragung muss auf Veranlassung

125 S. dazu *Wörlen/Metzler-Müller* BGB AT Rn. 115 ff.
126 *Wörlen/Metzler-Müller* BGB AT Rn. 325 ff.
127 Palandt/*Herrler* § 929 Rn. 9.

des Veräußerers geschehen, dh der Erwerber darf den Besitz nicht eigenmächtig an sich nehmen. Der Erwerber bekommt den unmittelbaren oder mittelbaren Besitz eingeräumt. Der Veräußerer muss seinen Besitz vollständig aufgeben.[128]

Die Übergabe stellt einen Realakt dar. Einigung und Übergabe bilden beim Grundfall des § 929 zusammen das sachenrechtliche *Verfügungsgeschäft*.[129]

102c Zu (3) **Berechtigung:**

Die dritte Voraussetzung ist die Berechtigung des Veräußerers. Berechtigter ist grds. der *Eigentümer*. Es darf aber kein Verfügungsverbot, wie zB gem. §§ 135 und 136, vorliegen. Auch ein Nichteigentümer ist Berechtigter, wenn eine *Verfügungsbefugnis* (zB Einwilligung gem. § 185 I[130]) vorliegt (lesen!).

Bei Fehlen der Berechtigung kann Eigentum nur gutgläubig unter den Voraussetzungen der §§ 932 ff. erworben werden.[131]

Diese Voraussetzungen des § 929 S. 1 wollen wir uns anhand des folgenden Falles näher ansehen.

Übungsfall 15[132]

V hat in seinem Wald eine Menge Holz geschlagen und es zu seinem Hof gefahren. Auf einer land- und forstwirtschaftlichen Ausstellung trifft er K und verkauft diesem davon 50 Stämme, die K sofort vom Hof des V holen lassen will.
K ruft in seinem Betrieb an, um seinen Angestellten zu beauftragen, das Holz zu holen. Auch V gibt seinem Hofverwalter Bescheid, dass das Holz für K abgeholt wird, und beauftragt ihn, 50 Stämme bereitzulegen.
Einige Stunden später sieht K auf der Ausstellung eine fertige Holzhütte, die er kauft, nachdem er mit V die Aufhebung des Kaufvertrages über die Holzstämme vereinbart hat.
V und K vergessen, die Anweisungen zum Abholen und Aushändigen des Holzes rückgängig zu machen. Als V zwei Tage später nach Hause kommt, stellt er fest, dass der Angestellte des K die Stämme weisungsgemäß abgeholt hat.

Wer ist Eigentümer des Holzes?

Um diese Frage zu beantworten, müssen wir zunächst feststellen, wer **ursprünglich Eigentümer** des Holzes war (chronologische Prüfung!). Das war ganz offensichtlich der V.

103 ■ Wovon hängt es ab, ob V das **Eigentum** an K **verloren** hat?
▶ Davon, ob V das Eigentum an den 50 Stämmen wirksam an K übertragen hat.
■ Ist diese Eigentumsübertragung bereits auf der Ausstellung erfolgt, als V die Stämme an K verkauft hat?
▶ Auf der Ausstellung wurde nur ein schuldrechtliches *Verpflichtungsgeschäft*, nämlich ein Kaufvertrag iSv § 433, geschlossen.
■ Welche Wirkung hat der Kaufvertrag bzgl. der 50 Baumstämme?
▶ Der Kaufvertrag bewirkt nach § 433 I 1 lediglich die *Verpflichtung* des V, dem K das Eigentum an den Stämmen zu verschaffen. Die Eigentumsübertragung erfolgt

128 Zu den Voraussetzungen der Übergabe Palandt/*Herrler* § 929 Rn. 11–16.
129 Übersicht 2 (Trennungs- und Abstraktionsprinzip) → **Rn. 21**.
130 Zur praktischen Anwendung beim verlängerten Eigentumsvorbehalt → **Rn. 291c ff.**
131 Näher zum **gutgläubigen Erwerb** vom Nichtberechtigten → **Rn. 114 ff.**
132 Nach *Westermann* Einführung S. 60.

dagegen durch das *Verfügungsgeschäft* nach § 929 S. 1 (Trennungsprinzip[133]!). Voraussetzung sind also Einigung, Übergabe und Berechtigung.

■ Welche Voraussetzung für den Eigentumsübergang liegt in unserem Fall bei der Ausstellung jedenfalls noch nicht vor?

▶ Die Übergabe! Da K auch noch nicht Besitzer der Stämme war, kommt § 929 S. 2 (lesen!), wonach grundsätzlich die Einigung allein ausreichen würde, nicht zur Anwendung.[134] An der Übergabe fehlt es auch noch zu dem Zeitpunkt, als V und K ihre Angestellten telefonisch beauftragen, das Holz bereitzulegen bzw. abzuholen.

Zu prüfen ist, ob eine **Einigung** im Zeitpunkt des Aushändigens des Holzes vorliegt. **104**

■ Wie sind die Beauftragungen der Angestellten rechtlich zu qualifizieren?

▶ Es handelt sich um Vollmachtserteilungen für die Angestellten, die Eigentumsübertragung nach § 929 S. 1 zu vollziehen. Da es sich dabei um einen (dinglichen) Vertrag handelt, gelten für die Willenserklärungen der Beteiligten die Vorschriften des BGB AT.

■ In welcher Vorschrift ist die Vollmachtserteilung geregelt und welche Wirkung hat sie?

▶ Die Erteilung der Vollmacht (§ 166 II 1) ist in § 167 geregelt. Sie hat die Wirkung, dass der Bevollmächtigte für den Vertretenen Willenserklärungen abgeben kann, die gem. § 164 I 1 unmittelbar für und gegen diesen wirken.

Für unseren Fall bedeutet dies, dass die Angestellten des V und des K bevollmächtigt waren, sich jeweils im Namen des K und des V wirksam über den Eigentumsübergang an den Stämmen zu einigen.

■ Ist das geschehen?

▶ Da der Angestellte des K die Stämme weisungsgemäß abgeholt hat, hat er sich offenbar mit dem Angestellten des V geeinigt.

Im Rahmen der Abholung ist zudem eine **Übergabe** der Stämme an den Angestellten **105**
(Besitzdiener, § 855) des K erfolgt.

Schließlich war V auch als Eigentümer **Berechtigter**.

K hat damit gem. § 929 S. 1 iVm § 164 I 1 wirksam das Eigentum an den Stämmen von V erworben.

■ Ist das richtig, wenn wir bedenken, dass der Kaufvertrag zwischen V und K vorher aufgehoben wurde und somit gar keine rechtliche Verpflichtung des V zur Eigentumsverschaffung bestanden hätte?

▶ Die Unwirksamkeit des Kaufvertrages (= schuldrechtliches Verpflichtungsgeschäft) ändert nichts an der Gültigkeit des wirksam vollzogenen sachenrechtlichen Verfügungsgeschäftes (Abstraktionsprinzip[135]!).

Überprüfen wir noch einmal das Ergebnis dieses »Holz-Falles«. Wir haben die Fall- **106**
frage dahingehend beantwortet, dass K, obwohl der zugrundeliegende Kaufvertrag einvernehmlich aufgehoben wurde, Eigentümer des Holzes geworden ist.

---

133 Zum Trennungsprinzip → **Rn. 15**.
134 Zu **§ 929 S. 2** s. näher → **Rn. 107**.
135 Zum Abstraktionsprinzip → **Rn. 15**.

■ Was hat die Aufhebung des Kaufvertrags für die vertraglichen Pflichten des K zur Folge?

▶ K braucht den Kaufpreis nicht zu zahlen, da seine Pflicht aus § 433 II entfallen ist. V hat also das Eigentum an dem Holz verloren und bekommt kein Geld für das Holz!?

■ Was kann V tun, um sich dafür einen Ausgleich zu verschaffen? Welchen Anspruch hat V gegen K? (Überlegen Sie!)

▶ V kann gegen K einen Anspruch aus ungerechtfertigter Bereicherung gem. § 812 I 1 Alt. 1 (lesen!) geltend machen; denn als das Holz an K übereignet wurde, war der Kaufvertrag schon aufgehoben. K hat das Holz »ohne rechtlichen Grund« erlangt und muss es wieder herausgeben.[136] Ein Anspruch auf Herausgabe gem. § 985 ist aufgrund des Eigentumsverlustes des V hingegen nicht gegeben.

Einigung und Übergabe nach § 929 S. 1 sind jedoch nicht die einzigen Formen der Eigentumsübertragung an beweglichen Sachen, die das BGB kennt. Allerdings sind die nachfolgenden Erwerbstatbestände nicht isoliert zu prüfen, sondern stets im Zusammenhang mit § 929 S. 1 (Einigung und Berechtigung) als Grundnorm.

b) Einigung ohne Übergabe (§ 929 S. 2)

107 **Prüfungsschema § 929 S. 2**

1. **Einigung**
2. Erwerber bereits im **Besitz** der Sache
3. **Berechtigung**

Den relativ einfachen Fall des § 929 S. 2 (lesen!), wonach die Übergabe entfallen kann, sofern der Erwerber bereits Besitzer der Sache ist, haben wir bereits kurz angesprochen (→ Rn. 103).

Beispiel: Wenn der Mieter M vom Vermieter V das gemietete Klavier später kauft, genügt zur Eigentumsverschaffung die bloße Einigung. Es wäre wenig sinnvoll, wenn M das Klavier zB erst zu dem entfernt wohnenden V schleppen müsste, damit dieser es ihm gem. § 929 S. 1 übergeben kann.

c) Einigung und Besitzkonstitut (§§ 929 S. 1, 930)

108 **Prüfungsschema §§ 929 S. 1, 930**

1. **Einigung**
2. **Besitzkonstitut** (§§ 930, 868)
3. **Berechtigung**

Auch in anderen Fällen kann es sehr umständlich und unzweckmäßig sein, zur Übertragung des Eigentums den unmittelbaren Besitz an einer Sache zu verändern. Im Fall des § 930 kann der Eigentümer unmittelbarer Besitzer bleiben.

Hinweis: Auch bei einer Übereignung gem. § 930 oder § 931 sind wie im Grundtatbestand des § 929 S. 1 Einigung und Berechtigung erforderlich. Nur die Übergabe wird durch ein sog. Übergabesurrogat ersetzt. Dies ist im Fall des § 930 das sog. Besitzkonstitut.

136 Zu den §§ 812 ff. s. ausf. *Wörlen/Metzler-Müller* SchuldR BT Rn. 370 ff.

Lesen Sie dazu den nächsten Fall:

Übungsfall 16

Der Kunstsammler K kauft in der Kunsthandlung des V ein wertvolles Gemälde. V will den Kaufpreis von K sofort haben. K möchte verständlicherweise nur zahlen, wenn er Eigentümer wird. Er kann das Bild aber wegen seiner Größe nicht sofort mitnehmen.

Wie kann K sofort Eigentümer werden, ohne dass es schon zur Übergabe kommt? Was können K und V anstelle der Übergabe vereinbaren?

Die Antwort auf die Fallfrage ergibt sich aus §§ 929 S. 1, 930 (lesen!).

■ Was müssen V und K zunächst tun, damit das Eigentum auf K übergehen kann?
▶ Zunächst ist gem. § 929 S. 1 eine **Einigung** zwischen V und K über den Eigentumsübergang erforderlich.

Die Einigung kann durch nichts ersetzt werden! Aber die Übergabe kann ersetzt werden. 109

■ Was können V und K gem. § 930 anstelle der Übergabe vereinbaren?
▶ Ein »**Besitzkonstitut**« (§ 930 nochmals genau lesen!). V und K können die Übergabe dadurch ersetzen, dass Sie ein Rechtsverhältnis vereinbaren, durch das K den mittelbaren Besitz und zugleich das Eigentum erlangt. Man spricht dabei von einem »Übergabesurrogat« (»Übergabeersatz«).
■ In welcher Vorschrift Rechtsverhältnisse, die den **mittelbaren Besitz** begründen können, genannt werden, könnten Sie noch wissen!?[137]

Das in § 930 angesprochene »Besitzkonstitut« ist ein »**Besitzmittlungsverhältnis**« iSv § 868.

Hinweis: Sie sollten sich deshalb im Text von § 930 das Wort »Rechtsverhältnis« unterstreichen und »§ 868« an den Rand schreiben sowie die Worte »mittelbaren Besitz« in der nächsten Zeile ebenfalls unterstreichen! Umgekehrt empfiehlt es sich, »§ 930« am Rand neben § 868 (in dem Sie die Worte »ähnlichen Verhältnisse« markieren) zu vermerken.

■ Um es zu wiederholen: Was ist die Folge dieser Vereinbarung zwischen V und K?
▶ V und K *einigen* sich gem. § 929 S. 1, dass das Eigentum auf K übergehen soll. Anstelle der Übergabe wird ein Verwahrungsvertrag (§ 688 – lesen!) als Besitzmittlungsverhältnis iSv § 868 vereinbart. Dies hat zur Folge, dass K nicht nur Eigentümer, sondern auch zugleich mittelbarer Besitzer wird. V bleibt zunächst unmittelbarer Besitzer.

§ 930 bewirkt also, dass es anstelle der Übergabe der Sache, mit der regelmäßig die Verschaffung des unmittelbaren Besitzes verbunden ist, ausreicht, wenn der neue Eigentümer nur den mittelbaren Besitz an der Sache erhält. 110

Diese Art der Eigentumsübertragung hat vor allem in der Form der »*Sicherungsübereignung*« im Bereich der Kreditsicherung besondere Bedeutung. Wegen des hohen Stellenwerts der Sicherungsübereignung für die Praxis des Wirtschaftslebens und die Klausur wollen wir uns mit der Sicherungsübereignung noch gesondert und ausführlicher im 8. Kapitel (→ Rn. 282 ff.) beschäftigen.

---

137 **§ 868 (lesen!)** → Rn. 28.

d) Einigung und Abtretung des Herausgabeanspruchs (§§ 929 S. 1, 931)

111 **Prüfungsschema §§ 929 S. 1, 931**

1. **Einigung**
2. **Abtretung** des **Herausgabeanspruchs** (§§ 931, 398)
3. **Berechtigung**

Im Fall des § 931 ist ein Dritter im Besitz der Sache. Eine weitere Möglichkeit, die gem. § 929 S. 1 an sich erforderliche Übergabe zu ersetzen (»Übergabesurrogat«) ist die Abtretung des Herausgabeanspruchs des Eigentümers gegen den Dritten an den Erwerber (§§ 931, 398).

Übungsfall 17

B leiht sich von E für die Ferien dessen Surfbrett. Am Strand ist B so in einen Flirt versunken, dass er das Surfbrett am Wasser vergisst, wo es vom Dieb D gestohlen wird.
E verlangt daraufhin Schadenersatz, den B auch bezahlt. B möchte dafür das Eigentum an dem gestohlenen Surfbrett erwerben.

Wie kann E, der damit einverstanden ist, dem B das Eigentum übertragen?

Bevor wir die entsprechende Vorschrift hierzu lesen und den Fall lösen werden, zunächst ein kurzer »Exkurs« (zur Wiederholung!) in Form einer Zwischenfrage. Diese sollten Sie beantworten können, sofern Sie das Allgemeine Schuldrecht nicht nur gehört oder gelesen, sondern gelernt haben:

■ Nach welchen Vorschriften des Allgemeinen Schuldrechts müsste B dem E Schadenersatz leisten?

▶ Denken Sie nach, bevor Sie die Antwort in Fußnote[138] lesen!

112 Zurück zur Eigentumsübertragung beim gestohlenen Surfbrett. Die Frage ist wieder: Wie können E und B, die sich gem. § 929 S. 1 darüber **einig** sind, dass B Eigentümer werden soll, die Übergabe ersetzen? Die Übergabe ist wegen des Diebstahls (momentan jedenfalls) nicht möglich, da E seinen unmittelbaren Besitz verloren hat.

■ Kann E zB dem B (wie im vorigen Fall), durch eine Vereinbarung nach § 930 anstelle der Übergabe den mittelbaren Besitz übertragen?

▶ Das wäre nur möglich, wenn E selbst entweder noch den unmittelbaren Besitz oder aufgrund eines anderen Besitzmittlungsverhältnisses (§ 868) den mittelbaren Besitz behalten hätte. Unmittelbarer Besitzer ist der Dieb D. D hat aber, wie wir gelernt haben[139], nicht den Willen, für den E zu besitzen. Es liegt also kein Fremdbesitzwille vor. Daher hat E keinen mittelbaren Besitz, den er an B übertragen könnte.

Allerdings stehen E Ansprüche gegenüber D zu.

■ Überlegen Sie, welche Ansprüche E hat!

138 **§§ 280 I, III, 283, 598 (Leihvertrag – §§ 604 I, 275 I).**
139 → **Rn. 29.**

▶ Insbesondere den sachenrechtlichen Herausgabeanspruch gegenüber D als unrechtmäßigem Besitzer gem. § 985 (lesen!) und einen bereicherungsrechtlichen Herausgabeanspruch gem. § 812 I 1 Alt. 2 (lesen!).

Damit kommen wir der Antwort auf unsere Frage näher, wie E dem B das Eigentum ohne Übergabe übertragen kann.

■ Wie kann E seinen Herausgabeanspruch rechtlich verwerten?
▶ Es ist eine **Abtretung des Herausgabeanspruchs** (jedenfalls aus § 812 I 1 Alt. 2) von E an B möglich iSd **§ 931** (lesen!). Die Abtretung erfolgt nach **§ 398.** Es ist umstritten, ob darüber hinaus auch der Anspruch aus § 985 abgetreten werden kann. Nach der hM sind zwar insbesondere Ansprüche aus den §§ 812, 823, 861, nicht aber aus § 985 abtretbar.[140]

Hinweis: Schreiben Sie sich daher am besten § 398 neben § 931! Unterstreichen Sie in der Überschrift von § 931 das Wort »Herausgabeanspruchs« und schreiben Sie » § 812« darüber!

§ 931 kann auch praktische Bedeutung haben, wenn der Eigentümer zugleich **mittelbarer** Besitzer ist, wie zB der Gemäldekäufer K in Fall 16. Selbstverständlich darf dieser das Gemälde, obwohl es noch bei V ist, schon weiterverkaufen! Die aus dem Verkauf folgende Verpflichtung zur Eigentumsverschaffung kann K dadurch erfüllen, dass er sich mit dem neuen Erwerber des Bildes gem. § 929 S. 1 einigt und ihm gem. § 931 anstelle der Übergabe seinen schuldrechtlichen Herausgabeanspruch aus dem Verwahrungsvertrag gegen V abtritt (§§ 695, 398). Durch diese Abtretung erwirbt der neue Eigentümer auch den mittelbaren Besitz von K, nämlich nach § 870 (lesen!). 113

Damit haben wir alle Arten der Übertragung des Eigentums an beweglichen Sachen, die eine Einigung zwischen dem Berechtigten und Erwerber voraussetzen, kennengelernt.

Wir werden sie in der zusammenfassenden Übersicht 9[141] nochmals wiederholen und den nun folgenden Fällen des gutgläubigen Eigentumserwerbs (→ Rn. 125) gegenüberstellen!

Literatur zur Vertiefung (→ Rn. 102–113): *Alpmann und Schmidt* SachenR I 2. Teil; *Baur/Stürner* SachenR § 51; *Frahm/Würdinger*, Der Eigentumserwerb an Kraftfahrzeugen, JuS 2008, 14; *Grunewald*, Bürgerliches Recht, 8. Aufl. 2009, § 36 I; *Hofmann/John*, Anfängerklausur: Sachenrecht – Von Melkmaschinen und Traktoren, JuS 2011, 515; *Helms/Zeppernick* SachenR I Kap. 2; *Petersen*, Der Dritte im Mobiliarsachenrecht, JURA 2015, 1177; *Prütting* SachenR § 32; *K. Schmidt*, Eigentumserwerb an eingesammeltem Altpapier (Entscheidungsbesprechung BGH Urt. v. 16.10.2015 – V ZR 240/14), JuS 2016, 938; *Schreiber* SachenR 3. Teil 2. Kap. A I.; *Vieweg/Werner* SachenR § 4; *Weber*, Der rechtsgeschäftliche Erwerb des Eigentums an beweglichen Sachen gem. §§ 929 ff. BGB, JuS 1998, 577; *Westermann* Einführung Kap. 16 I., IV.; *Westermann/Gursky/Eickmann* SachenR §§ 36, 37, 41, 42, 44; *Westermann* SachenR §§ 5, 6; *Wolf/Wellenhofer* SachenR §§ 6–7.

---

140 Palandt/*Herrler* § 931 Rn. 3; Jauernig/*Berger* § 931 Rn. 4 f. **Bei gestohlenen Sachen ist aber ausnahmsweise eine Übereignung durch bloße Einigung möglich,** *Vieweg/Werner* SachenR § 4 Rn. 51; MüKoBGB/*Oechsler* § 931 Rn. 11 f. Wenn sich der Eigentümer, der (wie im Falle des Diebstahls) nicht mittelbarer Besitzer (anders zB ein Vermieter) ist, mit dem Erwerber über den Eigentumsübergang geeinigt hat, liegt darin nach aA zugleich auch die Abtretung des Anspruches aus § 985, *Baur/Stürner* SachenR § 51 Rn. 37 mwN.

141 → **Rn. 124.**

2. Gutgläubiger Eigentumserwerb vom Nichtberechtigten

114 Nachdem wir uns den Erwerb vom Berechtigten angesehen haben, wollen wir uns nun dem gutgläubigen Erwerb vom Nichtberechtigten gem. §§ 932 ff. widmen.

a) Nichtberechtigter und guter Glaube

Beim Lesen des Begriffes »Nichtberechtigter« könnten Ihnen zwei Vorschriften eingefallen sein, die Sie schon einmal gelesen haben (sollten!).

■ Welche beiden Vorschriften sind das?
▶ Antwort: Fußnote [142]!

Grundsätzlich ist eine Verfügung, die jemand über ein Recht (zB: Eigentum) trifft, das ihm nicht zusteht (= Nichtberechtigter), unwirksam.

Berechtigter bzgl. der Eigentumsübertragung ist jedenfalls grds. der Eigentümer.

Die Verfügung eines Nichteigentümers indessen

- ist von Anfang an wirksam, wenn sie mit *Einwilligung* des Eigentümers vorgenommen wird (§ 185 I – lesen!),[143] oder
- wird wirksam durch die *Genehmigung* des Eigentümers (§ 185 II 1 – lesen!).

Die Einwilligung ist die vorherige Zustimmung (Legaldefinition: § 183 S. 1), die Genehmigung die nachträgliche Zustimmung (Legaldefinition: § 184 I). Der Oberbegriff ist also die *Zustimmung*.

Ohne Zustimmung des Berechtigten ist ein gutgläubiger Erwerb vom Nichtberechtigten gem. §§ 932 ff. möglich. Voraussetzung ist, dass der Erwerber gutgläubig und somit schutzwürdig ist.

■ Was versteht man unter **gutem Glauben** und wo ist dies legaldefiniert? (Dies könnten Sie wissen!)
▶ Guter Glaube des Erwerbers liegt gem. *§ 932 II* vor, wenn er nicht weiß (keine *positive Kenntnis*), dass der Veräußerer nicht Eigentümer ist und sein Nichtwissen nicht auf grober Fahrlässigkeit beruht (keine *grob fahrlässige Unkenntnis*).

114a Der Gegenbegriff zur Gutgläubigkeit ist, wie Sie bereits wissen, die Bösgläubigkeit. Bösgläubigkeit ist also bei positiver Kenntnis des Erwerbers bzgl. der fehlenden Eigentümerstellung oder grob fahrlässiger Unkenntnis gegeben. Eine Nachforschungspflicht hat der Erwerber grds. nicht; Nachforschungen sind nur erforderlich, wenn besondere Umstände vorliegen.[144] (§ 932 II nochmals lesen!)

> **Beispiele:** Der Erwerber hat eine Nachforschungspflicht bei Veräußerung einer Sache weit unter Marktwert; beim Kauf eines Gebrauchtwagens muss sich der Erwerber vom Veräußerer die Zulassungsbescheinigung Teil II (ehemals Kraftfahrzeugbrief) zeigen lassen.[145]

Der Erwerb des Eigentums von einem Nichtberechtigten ist also möglich, wenn der Erwerber gutgläubig davon ausgehen kann, dass der Veräußerer einer Sache ihr Eigentümer ist.

142 **§ 185** (*Wörlen/Metzler-Müller* SchuldR BT Rn. 85, 381) und **§ 816** (*Wörlen/Metzler-Müller* SchuldR BT Rn. 381 ff.)!
143 Zur praktischen Anwendung beim verlängerten Eigentumsvorbehalt → **Rn. 291c ff.**
144 Palandt/*Herrler* § 932 Rn. 10.
145 Palandt/*Herrler* § 932 Rn. 10 und 13. Zur Zulassungsbescheinigung Teil II näher → **Rn. 141 f.**

Aus dem Wortlaut des § 932 I (»…es sei denn, …«) ergibt sich, dass die Umstände für die Bösgläubigkeit des Erwerbers von demjenigen bewiesen werden müssen, der den Eigentumserwerb bestreitet; die Gutgläubigkeit des Erwerbers wird also vom Gesetz widerlegbar vermutet.[146]

Allgemeines Prüfungsschema gutgläubiger Erwerb

1. **Einigung** mit Nichtberechtigtem (§ 929 S. 1)
2. **Übergabe** oder bereits bestehender **Besitz** des Erwerbers oder **Übergabesurrogat** (§§ 929–931)
3. **Gutgläubigkeit** des Erwerbers (§§ 932–934)
4. **Kein Abhandenkommen** (§ 935)

Welche Vorschrift für den gutgläubigen Erwerb (§§ 932, 933 oder 934) anwendbar ist, ist abhängig vom jeweiligen Erwerbstatbestand (§§ 929, 930 oder 931). Weitere Voraussetzung für den gutgläubigen Erwerb ist, dass die Sache nicht abhandengekommen ist (§ 935 – auf das Abhandenkommen werden wir später näher eingehen, → Rn. 123).

Nachfolgend schauen wir uns die zusätzlichen Voraussetzungen der einzelnen Erwerbstatbestände im Rahmen des gutgläubigen Erwerbs näher an. Es geht dabei um folgende Vorschriften:

- § 932 I 1
- § 932 I 2
- § 933
- § 934.

b) Gutgläubiger Erwerb durch Einigung (und Übergabe) (§§ 929 S. 1, 932 I 1 und 929 S. 2, 932 I 2)

Prüfungsschema §§ 929 S. 1, 932 I 1 115

1. **Einigung** mit Nichtberechtigtem (§ 929 S. 1)
2. **Übergabe** (§ 929 S. 1)
3. **Gutgläubigkeit** (§ 932 I 1 , II)
4. **Kein Abhandenkommen** (§ 935)

Übungsfall 18

Wieder leiht sich Urlauber B von seinem Freund E das Surfbrett. Diesmal passt er allerdings sorgfältig auf das gute Stück auf. Da B sehr aufwendig im Urlaub gelebt hat, geht ihm kurz vor Ende des Urlaubs das Geld aus.
Um auch noch die letzten Tage seiner Ferien angemessen gestalten zu können, verkauft B das Surfbrett für 800 EUR an seine Urlaubsbekanntschaft (vgl. Fall 17) C. C glaubt, dass das Surfbrett dem B gehört und lässt es sich übereignen.

Kann E das Brett von C (falls er diese jemals treffen sollte) herausverlangen?

146 Vgl. Palandt/*Herrler* § 932 Rn. 15.

■ An welchen (sachenrechtlichen) Herausgabeanspruch könnte man denken?
▶ An den Herausgabeanspruch des Eigentümers gegen den Besitzer gem. **§ 985** (nochmals lesen!).
■ Welche Voraussetzung muss für diesen Anspruch zunächst erfüllt sein?
▶ E müsste noch **Eigentümer** des Surfbrettes sein! (Chronologische Prüfung!)

Ursprünglich war E Eigentümer des Brettes. Er könnte das Eigentum aber dadurch verloren haben, dass B das Brett gem. **§ 929 S. 1** an C übereignet hat. Eine **Einigung** zwischen B und C und die **Übergabe** an C sind gegeben.

■ Problematisch ist nur die **Berechtigung**. War B berechtigt, der C das Eigentum an dem Surfbrett zu verschaffen?
▶ B war nicht Eigentümer des Brettes. Da der Sachverhalt keinen Hinweis enthält, dass E in die Verfügung eingewilligt hat (§ 185 I), war B nicht berechtigt, das Eigentum auf C zu übertragen. Er war also **Nichtberechtigter**. Auch eine Genehmigung der Verfügung liegt nicht vor (§ 185 II).

116 C könnte aber das Eigentum wirksam erworben haben, wenn sie »**gutgläubig**« war. Dies ergibt sich aus **§ 932** (ganz lesen!). Der gute Glaube muss sich dabei auf das **Eigentum** des Veräußerers beziehen (§ 932 II). Der gute Glaube an die (in Wahrheit fehlende) Geschäftsfähigkeit oder eine (nicht vorhandene) Verfügungsbefugnis wird durch § 932 nicht geschützt.[147]

Hinweis: Im Handelsrecht ist als Ausnahme dazu gem. § 366 I HGB auch der gute Glaube an die *Verfügungsbefugnis* geschützt.[148] Kommentieren Sie sich daher am besten § 366 I HGB an § 932 II!

■ Wenn Sie § 932 I und II aufmerksam gelesen haben, dürfte Ihnen die Antwort auf die Frage, ob die C bezüglich des Eigentums des B in gutem Glauben war, nicht schwerfallen!
▶ Es sind keine Anhaltspunkte ersichtlich, aus denen C hätte entnehmen können oder müssen, dass B nicht der Eigentümer ist. C glaubt laut Sachverhalt, dass das Surfbrett dem B gehört.

Zu ihren Gunsten wirkt sich der »Rechtsschein« des Besitzes aus, den der ursprüngliche Eigentümer selbst veranlasst hat. E hatte seinen Besitz aufgrund der Leihe an B freiwillig abgegeben. Lesen Sie hierzu noch einmal § 1006 I 1. Sofern nicht das Gegenteil bewiesen ist, wird vermutet, dass der Besitzer einer Sache auch der Eigentümer ist.

Wenn dieser Rechtsschein, den der Eigentümer durch die Aufgabe des Besitzes selbst veranlasst hat (**Veranlassungsprinzip**), nicht mit der Wirklichkeit übereinstimmt, soll nach dem Willen des Gesetzgebers nicht der gutgläubig auf diesen Rechtsschein Vertrauende, sondern der Eigentümer selbst die Konsequenzen tragen.[149] Er muss sich in diesem Fall mit dem nichtberechtigten Veräußerer auseinandersetzen.

C ist also gem. §§ 929 S. 1, 932 I 1 Eigentümerin des Surfbrettes geworden.

147 *Prütting* SachenR Rn. 427.
148 Vgl. dazu ausf. *Wörlen/Kokemoor* HandelsR Rn. 287–292.
149 S. *Lüke* SachenR Rn. 195.; Wolf/*Wellenhofer* SachenR § 8 Rn. 1. Diesem Rechtsgedanken liegt übrigens eine alte Rechtsregel aus dem germanischen Recht zugrunde, die besagt: »**Wo Du Deinen Glauben gelassen hast, da sollst Du ihn suchen**«, *Conrad*, Deutsche Rechtsgeschichte, 2. Aufl. 1962, 166.

Im Fall des **§ 929 S. 2** gilt für den gutgläubigen Erwerb § 932 I 2 (lesen!). 117

Prüfungsschema §§ 929 S. 2, 932 I 2

1. **Einigung** mit Nichtberechtigtem (§ 929 S. 1)
2. Bereits bestehender **Besitz** des Erwerbers (§ 929 S. 2)
3. **Besitzerlangung vom Veräußerer** (§ 932 I 2)
4. **Gutgläubigkeit** (§ 932 I 1, 2, II)
5. **Kein Abhandenkommen** (§ 935)

Der Erwerber hat die Sache schon in Besitz und hat diesen **Besitz von dem Veräußerer erlangt**, den er gutgläubig für den Eigentümer hält (§ 932 nochmals lesen!).

Zurück zu unserem Fall! 117a

■ Zur Wiederholung: Welche **Ansprüche** kann **E gegen B** geltend machen, der ihm das Brett nicht mehr zurückgeben kann, da es in das Eigentum der C übergegangen ist? Es kommen mehrere Anspruchsgrundlagen in Betracht! Überlegen Sie!

▶ Wenn E schon nicht das Brett zurückbekommen kann, so wird er zumindest Schadensersatz wollen.
Ein vertraglicher Schadensersatzanspruch ergibt sich aufgrund von B zu vertretender Unmöglichkeit, also aus § (?[150])! Außerdem hat B als nichtberechtigt Verfügender das Eigentum des E verletzt, sodass ein Schadensersatzanspruch auch aus § 823 I begründet ist. Zudem hat er einen Anspruch auf Herausgabe des Erlangten (800 EUR Kaufpreis) gem. § 816 I 1.

c) Gutgläubiger Erwerb bei Besitzkonstitut (§§ 929 S. 1, 930, 933)

Prüfungsschema §§ 929 S. 1, 930, 933 118

1. **Einigung** mit Nichtberechtigtem (§ 929 S. 1)
2. **Besitzkonstitut** (§§ 930, 868)
3. **Übergabe durch Veräußerer** (§ 933)
3. **Gutgläubigkeit** (§§ 933, 932 II)
4. **Kein Abhandenkommen** (§ 935)

Lesen Sie § 933!

Beispiel: E leiht dem B auf unbestimmte Zeit sein Auto. E ist Eigentümer und mittelbarer Besitzer, B ist unmittelbarer Besitzer.
Wenn B das Auto als Nichtberechtigter an den C gem. **§ 929 S. 1** übereignet, es diesem also zugleich übergibt, wird C (wie eben unter b dargestellt) gem. § 932 I 1 gutgläubig Eigentümer.
Möglich wäre jedoch auch, dass sich B gegenüber C als Eigentümer des Autos ausgibt und mit C, von dem er ein Darlehen will, vereinbart, dass C gem. **§§ 929 S. 1, 930** das Sicherungseigentum und den mittelbaren Besitz an dem Auto erhalten und B noch unmittelbarer Besitzer bleiben soll.

150 **§§ 280 I und III, 283, 598** (§§ 604, 275 I).

■ Zu welchem Zeitpunkt kann C gem. **§ 933** gutgläubiger Eigentümer werden?
▶ Wenn der Veräußerer B dem Erwerber C die Sache **übergibt** und C dann immer noch in gutem Glauben ist! (§ 933 spätestens jetzt lesen!)

Allein durch die Vereinbarung eines Besitzkonstituts ist ein gutgläubiger Erwerb nicht möglich. Vor der Übergabe an den (gutgläubigen) Erwerber kann der wahre Eigentümer immer noch seinen Herausgabeanspruch aus § 985 geltend machen.

d) Gutgläubiger Erwerb bei Abtretung des Herausgabeanspruchs (§§ 929 S. 1, 931, 934)

119 Den wohl schwierigsten Fall des gutgläubigen Eigentumserwerbs regelt § 934 (lesen!).

Prüfungsschema §§ 929 S. 1, 931, 934

1. **Einigung** mit Nichtberechtigtem (§ 929 S. 1)
2. **Abtretung des Herausgabeanspruchs** (§§ 931, 398)
3. **Gutgläubigkeit** (§§ 934, 932 II)
   a) § 934 Alt. 1 (Veräußerer ist mittelbarer Besitzer): bei Abtretung
   b) § 934 Alt. 2 (Veräußerer ist nicht mittelbarer Besitzer): bei Besitzerlangung (zusätzlich Besitzerlangung von dem Dritten erforderlich)
4. **Kein Abhandenkommen** (§ 935)

Lesen Sie in Ruhe den Wortlaut des § 934, um das Prüfungsschema zu verstehen!

§ 934 ermöglicht den gutgläubigen Erwerb bei Abtretung des Herausgabeanspruchs (vgl. § 931) auf zwei Arten. Diese wollen wir uns mit Hilfe eines Übungsfalles verdeutlichen.

Übungsfall 19

K kauft von V ein Fahrrad unter Eigentumsvorbehalt[151]. Bevor K den Kaufpreis voll bezahlt hat,

a) vermietet er das Fahrrad an M, dem es infolge dessen Verschuldens gestohlen wird. M leistet dem K dafür Schadenersatz. Als Gegenleistung übereignet K dem gutgläubigen M das Fahrrad.
b) bringt K das Fahrrad zur Reparatur zu U, dann verkauft und übereignet K das Rad an den gutgläubigen E.

Wer ist in den Fällen a) und b) Eigentümer geworden?

Hinweis: Auch bei diesem Fall sollten Sie sich zur grafischen Veranschaulichung eine Sachverhalts- und Personenskizze erstellen!

Um die Frage für **Fall 19 a)** beantworten zu können, müssen wir rechtlich einordnen, was tatsächlich geschehen ist.

■ Wer ist ursprünglich **Eigentümer** des Fahrrads?
▶ Der Verkäufer V!

K wird aufgrund des Eigentumsvorbehalts (§§ 449, 929 S. 1, 158 I) erst mit Zahlung der letzten Kaufpreisrate Eigentümer. V ist somit auch zum Zeitpunkt der Vermie-

151 Zum Eigentumsvorbehalt → **Rn. 291a ff.**

tung an M noch Eigentümer. Er verliert allerdings in dem Moment, in welchem K vermietet, seinen mittelbaren Besitz, da K keinen Fremdbesitzwillen mehr hat.

Nur V wäre also berechtigt, für das gestohlene Rad Schadensersatz zu verlangen und nur er wäre auch berechtigt, dem M das gestohlene Fahrrad zu übereignen.

■ Nach welchen Vorschriften könnte V als wahrer Eigentümer, also als **Berechtigter**, diese Übereignung vornehmen?

▶ Durch Einigung gem. § 929 S. 1 und Abtretung des Herausgabeanspruchs nach § 931. Dadurch wäre M sofort Eigentümer geworden, ohne dass es darauf ankommt, bei wem sich das Fahrrad im Augenblick befindet.

In Fall 19 a) hat nicht der wahre Eigentümer V die Übereignung nach §§ 929 S. 1, 120
931 vorgenommen, sondern K als **Nichtberechtigter**. Daher stellt sich die Frage, ob M auch im Fall einer Übereignung nach §§ 929 S. 1, 931 gutgläubig Eigentümer wird. Diese Frage beantwortet **§ 934** (nochmal lesen!).

§ 934 Alt. 2 [aus Beispiel von Übungsfall 19 a)]

Stationen	V ← ① §§ 433, 449, 158 I → K	K ← ② § 535 → M; ④ (§§ 280 I, III, 283) K → M; §§ 934 2. Var., 931, 929 S. 1	M — ③ § 242 StGB — Dieb	Dieb
① **Kauf unter EV**	① Eigentümer + mittelbarer Besitzer (§ 868)	① unmittelbarer Besitzer (§ 854)		
② **Vermietung**	② Eigentümer + mittelbarer Besitzer (§ 871)	② mittelbarer Besitzer (§ 868)	② unmittelbarer Besitzer (§ 854)	
③ **Diebstahl**	③ Eigentümer	③ »nichts«	③ »nichts«	③ unmittelbarer Besitzer
④ **Schadensersatz + Eigentumsübertragung durch Abtretung des Herausgabeanspruchs**	④ Eigentümer, solange Dieb die Sache besitzt	④ »nichts«	④ Gutgläubiger Eigentümer erst dann, wenn unmittelbarer Besitz vom Dieb erlangt wird! (Wenn V vorher die Sache vom Dieb erlangt, bleibt V Eigentümer!)	

121 Ein gutgläubiger Erwerb durch Abtretung des Herausgabeanspruchs ist nach § 934 in zwei Fällen möglich.

- ■ Versuchen Sie einmal, diese beiden Fälle selbst aus der Formulierung des § 934 zu unterscheiden. Wann kann M nach dieser Vorschrift gutgläubig Eigentum erwerben?
- ▶ **1. Alternative:** Wenn der nichtberechtigte Veräußerer **mittelbarer** Besitzer ist, mit Abtretung des Herausgabeanspruchs und (»anderenfalls«)
  2. Alternative: Wenn der nichtberechtigte Veräußerer **nicht** mittelbarer Besitzer ist, erst, wenn er den unmittelbaren Besitz der Sache von dem Dritten erlangt.
- ■ Welche dieser beiden Alternativen trifft auf Fall 19 a) zu? (Überlegen Sie!)
- ▶ Da der Veräußerer K weder unmittelbaren Besitz (der liegt offenbar beim Dieb) noch mittelbaren Besitz hat, handelt es sich um die zweite Variante!
- ■ Was wäre Voraussetzung dafür, dass K mittelbaren Besitz hätte?
- ▶ Der unmittelbare Besitzer müsste den Willen haben, für K zu besitzen, dh, den sog. Fremdbesitzwillen; dieser aber liegt beim Dieb regelmäßig nicht vor.

M wird in Fall 19 a) nicht schon mit der Abtretung des Herausgabeanspruchs gutgläubig Eigentümer, sondern erst, wenn es ihm gelingt, dem Dieb das Fahrrad »abzujagen«, also mit Besitzerlangung (§§ 929 S. 1, 931, 934 Alt. 2).

Die nicht ganz einfache Konstruktion der *zweiten* Alternative des § 934 verdeutlicht die grafische Skizze zu Fall 19 a) (→ Rn. 120) anhand der Rechtsstellung der Beteiligten in den einzelnen »Stationen« des Falles.

122 Die Lösung von **Fall 19 b)** ergibt sich aus der folgenden grafischen Skizze:

§ 934 Alt. 1 [aus Beispiel von Übungsfall 19 b)]

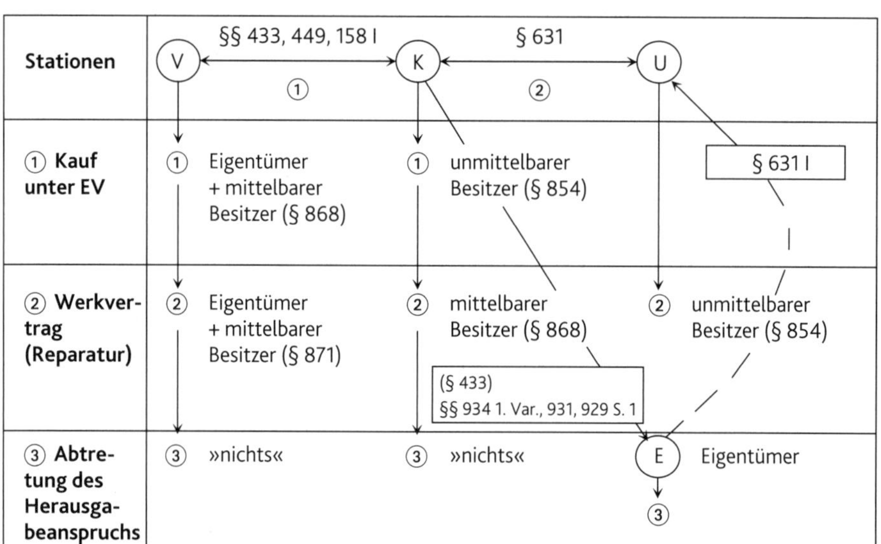

Als K das Fahrrad dem U zur Reparatur gab, erlangte U den unmittelbaren Besitz, während K und der Eigentümer V jeweils mittelbare Besitzer wurden: U besaß das Fahrrad nicht »für sich«, sondern hatte den Willen, es »für K« zu besitzen (Fremdbesitzwille), und zu reparieren.

K hat als mittelbarer Besitzer und nichtberechtigter Veräußerer seinen Herausgabeanspruch aus dem Werkvertrag gegen U an den gutgläubigen E abgetreten (§ 398). Somit hat E mit Abtretung des Herausgabeanspruchs sofort gutgläubig das Eigentum an dem Fahrrad gem. §§ 929 S. 1, 931, 934 Alt. 1 erworben.

e) Ausschluss des gutgläubigen Erwerbs (§ 935)

Der gutgläubige Erwerb ist grds. ausgeschlossen, wenn die Sache gestohlen worden, 123
verlorengegangen oder sonst »abhanden gekommen« ist, **§ 935 I** (lesen!).

Hinweis: Um den wichtigen § 935 in der Klausur nicht zu übersehen, sollten Sie sich diesen insbesondere an § 932 II kommentieren!

»**Abhanden gekommen**« ist gem. § 935 I 1 eine Sache, wenn dem Eigentümer, der *unmittelbarer Besitzer* war, der unmittelbare Besitz gegen seinen Willen oder ohne sein Wissen (»unfreiwillig«) entzogen wurde. Das gleiche gilt gem. § 935 I 2, wenn der Eigentümer nur *mittelbarer Besitzer* war und die Sache dem unmittelbaren Besitzer abhanden gekommen ist. Diebstahl und Verlust sind Unterfälle des Abhandenkommens.[152] (§ 935 I jetzt nochmals lesen!)

Wenn die Sache abhanden gekommen ist, hat der Eigentümer nicht den Rechtsschein gesetzt, auf den der gutgläubige Erwerber vertrauen konnte. Gutgläubiger Erwerb ist also nur möglich, wenn der Eigentümer das Auseinanderfallen von Eigentum und dem unmittelbaren Besitz des Veräußerers bewusst veranlasst hat (**Veranlassungsprinzip**). Nur wenn der Eigentümer freiwillig die Sache aus der Hand gibt, soll er das damit einhergehende Risiko übernehmen.[153] Bei Übungsfall 19 hatte V den Besitz an seinem Fahrrad freiwillig dem Vorbehaltskäufer K überlassen, der dann das von V in ihn gesetzte Vertrauen missbrauchte. Dieses Risiko hatte V freiwillig übernommen. Das Fahrrad war ihm daher nicht abhanden gekommen und ein gutgläubiger Erwerb möglich.

Gemäß **§ 935 II** findet § 935 I keine Anwendung auf *Geld oder Inhaberpapiere* sowie auf Sachen, die im *Wege öffentlicher Versteigerung* (§ 383 III) veräußert werden. Kommen diese abhanden, bleibt also ein gutgläubiger Erwerb möglich.[154]

Lesen Sie nun die zusammenfassende Übersicht 9, → Rn. 124.

152 Zum Abhandenkommen s. Palandt/*Herrler* § 935 Rn. 3; *Prütting* SachenR Rn. 433. **»Abhanden gekommen« ist also der Oberbegriff.** Instruktiv dazu BGH NJW 2014, 1524.

153 Zum Ganzen *Lüke* SachenR Rn. 195 und 220; ausf. mit Bsp. *Prütting* SachenR Rn. 433–435.

154 **Sammlermünzen** sind auch dann nicht als Geld iSv § 935 II zu qualifizieren, wenn sie als offizielles Zahlungsmittel zugelassen sind; ein gutgläubiger Erwerb scheidet also aus, BGH NJW 2013, 2888. S. dazu *K. Schmidt* JuS 2014, 169.

124

Übersicht 9

Rechtsgeschäftlicher Eigentumserwerb an beweglichen Sachen

	§ 929 S. 1	§ 929 S. 2	§§ 929 S. 1, 930	§§ 929 S. 1, 931
Situation:	Eigentümer hat unmittelbaren Besitz an der Sache.	Erwerber hat schon unmittelbaren Besitz an der Sache, zB Mieter.	Eigentümer hat unmittelbaren Besitz, Erwerber soll Eigentum ohne unmittelbaren Besitz erhalten.	Dritter ist im unmittelbaren Besitz der Sache, Eigentümer hat Anspruch auf Herausgabe der Sache.
Eigentums-erwerb:	**Einigung** und **Übergabe** der Sache an Erwerber (Verschaffung des unmittelbaren Besitzes).	**Einigung** genügt.	**Einigung** und **Besitzkonstitut** (Übergabesurrogat): Einräumung des mittelbaren Besitzes an Erwerber.	**Einigung** und **Abtretung des Herausgabeanspruchs** gegen Dritten an Erwerber (Übergabesurrogat).

Gutgläubiger Eigentumserwerb an beweglichen Sachen

	§ 932 I 1	§ 932 I 2	§ 933	§ 934	
Voraussetzungen:	Einigung und Übergabe der Sache an Erwerber, der den Besitzer gutgläubig für Eigentümer hält.	Erwerber hat die Sache schon in Besitz und hat diesen Besitz von dem Veräußerer erlangt, den er gutgläubig für Eigentümer hält.	Erwerber vereinbart mit Veräußerer Besitzkonstitut iSv § 930, 868: Gutgläubiger Erwerber wird mittelbarer Besitzer, aber erst mit *Übergabe* der Sache Eigentümer.	Veräußerer tritt anstelle des Eigentümers schuldrechtlichen Herausgabeanspruch gegen Dritten an gutgläubigen Erwerber ab.	
				Var. 1 Veräußerer ist *mittelbarer Besitzer*: Erwerber wird mit Abtretung Eigentümer	**Var. 2** Veräußerer ist *nicht* mittelbarer Besitzer: Erwerber wird erst mit Übergabe von Drittem Eigentümer
Beispiele:	Mieter übereignet Mietsache nach § 929 S. 1.	Mieter verleiht Mietsache und übereignet an Entleiher nach § 929 S. 2.	Mieter übereignet Mietsache gem. §§ 929, 930 zur Sicherung eines Kredits an gutgläubige Bank.	Mieter verleiht Mietsache. Anschließend verkauft er die Sache an gutgläubigen Dritten und tritt diesem den Herausgabeanspruch gegen den Entleiher ab.	Mieter M 1 vermietet Sache an M 2, dem sie gestohlen wird. M 1 kassiert von M 2 Schadenersatz und tritt Herausgabeanspruch an gutgläubigen M 2 ab.

Merke:
1. Kein **guter Glaube** liegt vor im Falle des § 932 II
2. Grundsätzlich kein gutgläubiger Erwerb von **»abhanden gekommenen«** Sachen = § 935 I; Ausnahmen: § 935 II

125 **Literatur zur Vertiefung (Rn. → 114–125):** *Alpmann und Schmidt* SachenR I 3. Teil; *Baur/Stürner* SachenR § 52; *Frahm/Würdinger,* Der Eigentumserwerb an Kraftfahrzeugen, JuS 2008, 14; *Gomille,* Der unfreiwillige Verlust von Eigentümerbefugnissen im internationalen Sachenrecht, JURA 2017, 54; *Helms/Zeppernick* SachenR I Kap. 3; *Hofmann,* Der Zeitpunkt der Übergabe beim Eigentumsvorbehaltskauf, JA 2014, 178; *Hofmann/John,* Anfängerklausur: Sachenrecht – Von Melkmaschinen und Traktoren, JuS 2011, 515; *Jülch,* Obligatorische Schwäche dinglichen Rechts am Beispiel von § 816 I 2 BGB, JA 2012, 326; *Kadner Graziano/Keinert,* Übereignungstatbestände des Mobiliarsachenrechts – Ein Erlkönig auf dem Genfer Autosalon (Klausurfall), JURA 2014, 1153; *Kindler/Paulus,* Redlicher Erwerb – Grundlagen und Grundprinzipien, JuS 2013, 393 ff., 490 ff.; *Lüke* SachenR § 5; *Petersen,* Der Dritte im Mobiliarsachenrecht, JURA 2015, 1177; *Prütting* SachenR § 35; *Röthel,* Bereicherungsausgleich wegen Verfügungen eines Nichtberechtigten (§ 816 BGB), JA 2015, 574; *Schirmer,* Streit um ein paar Stückchen Papier (Klausurfall), JURA 2013, 719; *K. Schmidt,* Ausschluss des gutgläubigen Erwerbs von Gold- und Sammlermünzen, JuS 2014, 169; *Schreiber* SachenR 3. Teil 2. Kap. A II. und III.; *Schreiber,* Die Eigentumsvermutung für den Besitzer, JURA 2003, 392; *Schreiber,* Der Eigentumserwerb an abhanden gekommenen Sachen, JURA 2004, 238; *Vieweg/Werner* SachenR § 5; *Vogel,* Eigentumserwerb an einem unterschlagenen Kfz bei Auftreten des Veräußerers unter dem Namen des Eigentümers, JURA 2014, 419; *Westermann* Einführung Kap. 16 II.; *Westermann/Gursky/Eickmann* SachenR §§ 45–49; *Westermann* SachenR §§ 7 und 8; *Wilhelm* SachenR 2. Teil C IV.

II. Gesetzlicher Eigentumserwerb

126 Der *rechtsgeschäftliche* Eigentumserwerb (ob vom Berechtigten oder Nichtberechtigten) setzt immer eine Einigung (§ 929 S. 1) zwischen Veräußerer und Erwerber voraus. Daran schließt sich in Form der Übergabe ein Realakt oder ein Übergabesurrogat an.

Darüber hinaus gibt es noch einige Arten des *gesetzlichen* Eigentumserwerbs (insbesondere gem. §§ 937 ff.), bei denen ein Realakt ausreicht, um den Eigentümerwechsel herbeizuführen. Hierzu gehören vor allem:

- Ersitzung;
- Verbindung, Vermischung und Verarbeitung;
- Eigentumserwerb an Schuldurkunden;
- Aneignung;
- Fund.

1. Ersitzung

127 Die in **§ 937** geregelte Ersitzung soll die Diskrepanz zwischen Eigentum und Besitz beseitigen. Wenn der Besitzer eine bewegliche[155] Sache **zehn Jahre** lang im Glauben an sein bestehendes Eigentum in Besitz gehabt hat, erwirbt er – entgegen § 935! – das Eigentum (§ 937 lesen!).

Grundlage ist also der **Eigenbesitz** iSd § 872. Dieser liegt vor, wenn der Besitzer die Sache »als ihm gehörend«, also wie ein Eigentümer, besitzt.[156]

Hinweis: Schreiben Sie sich § 872 an den Rand von § 937 I!

155 **§ 900** regelt die sog. Buchersitzung bei **Grundstücken**. Ein Eigentumserwerb an Grundstücken ist demzufolge erst nach 30 Jahren möglich.

156 S. hierzu nochmals → **Rn. 29**.

Die Regelung des § 937 dient sowohl dem Verkehrsinteresse als auch dem Individu interesse des Besitzers.

Zum besseren Verständnis folgender

Übungsfall 20

D hat das Mountainbike des E gestohlen und an den gutgläubigen K weiterveräußert. Nachdem K das Fahrrad sechs Jahre lang selbst genutzt hat, verkauft er es an den B. Nach weiteren vier Jahren wird der Kaufvertrag rückgängig gemacht und das Mountainbike wandert wieder zu K.

Ist K Eigentümer des Fahrrads geworden?

■ Ein gutgläubiger Erwerb des K gem. §§ 929 S. 1, 932 I 1 scheitert an § 935 I, da das Fahrrad gestohlen wurde. Liegen seitens K die Voraussetzungen für eine Ersitzung nach § 937 vor?

▶ Da K das Fahrrad lediglich sechs Jahre lang gutgläubig im Eigenbesitz hatte, aber für den Eigentumserwerb kraft Gesetzes zehn Jahre erforderlich sind, greift **§ 937 I** nicht ein.

■ Suchen Sie im Gesetz, ob sich aus den §§ 938 ff. die Lösung unseres Falles ergibt!

▶ Gefunden? Falls nicht: s. Fußnote[157].

Dem Eigenbesitzer, der den Besitz an der Sache freiwillig weggibt, kommt die Regelung des **§ 943** zugute: B ist aufgrund des mit dem Eigenbesitzer K geschlossenen Kaufvertrages Rechtsnachfolger des K im Besitz an der Sache iSd § 943. Mit der Rückgabe des Fahrrads (aufgrund der Rückgängigmachung des Kaufvertrags) wird K Rechtsnachfolger des B im Besitz.

■ Ergebnis von Fall 20?

▶ Die Besitzzeit des K bis zur Übergabe an B wird nach § 943 dem B zugerechnet. Nach der Rückgabe des Fahrrads wird die sechsjährige Besitzzeit des K bis zur Übergabe der Kaufsache an B und die vierjährige Besitzzeit des B nach § 943 dem K zugerechnet. Insgesamt handelt es sich um zehn Jahre.
Folglich ist K (erst) nach Ablauf dieses Zeitraums Eigentümer des Mountainbikes geworden.

Die Ersitzung ist gem. **§ 937 II** ausgeschlossen, wenn der Erwerber bei Besitzerwerb nicht in gutem Glauben ist oder wenn er später erfährt, dass ihm das Eigentum nicht zusteht. Voraussetzung für den Eigentumserwerb ist also, dass weder K noch B **nach dem Erwerb** des Eigenbesitzes während der ganzen Ersitzungszeit *positive Kenntnis* (»später erfährt«) vom fehlenden Eigentum erlangen. **Beim Erwerb** des Eigenbesitzes müssen sie zudem in gutem Glauben gewesen sein; schädlich ist also *positive Kenntnis* und es dürfen ihnen zu dieser Zeit also auch keine Umstände bekannt gewesen sein, die jeden Unbefangenen ohne Weiteres zu der Annahme veranlassen mussten (= *grobe fahrlässige Unkenntnis*), nicht Eigentümer der Sache zu werden. Aus der Formulierung des § 937 II ergibt sich, dass der gute Glaube des Eigenbesitzers und seines Rechtsvorgängers vermutet wird.[158]

157 **§ 943!**
158 Palandt/*Herrler* § 937 Rn. 1.

Wenn der Eigenbesitz verloren geht, kommt gem. **§§ 940, 942** nach der Wiedererlangung des Besitzes nur eine selbstständige Ersitzung aufgrund der neu beginnenden Besitzzeit in Frage.[159]

2. Verbindung, Vermischung und Verarbeitung

a) Verbindung einer beweglichen Sache mit einem Grundstück

128 Wenn eine bewegliche Sache zum wesentlichen Bestandteil einer anderen Sache wird, kann dieser Bestandteil nach § 93 nicht mehr Gegenstand besonderer Rechte sein. Wem das Eigentum an der neuen einheitlichen Sache zusteht, wird für die Verbindung einer beweglichen Sache mit einem Grundstück in **§ 946** (lesen!) geregelt. Hierzu

Übungsfall 21

Eigentümer E lässt auf seinem Grundstück eine Mauer bauen. Nachbar B, der dabei ist, seine Garage umzubauen, lagert auf seinem Grundstück ähnliche Steine, wie E sie auf seinem Grundstück für seine Mauer braucht. Die Maurer des E verarbeiten versehentlich die an der Grenze liegenden Steine des B in der Mauer des E. B möchte seine Steine zurück.

Welchen Anspruch hat B gegen E?[160]

■ Kann B gem. **§ 985** die Herausgabe der Steine verlangen?

▶ B müsste noch **Eigentümer** der Steine sein. Durch die Verbindung sind die Steine aber **wesentlicher Bestandteil** (§ 93) der Mauer und damit wesentlicher Bestandteil des Grundstücks (§ 94) des E geworden. Gemäß **§ 946** ist E Eigentümer der Steine geworden. Ein Herausgabeanspruch des B ist unbegründet.

■ Wie das Gesetz dem B für den Eigentumsverlust an den Steinen einen Ausgleich gewährt, sollten Sie wissen, wenn Sie sich an das erinnern, was Sie im Zusammenhang mit den Sachbestandteilen gelernt haben … (Überlegen Sie!)

▶ Es wäre unsinnig, die Mauer abreißen zu lassen, damit B wieder zu seinen Steinen kommt. Daher lässt das Gesetz den E zwar gem. § 946 Eigentümer der Steine werden. E muss aber den Eigentumsverlust des B gem. **§ 951** ausgleichen[161] – § 951 I 1 lesen!

Hinweis: Unterstreichen Sie in § 951 I die Worte »ungerechtfertigten Bereicherung« und schreiben Sie »§ 812 I 1, 2. Alt.« an den Rand!

129 Die Regelung des § 946 enthält zwingendes Recht. Auch wenn der ursprüngliche Eigentümer einen Eigentumsvorbehalt an der beweglichen Sache vereinbart hatte, tritt der Eigentumsverlust ein. Grundsätzlich sind sachenrechtliche Normen nicht abdingbar.[162]

Wird die bewegliche Sache **nicht** wesentlicher Bestandteil bzw. überhaupt nicht Bestandteil der unbeweglichen Sache, bleibt die Eigentumslage an der beweglichen Sache unverändert.

159 Eine Ausnahmeregelung dazu enthält § 940 II.
160 S. auch *Wörlen/Metzler-Müller* BGB AT Fall 5 c) Rn. 102.
161 Näheres hierzu → **Rn. 135 ff.**
162 Erman/*Lorenz*, Handkommentar zum BGB, 14. Aufl. 2014, Einl. 2 vor § 854; Palandt/*Herrler* § 946 Rn. 1.

Beispiel: Wenn der Eigentümer eine ihm nicht gehörende Bewässerungsanlage auf einem Grundstück installiert, die jederzeit wieder ohne großen Aufwand entfernt werden kann. In diesem Fall verbleibt es bei den bisherigen Eigentumsverhältnissen.

b) Verbindung mehrerer beweglicher Sachen

§ 947 regelt die Verbindung mehrerer beweglicher Sachen, die verschiedenen Eigentümern gehören (§ 947 lesen!). 130

Werden mehrere bewegliche Sachen in der Weise miteinander verbunden, dass sie wesentliche Bestandteile einer einheitlichen Sache werden, muss eine Neuordnung der Eigentumsverhältnisse erfolgen; denn sonst würde das Sondereigentum an jeder einzelnen Sache unverändert fortbestehen.

§ 947 stellt darauf ab, ob eine der verbundenen Sachen als **Hauptsache** anzusehen ist. In diesem Fall erwirbt der Eigentümer der Hauptsache das **Alleineigentum** an der ganzen Sache (§ 947 II – lesen!).

Anderenfalls werden die bisherigen Eigentümer **Miteigentümer** der neuen Sache (vgl. § 1008). Der jeweilige Miteigentumsanteil bestimmt sich nach dem Wertverhältnis der einzelnen Sachen im Zeitpunkt der Verbindung (§ 947 I).

Zur Verdeutlichung dieser Problematik

Übungsfall 22

Zwei Brüder wollen ihrer verstorbenen Mutter eine würdige Gedenkstätte errichten. Der eine, Bildhauer B, fertigt ein Relief (Madonna) im Wert von 2.000 EUR, der andere (S) stellt den Grabstein mit der Inschrift (Wert: 500 EUR). Beide Teile werden fest miteinander verbunden.

Anschließend lässt ein Gläubiger des B das Relief pfänden.

- Welche **Eigentumsverhältnisse** bestehen an dem Grabstein? 131
- Gemäß § 947 I sind die bisherigen Eigentümer **Miteigentümer** an dem Grabstein geworden, und zwar B zu 4/5 und S zu 1/5.
- Welche Auswirkungen hat die Pfändung? – Gesetz weiterlesen!
- Gemäß § 949 S. 2 setzen sich die im Zeitpunkt der Verbindung an den Sachen bestehenden beschränkten dinglichen Rechte an den Miteigentumsanteilen fort. Das Pfandrecht besteht also an dem 4/5-Anteil des B.

Sie werden bestimmt bei Fall 22 gemerkt haben, dass eine Begründung für Miteigentum »vom Gefühl her« schwierig ist.

Ob *Miteigentum* an der neuen Sache oder *Alleineigentum* vorliegt, entscheidet die **Verkehrsauffassung**. Der BGH begründete das Vorliegen einer Hauptsache einmal so: Wenn die übrigen Bestandteile fehlen könnten, ohne dass das Wesen der Sache dadurch beeinträchtigt wird, liegt eine Hauptsache vor.[163]

Beispiel: Eine Werbetafel ist Hauptsache gegenüber den aufgeklebten Plakaten.[164]

163 BGHZ 20, 159 (163) = NJW 1956, 788; s. dazu *Wolf/Wellenhofer* SachenR § 9 Rn. 24 mit Bsp.
164 Palandt/*Herrler* § 947 Rn. 4.

c) Vermischung und Vermengung

132 Eine **Vermischung** bezieht sich auf *Flüssigkeiten*. Diese liegt vor, wenn bewegliche Sachen derart miteinander vereinigt werden, dass entweder ihre Trennung tatsächlich unmöglich (»untrennbar«) oder aber mit unverhältnismäßigen Kosten verbunden ist (§ 948 I und II lesen!).

■ Fallen Ihnen für die Vermischung Beispiele ein?
▶ Beispiele sind: Verschnitt von Weinen oder Vermischung von Wein und Essig.

Die **Vermengung** betrifft *feste bewegliche Sachen*.

■ Was kommt hierfür als Beispiel in Betracht? Denken Sie an Ihre alltäglichen Einkäufe!
▶ Beispiele für die Vermengung beim Einkauf sind: Geldstücke in der Kasse; Vermengung von Getreide; fremde Schafe, die sich einer Herde anschließen.[165]

Gemäß § 948 I ist bei untrennbarer Vermischung und Vermengung § 947 entsprechend anwendbar. Gemäß § 948 II steht der Untrennbarkeit gleich, wenn die Trennung mit unverhältnismäßigen Kosten verbunden sein würde.

Ist *keine* der Sachen als Hauptsache anzusehen, erlangen gem. §§ 948, 947 I die Eigentümer der einzelnen vermengten bzw. vermischten Sachen **Miteigentum** (§§ 1008 ff.) an der Sachgesamtheit, wobei sich das Werteverhältnis nach der Teilmenge richtet.

Ist eine der vermischten oder vermengten Sachen hingegen *Hauptsache*, so wird deren Eigentümer nach §§ 948, 947 II **Alleineigentümer** der Sachgesamtheit.

Da die Sachen untrennbar vermischt oder vermengt werden (§ 948), spielt das zahlen- oder mengenmäßige Übergewicht für die Bestimmung der Hauptsache eine Rolle:

Beispiel: Wenn Öl zweier Raffinerien in einen Tank läuft und ein Anteil nur 10% des Gesamtinhalts der Tankfüllung ausmacht, erwirbt die Raffinerie mit dem 90%igen Anteil Alleineigentum an dem Tankinhalt.

d) Verarbeitung

133 Nur bei *beweglichen* Sachen sieht das Gesetz in **§ 950** den Eigentumserwerb aufgrund einer Verarbeitung und Umbildung vor. Wer durch Verarbeitung oder Umbildung eines oder mehrerer Stoffe eine neue bewegliche Sache herstellt, erwirbt das Eigentum an der neuen Sache. Für Grundstücke hingegen gilt § 946 (§ 950 lesen!).

Durch die Verarbeitung oder Umbildung muss eine **neue Sache** hergestellt worden sein. Ob es sich um eine solche handelt, richtet sich nach der Verkehrsanschauung; wenn die hergestellte Sache einen neuen Namen führt, ist dies stets ein Hinweis auf eine neue Sache.[166]

■ Kennen Sie etwa »gebackenes Mehl«, »zugeschnittenen Kleiderstoff«, »gewebte Wolle«? Wie lauten die Fachausdrücke (=»neuen Namen«) hierfür?
▶ Brot, Kostüm bzw. Kleid oder Anzug, Stoff.

165 Palandt/*Herrler* § 948 Rn. 2 mwN.
166 Hierzu und zu den nachfolgenden Bsp. *Prütting* SachenR Rn. 459.

Der **Wert** der Verarbeitung darf allerdings gem. § 950 I 1 Hs. 2 nicht erheblich geringer sein als der Wert des Stoffes. Dies ist der Fall, wenn das Verhältnis Wert der Verarbeitung zu Stoffwert nur 60 Prozent oder weniger beträgt.[167]

Der Eigentumserwerb an der neuen Sache tritt zugunsten des **Herstellers** ein. Das ist derjenige, der nach der Verkehrsauffassung die Organisationshoheit über den Produktionsprozess innehat, also regelmäßig der Unternehmer, nicht der Arbeitnehmer.[168]

Lesen Sie nochmals § 950 I und lösen Sie dann folgenden

Übungsfall 23[169]

Dem Bauern B wird nachts ein Schwein gestohlen. Der Dieb verkauft und übereignet es an den Metzger H. Anschließend verarbeitet H das Schwein zu Würsten und Schinken.

Was kann B tun?

H konnte wegen § 935 zunächst nicht gutgläubig gem. §§ 929 S. 1, 932 I 1 Eigentümer werden. Nachdem H das Schwein aber verarbeitet hatte, wurde er Eigentümer der Würste und des Schinkens gem. § 950 I 1. § 935 hilft dem B also nicht mehr. B hat aber gem. **§ 951 I 1 iVm §§ 812 I 1 Alt. 2, 818 II** einen Anspruch auf Wertersatz. H muss B also den Wert des verarbeiteten Schweinefleischs ersetzen. So gesehen hat H trotz des Eigentumserwerbs nach § 950 wenig »Schwein gehabt« … 134

Rechtliche Probleme können sich durch die Regelung des § 950 namentlich beim Eigentumsvorbehalt oder der Sicherungsübereignung ergeben!

■ Überlegen Sie selbst, welche Probleme dies sein könnten!

▶ Ware, die unter Eigentumsvorbehalt gekauft oder zur Sicherung eines Kredits übereignet wird, ist häufig dazu bestimmt, vom Kreditnehmer noch verarbeitet zu werden. Die Verarbeitung kann nach § 950 bewirken, dass der Kreditnehmer das Eigentum erwirbt und somit der Sicherungszweck vereitelt wird.

Es ist umstritten, ob und wie dieser Eigentumserwerb durch Vereinbarung einer »**Verarbeitungsklausel**« bzw. »**Herstellerklausel**« ausgeschlossen werden kann.[170] Die Entscheidung hängt auch davon ab, ob § 950 zwingendes oder dispositives (abdingbares) Recht[171] enthält.

Die hM hält § 950 zwar für *zwingendes Recht*, was seiner Stellung im Sachenrecht gerecht wird. Die Parteien können aber durch Vereinbarung einer »Verarbeitungsklausel« bzw. »Herstellerklausel« bestimmen, dass der Kreditnehmer für den Kreditgeber herstellen soll. Um den Kreditnehmer nicht Eigentum erwerben zu lassen, kann also vereinbart werden, dass »Hersteller« (iSv § 950 I) der »neuen« Sache der Kreditgeber (also der Vorbehalts-[172] oder Sicherungseigentümer) sein soll.[173]

167 BGH NJW 1995, 2633.
168 *Prütting* SachenR Rn. 463 f.; Palandt/*Herrler* § 950 Rn. 6 f.
169 In Anlehnung an BGHZ 55, 176 = NJW 1971, 612 – Jungbullenfall.
170 *Medicus/Petersen* BürgerlR Rn. 515 ff.
171 Vgl. zu den Begriffen *Wörlen/Metzler-Müller* BGB AT Rn. 321 ff.
172 Zum sog. »**verlängerten Eigentumsvorbehalt**« mehr bei → **Rn. 291d**.
173 Zu diesem Meinungsstreit BGHZ 20, 159 (163 f.) = NJW 1956, 788; *Medicus/Petersen* BürgerlR Rn. 515–519; Jauernig/*Berger* § 950 Rn. 6–8; Palandt/*Herrler* § 950 Rn. 1, 9 mwN. Ausf. auch *Prütting* SachenR Rn. 405–407 und 464 sowie *Baur/Stürner* SachenR § 53 Rn. 15.

3. Ausgleichsansprüche bei Verbindung, Vermischung und Verarbeitung

135 Wie wir gesehen haben, wird dem Eigentümer in den §§ 946–950 der Verlust seines Eigentums zugemutet, damit die Wirtschaftseinheit der Hauptsache erhalten bleibt bzw. der Arbeitswert berücksichtigt wird (vgl. § 950). Als Ersatz für diesen Verlust sieht **§ 951 I 1** einen Ausgleichsanspruch in Geld vor. Darin besteht der im Eigentum verkörperte Wert fort, weshalb dieser Anspruch auch **Rechtsfortwirkungsanspruch** genannt wird.[174]

Hinweis: Schreiben Sie sich § 951 jeweils neben die §§ 946–950!

Tritt an die Stelle des Eigentums ein Miteigentumsanteil gem. §§ 947 I, 948, so kommt ein Ausgleichsanspruch nach § 951 I nicht in Betracht, da der Eigentümer ja Ersatz für das ursprüngliche Recht erhalten hat.

a) Bereicherungsanspruch

Lassen Sie uns das bisher Gelernte wiederholen und vertiefen mit

Übungsfall 24

B ist Eigentümer eines älteren Hauses, das dringend modernisiert werden muss. Auch um Heizenergie und Wasser zu sparen, lässt B vom Installateur E neue Mischbatterien mit Durchflussbegrenzung einbauen.
Im Rahmen des Werkvertrages vereinbaren B und E unter anderem Folgendes: »Die von E gelieferten Mischbatterien bleiben bis zur vollständigen Bezahlung Eigentum des E. B bestätigt, dass die von E eingebauten Teile nur als vorübergehend eingebaut gelten.«
Da B trotz mehrerer Zahlungsaufforderungen nicht die Rechnung des E begleicht und wegen dessen desolater Finanzlage die Zwangsversteigerung des Grundeigentums droht, möchte E die Mischbatterien wieder ausbauen.

Hat E darauf einen Anspruch?

136 ■ Als Anspruchsgrundlage kommt **§ 985** in Betracht. Damit E von B die Mischbatterien gem. § 985 herausverlangen kann, müsste E noch deren **Eigentümer** sein. Liegt ein Eigentumsverlust kraft Gesetzes vor? (Antwort bitte mit Paragrafenangabe begründen!)

▶ Ein Eigentumsverlust kommt gem. **§ 946** in Betracht, wenn die Mischbatterien wesentlicher Bestandteil des Hauses geworden sind.

■ In welcher Vorschrift (AT des BGB!) ist dieser Rechtsbegriff definiert?

▶ Antwort – s. Fußnote[175].

■ Trifft das auf die Mischbatterien zu?

▶ Da die neuen »Wasserhähne« und die Waschbecken durch die Trennung nicht zerstört werden, sind die Mischbatterien keine wesentlichen Bestandteile iSd **§ 93.**

■ Wenn Sie **§ 94** (ganz) lesen, kommen Sie zu welchem Ergebnis?

▶ Wenn die Mischbatterien zur Herstellung eines Gebäudes eingefügt worden sind, sind sie gem. § 94 II wesentlicher Bestandteil.

174 *Wolf/Wellenhofer* SachenR § 10 Rn. 1.
175 In **§ 93!**

E wollte mit der »Umrüstung« Maßnahmen zur Verbesserung des Hauses durchführen. Daher dienen die eingebauten Teile der Erreichung dieses nicht nur vorübergehenden Herstellungszwecks und § 95 II greift nicht. § 95 kann nicht durch Parteivereinbarung abbedungen werden.[176] Dass die eingebauten Teile nach der vertraglichen Vereinbarung nur als vorübergehend eingebaut gelten sollen, ist folglich unerheblich.

Somit sind die Mischbatterien wesentlicher Bestandteil des Gebäudes geworden, und E hat kraft Gesetzes sein Eigentum daran verloren.

Der Herausgabeanspruch nach § 985 ist unbegründet.

In Betracht kommt deshalb ein Wertersatz gem. **§ 951 I iVm § 812 I 1 Alt. 1**. Nach hM enthält § 951 eine **Rechtsgrundverweisung** auf §§ 812 ff.[177] Es müssen also sämtliche tatbestandlichen Voraussetzungen eines Bereicherungsanspruchs geprüft werden.[178] Dabei kommen nach der hM Fälle der Eingriffskondiktion wie auch Fälle der Leistungskondiktion in Betracht.[179]

■ Sind die Voraussetzungen des **§ 812 I 1 Alt. 1** im vorliegenden Fall gegeben?

▶ B hat das Eigentum und den Besitz an den Mischbatterien durch die Leistung des E, der damit seine Pflicht aus dem Werkvertrag erfüllen wollte, erlangt. Da ein wirksamer Werkvertrag vorlag, ist auch ein Rechtsgrund gegeben, sodass § 812 I 1 Alt. 1 nicht eingreift.[180]

Ein vertragliches Wegnahmerecht ist in den §§ 631 ff. nicht vorgesehen. Der Abtrennungs- und Aneignungsanspruch gem. § 997 besteht nicht, da E nicht unrechtmäßiger Besitzer des Grundstücks war. Ein in § 951 II 2 erwähntes Wegnahmerecht (siehe c) ist ebensowenig gegeben. Dem E kann man nur wünschen, dass B wieder zu Geld kommt … 137

Schwierig wird es, wenn mehr als zwei Personen an der Vermögensverschiebung beteiligt sind. Auch hier gilt der im Schuldrecht geltende Grundsatz des Vorrangs der Leistungskondiktion bzw. der Subsidiarität der Eingriffskondiktion. Der bereicherungsrechtliche Ausgleich muss innerhalb der jeweiligen Leistungsbeziehungen erfolgen.

■ Nehmen Sie an, dass E die Mischbatterien in Übungsfall 24 aufgrund eines mit dem Mieter M (des Vermieters B) geschlossenen Werkvertrages einbaute, der sich im Nachhinein als unwirksam herausstellt. An wen muss E sich wenden, wenn er seine Sanitärartikel wiederhaben oder zumindest Wertersatz dafür will?

▶ E muss seinen Herausgabeanspruch gegenüber M geltend machen.

176 MüKoBGB/*Stresemann* § 95 Rn. 5.

177 BGHZ 40, 272 (276) = NJW 1964, 399; BGHZ 55, 176 (177) = NJW 1971, 612.

178 **Die Vorschrift des § 951 soll somit klarstellen, dass der gesetzliche Erwerbstatbestand nach §§ 946–950 keinen rechtlichen Grund für die erfolgte Vermögensverschiebung darstellt,** *Wolf/Wellenhofer* SachenR § 10 Rn. 4.

179 So die Rspr. des BGH: s. zB BGHZ 40, 272 = NJW 1964, 399; BGHZ 108, 256 = NJW 1989, 2745; dem folgend *Prütting* SachenR Rn. 467 mwN; aA (= Verweisung nur auf Eingriffskondiktion) unter anderem Palandt/*Herrler* § 951 Rn. 2; MüKoBGB/*Füller* § 951 Rn. 3; *Wolf/Wellenhofer* SachenR § 10 Rn. 4.

180 **Selbstverständlich verbleibt dem E sein Anspruch auf Werklohn** gem. § 631 I Hs. 2, der allerdings wegen der Zahlungsprobleme des B wenig Aussicht auf Realisierung hat.

■ Die Anspruchsgrundlage hierfür lautet?
▶ Antwort: s. Fußnote [181].

Die Mischbatterien wurden gem. § 946 Eigentum des B (= Grundstückseigentümer). An ihn kann sich E wegen des Vorrangs der Leistungskondiktion aber nicht halten.[182]

b) Aufgedrängte Bereicherung

138 Eine aufgedrängte Bereicherung liegt vor, wenn die Verbindung (Verarbeitung etc) ohne Einverständnis des Bereicherten erfolgt und die aufgrund der §§ 946 ff. eingetretene Rechtsänderung nicht im Interesse des Bereicherten liegt.[183]

> **Beispiel:** Der Mieter teilt ein großes Zimmer durch eine von ihm errichtete Mauer. Gemäß § 946 wird der Grundstückseigentümer Eigentümer dieser Zimmerwand, die er gar nicht haben möchte. Dennoch müsste er dem Mieter gem. § 951 I 1 iVm § 812 I 1 Alt. 2 (Verwendungskondiktion) an sich den Wert der Mauer ersetzen.

■ Kann der Eigentümer (= Vermieter) vom Mieter Schadensersatz in Form der Beseitigung der Mauer verlangen? Welche Anspruchsgrundlagen kommen hierfür in Betracht?
▶ Der Vermieter kann vom Mieter gem. **§ 280 I** sowie aus **§ 823 I** (jeweils iVm § 249 I) die Beseitigung der Mauer verlangen.

Deshalb kann der »bereicherte« Eigentümer, sofern der Mieter den Anspruch gem. § 951 I 1 geltend macht, gegenüber dieser Verwendungskondiktion den Anspruch auf Beseitigung der Mauer einredeweise entgegenhalten.[184]

c) Konkurrenzen

139 Durch erfolgte Verbindung, Vermischung oder Verarbeitung einer Sache kann der Anspruch aus § 951 I auch mit anderen Ansprüchen zusammentreffen. So kommen daneben Schadensersatzansprüche aus §§ 280, 823, 989, 990 und Nutzungsherausgabeansprüche aus §§ 987, 988 in Betracht.[185] § 951 II stellt klar, dass diese nicht verdrängt werden.

■ Welche Schadensersatzansprüche kann der Obsthändler E neben dem Bereicherungsanspruch aus § 951 I 1 geltend machen, wenn der Angestellte des E ohne Einwilligung seines Chefs öfter Obst mit nach Hause nimmt und den damit zubereiteten Obstsalat verzehrt?
▶ Dem E stehen Ansprüche auf Schadensersatz aus § 280 I (Pflichtverletzung aus dem Arbeitsvertrag) sowie aus §§ 989, 990 und § 823 zu.

---

181 **§§ 812 I 1 Alt. 1, 818 II!**

182 Weitere Fälle zu dieser Problematik bei *Schreiber* SachenR Rn. 188 f.

183 Vgl. hierzu und im Folgenden *Baur/Stürner* SachenR § 53 Rn. 33; *Medicus/Petersen* BürgerlR Rn. 899.

184 Vgl. *Baur/Stürner* SachenR § 53 Rn. 33; *Medicus/Petersen* BürgerlR Rn. 899. Eine etwas andere Ansicht vertritt der BGH (BGHZ 23, 61 = NJW 1957, 460): **Der Grundstückseigentümer soll dem Ersteller die Sache (zB Mauer oder unerwünschtes Gebäude) zum Abbruch zur Verfügung stellen.**

185 S. hierzu und im Folgenden *Wolf/Wellenhofer* SachenR § 10 Rn. 9 ff.; *Prütting* SachenR Rn. 473.

Andererseits kann auch der nach den §§ 946 ff. Entreicherte **Verwendungsersatzansprüche** geltend machen, wie zB nach §§ 536a II, 539 I, 581 II, 601 II 1.[186] Falls dieser aber die Verwendung auf eine Sache als deren unrechtmäßiger Besitzer vorgenommen hat, verdrängen die §§ 994 ff. den Anspruch aus § 951 I. Denn sonst wären die in den §§ 996 und 1001 S. 1 geregelten Anspruchsbegrenzungen hinfällig.

Außerdem kann der nach § 951 I 1 Berechtigte etwaige **Wegnahmerechte** geltend machen (§ 951 II 1), wie zB in den §§ 539 II, 601 II 2, 997 und 1049 II geregelt.

Übersicht 10

Sonstige Arten des Eigentumserwerbs an beweglichen Sachen 140

Voraussetzung:	Ersitzung	Rechtsfolge:
Zehn Jahre gutgläubiger Eigenbesitz ←	§§ 937 ff.	→ Eigentumserwerb

Verbindung §§ 946, 947	**Vermischung** § 948	**Verarbeitung** § 950
Voraussetzungen ↓	↓	↓
Verbindung von Sache 1 mit Sache 2	Untrennbare Vermischung oder Vermengung mehrerer beweglicher Sachen	Herstellung einer neuen Sache durch Verarbeitung oder Umbildung
Rechtsfolgen ↓	↓	↓
Wenn Sache 2 **Grundstück** ist, erstreckt sich Grundstückseigentum auch auf Sache 1 (§ 946). Bei Verbindung **beweglicher Sachen** werden bisherige Eigentümer Miteigentümer der einheitlichen Sache (§ 947 I, sofern nicht Abs. 2 eingreift).	Bisherige Eigentümer beweglicher Sachen werden Miteigentümer entspr. § 947.	Hersteller der neuen Sache wird Eigentümer, sofern nicht Wert der Verarbeitung erheblich geringer ist.

Entschädigung für Rechtsverlust aufgrund von §§ 946–950 nach **§ 951**
→ Vergütung in Geld nach §§ 812 ff.

Konkurrenzen: §§ 823 ff., §§ 987–990 werden nicht verdrängt, § 951 II

186 Zur Vertiefung (mit Bsp.): *Schreiber* SachenR Rn. 191 f.

4. Eigentumserwerb an Schuldurkunden

141 Als **Schuldurkunden** iSd **§ 952** (lesen!) kommen Schuldscheine (= bloße Beweispapiere), Hypotheken-, Grundschuldbriefe sowie Urkunden nach § 808 (wie zB Sparbücher und Versicherungsscheine) in Betracht; *analog*[187] findet diese Vorschrift auch auf die Zulassungsbescheinigung Teil II (früher »Kraftfahrzeugbrief«) Anwendung.[188]

■ Welche Personen kommen als Eigentümer einer Schuldurkunde in Betracht, wenn Sie die Vorschriften über die Verarbeitung zugrunde legen?
▶ Der Eigentümer des Papiers und der Schreiber bzw. Hersteller der Urkunde.

In § 952 wird eine Ausnahme vom Eigentumserwerb durch Verarbeitung geregelt: Der Gläubiger einer Forderung, die sich aus der Schuldurkunde ergibt, erwirbt das Eigentum an der Urkunde!

Es handelt sich hier um einen gesetzlichen Eigentumserwerb, der unabhängig vom Willen der Parteien ist. Damit soll vermieden werden, dass der Inhaber eines Rechts und der Eigentümer einer darüber ausgestellten Urkunde verschiedene Personen sind. Zum besseren Verständnis lösen wir den kleinen

Übungsfall 25

S hat von G ein Darlehen in Höhe von 100.000 EUR erhalten und stellt für G einen entsprechenden Schuldschein aus. Nach vier Wochen tritt G die Darlehensforderung an den D ab.

Wer ist Eigentümer der Schuldurkunde?

142 Die Schuldurkunde stand zunächst gem. § 952 I 1 im Eigentum des G.

■ Ändert sich an dieser Rechtslage etwas durch die erfolgte Abtretung?
▶ Aufgrund der Abtretung (§ 398) wurde D Eigentümer der Urkunde.

Merke: Das Recht *am* Papier folgt dem Recht *aus* dem Papier.

■ Was kann D machen, damit er auch in den Besitz der Urkunde gelangt?
▶ D kann gegenüber G einen Herausgabeanspruch geltend machen.
■ Welche Anspruchsgrundlage?
▶ Antwort: S. Fußnote[189]!
■ Was geschieht mit der Urkunde, wenn S die Forderung begleicht?
▶ S kann von D gem. § 371 S. 1 (lesen) die Rückgabe der Schuldurkunde verlangen.

Wenn Sie also Ihren Pkw gem. § 929 S. 1 dem Käufer übereignen, geht kraft Gesetzes gem. § 952 analog das Eigentum an der Zulassungsbescheinigung Teil II (früher Kraftfahrzeugbrief) auf den Erwerber über.

187 **Analogie = Übertragung der Rechtsfolge eines geregelten Tatbestandes auf einen mit diesem wertungsmäßig gleichen, aber planwidrig ungeregelten Tatbestand.** Näher dazu *Wörlen/Metzler-Müller* BGB AT Rn. 173.
188 MükoBGB/*Füller* § 952 Rn. 11 mwN; Palandt/*Herrler* § 952 Rn. 7 mwN.
189 **§ 985!**

Für Inhaberpapiere, Wechsel, Schecks und andere Orderpapiere gilt hingegen grds.:[190] Das Recht *aus* dem Papier folgt dem Recht *am* Papier. Sie müssen also diese Papiere wie bewegliche Sachen nach den §§ 929 ff. übertragen.[191]

5. Aneignung und Eigentumsaufgabe

Lesen Sie zunächst § 958 I, um den Begriff der **Aneignung** kennenzulernen! **143**

■ Wann ist eine Sache wohl *»herrenlos«*?
▶ Wenn sie keinen Eigentümer hat!

Aber wer weiß das schon? Fast jede Sache hat ihren Eigentümer, wenn es sich nicht gerade um »wilde Tiere« (vgl. § 960 I 1) handelt, die zu den **ursprünglich herrenlosen Sachen** zählen.

Sachen, an denen zunächst Eigentum bestanden hat, werden unter den Voraussetzun- **144**
gen des § 960 II, III und § 961 oder durch **Eigentumsaufgabe** (»Dereliktion«)[192] gem. § 959 herrenlos.

Übungsfall 26

Hauseigentümer H entrümpelt seinen Dachboden. Die alten Möbel und »Erbstücke« seiner Großmutter stellt er auf den Gehsteig vor seinem Haus, da am nächsten Tag

a) eine Sammelorganisation zugunsten eines gemeinnützigen Zwecks alte Sachen kostenlos abholt
b) Sperrmüllabfuhr der Stadt ist.

■ Ist das Bereitstellen des **Sammelguts** zugunsten der Organisation eine Eigen- **145**
tumsaufgabe?
▶ Indem H die Sachen auf dem Gehsteig für die Sammelorganisation bereitstellt, macht er ein Übereignungsangebot an die Organisation iSd § 929 S. 1. Eine Eigentumsaufgabe gem. § 959 liegt nicht vor.

■ Gilt das auch für den **Sperrmüll**?
▶ Hierbei handelt es sich um die Aufgabe des Eigentums nach § 959.
■ Wie ist die Rechtslage, wenn der Sammler S vorbeikommt, die schönsten alten Stücke vom Sperrmüll an sich nimmt und sie später an ein Antiquariat verkauft?
▶ Da es sich um herrenlose Sachen handelte, hat S diese sich mit der Inbesitznahme angeeignet (§ 958 I). Der Wille, die alten Stücke als eigene zu besitzen, dokumentiert sich in ihrem Verkauf.

---

190 Die **Übertragung** der in einer **Inhaberschuldverschreibung** verbrieften Forderung kann nach der Rspr. aber alternativ auch durch **Abtretung der verbrieften Forderung** gem. § 398 ohne Übergabe der Wertpapierurkunde erfolgen, s. BGH DB 2013, 1478 = NZG 2013, 903 unter Aufgabe von BGH WM 2009, 259.

191 Bei **Orderpapieren** kommt zu den Übertragungsvoraussetzungen der §§ 929 ff. zusätzlich das Erfordernis des **Indossaments** (Art. 11 WG, Art. 14 ScheckG), vgl. dazu → **Rn. 293a Fn. 353.** Näher zum Ganzen *Wolf/Wellenhofer* SachenR § 12 Rn. 9.

192 **Besitz- und Eigentumsaufgabe gem. § 959:** Man bezeichnet diese als **»Dereliktion«** (lat. »derelictio«, eigentlich: »Vernachlässigung«). Eine der hübschesten Regelungen des BGB ist übrigens in § 961 formuliert: Lesen Sie diese Vorschrift und versetzen Sie sich in die Lage des Eigentümers, der den Bienenschwarm unverzüglich »verfolgen« muss, will er nicht sein Eigentum an den Bienen verlieren! »Nur Fliegen ist schöner!« …

Kein Eigentumserwerb liegt vor, wenn ein gesetzliches Verbot (zB § 44 BNatSchG) oder fremde Aneignungsrechte verletzt werden (**§ 958 II**).[193] Fremde Aneignungsrechte finden sich insbesondere im Jagd- und Fischereirecht.

6. Jagd- und Fischereirechte

146 Das **Jagdrecht** regelt das Aneignungsrecht an jagdbaren herrenlosen Tieren. Es ist untrennbar mit dem Grundeigentum verbunden und darf nur in Jagdbezirken ausgeübt werden (§ 3 BJagdG – diese Vorschrift müssen Sie *nicht* lesen).[194]

147 Mit dem Besitzerwerb geht das erlegte Wild gem. § 958 I in das Eigentum des Jagdberechtigten über. Ein Wilderer kann wegen § 958 II kein Eigentum erwerben. Wohl aber ist für Dritte ein gutgläubiger Erwerb des Eigentums von einem Wilderer möglich, da das Wild nicht iSv § 935 I abhanden gekommen ist.[195]

148 Das **Fischereirecht** an Binnengewässern ist landesrechtlich geregelt (vgl. Art. 69 EGBGB) und gewährt ebenfalls ein Aneignungsrecht.

Interessante Regelungen über den Eigentumserwerb finden sich auch im Bienenrecht[196] (§§ 961 ff. → Rn. 144 Fn. 183) und im Bergrecht[197].

7. Fund

149 Dem Finder einer Sache fällt nach Ablauf von sechs Monaten das Eigentum an der gefundenen Sache zu, **§ 973** (lesen!). Bis zu diesem Zeitpunkt hat der Finder im Interesse des Verlierers Pflichten, die denen der Geschäftsführung ohne Auftrag gem. §§ 677 ff. entsprechen; vom Auffinden der Sache bis zum Eigentumserwerb besteht ein gesetzliches Schuldverhältnis.[198] Die Voraussetzungen für den Eigentumserwerb betrachten wir mit

Übungsfall 27[199]

E verliert im Supermarkt des S einen 500 EUR-Schein. Dieser ist unter ein Verkaufsregal zwischen aufgestellte Waren gefallen. S hatte kurz vorher seine Mitarbeiter angewiesen, Fundsachen abzugeben und in ein Fundbuch einzutragen. Der Kunde K findet den Geldschein und verlangt von E den ihm nach dem Gesetz zustehenden Finderlohn.

Zu Recht?

■ Was kann Gegenstand eines Fundes sein?

193 Auch **Zahngold** in der Asche Verstorbener ist herrenlos, allerdings ist grds. der Erbe (und nicht der Krematoriumsbetreiber) aneignungsberechtigt iSv § 958 II, BAG Urt. v. 21.8.2014 – 8 AZR 655/13, BAGE 149, 47 (Rn. 34) = NJW 2015, 429.

194 Näher dazu *Prütting* SachenR § 43.

195 Palandt/*Herrler* § 958 Rn. 4.

196 Das wohl **unbedeutendste Rechtsgebiet** im BGB, zu dem der »Palandt« keine einzige Gerichtsentscheidung zitiert und bei dem der Wortlaut der Vorschriften länger ist als der der Kommentierungen …, s. *Kollmer* NJW 1997, 1129.

197 Hierzu *Prütting* SachenR § 44.

198 S. *Baur/Stürner* SachenR § 53 Rn. 77 ff.

199 Nach BGH NJW 1987, 2812.

- ▶ Gemäß **§ 965 I** kann dies nur eine **verlorene Sache** sein. Verloren ist eine Sache, die zwar ohne Besitzer, jedoch nicht herrenlos ist.[200]

Wenn eine Sache nach ihrem Verlust sogleich in den Besitz eines Dritten gelangt ist, scheidet also ein Eigentumserwerb aus.

- ■ Handelt es sich bei dem Geldschein um eine verlorene Sache?
- ▶ Der dem E abhanden gekommene 500 EUR-Schein gelangte in die tatsächliche Gewalt des Supermarktinhabers S, der einen Besitzerwerbswillen hatte – was auch die Anweisung gegenüber den Mitarbeitern dokumentiert. Zu der Zeit, als K den Geldschein entdeckte, handelte es sich nicht mehr um eine verlorene Sache, da S im Besitz des Geldscheins war.[201]

Nach alledem kann K den **Finderlohn** (**§ 971** – lesen!) »in den Wind schreiben« …

Weitere Voraussetzung für den Eigentumserwerb durch den Finder ist: Der Finder muss die verlorene Sache an sich nehmen (§ 965). Es kommt also nicht auf das Entdecken, sondern allein auf das **Ansichnehmen** an. Darunter ist die Erlangung des unmittelbaren Besitzes zu verstehen.[202] **150**

Gemäß **§ 973 I 1** (lesen!) tritt der Eigentumserwerb mit Ablauf von **sechs Monaten** nach der Anzeige des Fundes bei der zuständigen Behörde ein. Dies gilt **nicht**, wenn vorher ein Empfangsberechtigter dem Finder bekannt geworden ist oder dieser sein Recht bei der zuständigen Behörde angemeldet hat.

Der Finder kann natürlich auch auf sein Recht auf den Erwerb des Eigentums an der Fundsache verzichten, **§ 976 I** (lesen!).

- ■ Was ist diese »**Verzichtserklärung**«?
- ▶ Bei der Verzichtserklärung gem. § 976 I handelt es sich um eine formlose einseitige empfangsbedürftige Willenserklärung gegenüber der zuständigen Behörde.[203]
- ■ Was ist die Folge dieses Verzichts?
- ▶ Der Verzicht bewirkt den ersatzlosen Übergang des Erwerbsrechts auf die Gemeinde des Fundorts.

Die Gemeinde erwirbt also kraft Gesetzes das Eigentum, sobald die Voraussetzungen des § 976 I vorliegen. Dies gilt auch für den Fall, dass der Finder nicht innerhalb einer durch die Behörde gesetzten Frist die Herausgabe der Fundsache oder des Verwertungserlöses verlangt (§ 976 II).

Sonderregelungen in den *§§ 978 ff.* gelten für den Fund in Geschäftsräumen *öffentlicher Behörden* (wozu auch Gerichte, Museen, kommunale Krankenhäuser oder Sozialversicherungsträger wie zB gesetzliche Krankenkassen zu zählen sind!) oder Verkehrsanstalten (Bahnhöfe, Busse usw).[204] Die dort gefundenen Sachen sind bei der Behörde bzw. der Verkehrsanstalt abzuliefern. Der Finder erhält nur einen Finderlohn, wenn die gefundene Sache mindestens 50 EUR wert ist (§ 978 II 1). Eine abweichende Bestimmung gilt auch für den *Schatzfund* nach § 984. **151**

200 *Baur/Stürner* SachenR § 53 Rn. 78.
201 Vgl. BGH NJW 1987, 2813.
202 *Baur/Stürner* SachenR § 53 Rn. 79.
203 Palandt/*Herrler* § 976 Rn. 1.
204 Vgl. MüKoBGB/*Oechsler* § 978 Rn. 3, 6.

Mit dem Eigentumserwerb des Finders (gem. §§ 973, 974) bzw. der Gemeinde (nach § 976) soll eine dingliche Zuordnung der Fundsache erfolgen.

Endgültig wird diese aber (noch) nicht dem Vermögen des Finders zugewiesen. Dies stellt **§ 977** klar: Danach ist der infolge des Eigentumserwerbs eingetretene Vermögenszuwachs Gegenstand eines Bereicherungsausgleichs. Dieser ist auf die Rückübereignung der Sache gerichtet. Allerdings kann der Finder seine Ansprüche auf Finderlohn und Aufwendungsersatz im Rahmen des Zurückbehaltungsrechts nach § 273 geltend machen. Der Bereicherungsanspruch erlischt nach Ablauf von drei Jahren, gerechnet vom Zeitpunkt des Eigentumserwerbs an (§ 977 S. 2).[205]

Zum Abschluss dieses Kapitels eine kleine Verständnisfrage:

152 ■ Was ist der begriffliche Unterschied zwischen Fund und Aneignung? (§ 958 I und § 965 I lesen!)

▶ Die **Aneignung** bezieht sich auf herrenlose Sachen, dh auf Sachen, die keinen Eigentümer haben. Der **Fund** betrifft eine verlorene Sache, dh ein Eigentümer existiert, ist aber momentan nicht bekannt.

Literatur zur Vertiefung (→ Rn. 126–152): *Alpmann und Schmidt* SachenR I 4. Teil; *Baur/Stürner* SachenR § 53; *Becker*, Zur rechtskonstruktiven Sprengkraft des Wertpapierrechts am Beispiel der Inhabergrundschuld (§ 1195 BGB), JA 2014, 896; *Brade/Vogel*, Die Dereliktion beweglicher Sachen (§ 959 BGB), JA 2014, 412; *Helms/Zeppernick* SachenR I Kap. 4; *Ludyga/Würdinger*, Verkauf ohne Brief und Bestattung ohne Auftrag (Examensfall zum Sachenrecht), AL 2017, 25; *Medicus/Petersen* BürgerlR §§ 21 VI und § 34 V; *Petersen*, Der Dritte im Mobiliarsachenrecht, JURA 2015, 1177; *Prütting* SachenR §§ 36–46; *Schrader/Hermanns*, »Wem gehört die Einbauküche?« (Sachenrechtsklausur auf Fortgeschrittenenniveau), JA 2014, 741; *K. Schmidt*, Eigentumserwerb an eingesammeltem Altpapier (Entscheidungsbesprechung BGH Urt. v. 16.10.2015 – V ZR 240/14), JuS 2016, 938; *Schreiber* SachenR 3. Teil 2. Kap. B und C; *Schreiber*, Der Eigentumserwerb an Grundstücksbestandteilen, JURA 2006, 113; *Schultheiß*, Grundfälle zum Erwerb nach den §§ 953 ff. BGB, JuS 2013, 679; *Süß*, Der gesetzliche Erwerb des Eigentums an Mobilien – Ein Überblick über gesetzliche Zuordnungswertungen, JURA 2011, 81; *Westermann/Gursky/Eickmann* SachenR §§ 51–60; *Wolf/Wellenhofer* SachenR §§ 9–12.

205 Bei dieser Frist handelt es sich um eine **Ausschlussfrist** (dazu *Wörlen/Metzler-Müller*BGB AT Rn. 414).

5. Kapitel. Schutz gegen Eigentumsstörungen

Wie Sie bereits wissen, wird in § 903 das Eigentum umfassend geschützt. Diese Vorschrift ist allerdings *keine* Anspruchsgrundlage, sodass es weiterer Normen bedarf, damit der Eigentümer seine Rechte (= Ansprüche) durchsetzen kann. 153

■ Welche Anspruchsgrundlage kommt für den Eigentümer bei der schwersten Form der Beeinträchtigung, der Entziehung oder Vorenthaltung des Besitzes, in Betracht? Das sollten Sie noch wissen!

▶ Antwort: s. Fußnote[206]

Zur Abwehr aller anderen Arten von Beeinträchtigungen kann der Eigentümer gem. § 1004 I von dem Störer die *Beseitigung* der gegenwärtigen und die *Unterlassung* der drohenden Beeinträchtigungen verlangen.

I. Beseitigungs- und Unterlassungsanspruch nach § 1004

§ 1004 I gewährt dem Eigentümer einen Anspruch gegen den Störer auf Beseitigung oder Unterlassung, wenn das Eigentum in anderer Weise als durch Entziehung oder Vorenthaltung des Besitzes beeinträchtigt wird. 154

Prüfungsschema § 1004

1. **Beeinträchtigung** des **Eigentums** des Anspruchstellers
2. **Störer** als Anspruchsgegner
3. **Keine Duldungspflicht** (§ 1004 II)

Im Folgenden schauen wir uns die Voraussetzungen dieses Anspruchs näher an.

1. Beeinträchtigung des Eigentums

Der Anspruchssteller muss **Eigentümer** sein. Eigentümer ist nicht nur der Alleineigentümer, sondern auch ein Miteigentümer (§ 1011).

Zudem muss der Anspruchsteller eine **Beeinträchtigung** seines Eigentums nachweisen. Dies ist eine Störung des Eigentums, die nicht unter § 985 fällt. Es ist unerheblich, ob es sich um eine bewegliche oder eine unbewegliche Sache handelt. Was eine Beeinträchtigung ist, richtet sich nach dem »Empfinden eines verständigen Durchschnittsmenschen«.[207]

Dabei sind gegenständliche Einwirkungen, ideelle Störungen sowie negative Einwirkungen zu unterscheiden.

■ Welche Beispiele fallen Ihnen ein, wenn Sie an **gegenständliche Einwirkungen** auf ein Grundstück denken?

206 **§ 985!**
207 So die Definition des BGH, BGH NJW 1993, 925 (929).

▶ Gegenständliche Einwirkungen sind zB das Betreten eines Grundstücks und das Abladen von Sachen auf einem Grundstück sowie Lärmbelästigungen durch Sportveranstaltungen, Tierlaute und Gartenfeste.[208] Hierzu zählt ferner das Einwerfen von Werbematerial in den Briefkasten trotz eines angebrachten Verbots.[209]

155 Das Problem der sog. **ideellen (= ästhetischen) Störungen** war oft Gegenstand von Rechtsstreiten. Solche »Belästigungen« liegen vor, wenn durch Vorgänge oder Zustände auf einem Grundstück das ästhetische oder moralische Empfinden des Nachbarn gestört wird.[210]

Beispiele: Ein hässlicher Anblick (Autohalle mit Kfz-Abstellplatz neben First-Class-Hotel[211]) oder aber das Betreiben eines Bordells[212] auf dem Nachbargrundstück.

Da in diesen Fällen allerdings keine »grenzüberschreitenden Immissionen« vorliegen, ist laut hM mangels Einwirkung auf die Sache selbst grds. *keine* Eigentumsbeeinträchtigung iSd § 1004 gegeben.[213]

156 Eine sog. **negative Einwirkung** liegt vor, wenn jemand durch die Nutzung seines Grundstücks (innerhalb dessen Grenzen) dem Nachbargrundstück gewisse Vorteile entzieht.[214]

■ Welche Beispiele kennen Sie hierfür?

▶ Beispiele für negative Einwirkungen sind der Entzug von Licht, Sonne, Luft, Aussicht (Bau eines Hochhauses neben den Bungalow des Nachbarn), Behinderung des Zugangs, oder Abhalten von Radio- und Fernsehwellen.

Diese stellen allerdings nach der hM *keine* Eigentumsbeeinträchtigung iSd § 1004 dar.[215]

■ Warum wohl? Mit einem Blick auf § 903 können Sie dies auch begründen!?

▶ Aus § 903 ergibt sich, dass der Eigentümer, von dessen Grundstück lediglich »negative« Einwirkungen Richtung Nachbargrundstück ausgehen, mit seiner Nutzung nicht die Grenzen seines Grundstücks überschreitet.

2. Störer

157 Anspruchsgegner des Beseitigungs- und Unterlassungsanspruchs ist der sog. Störer. Dieser ist allerdings nicht im BGB definiert.

■ Aus dem öffentlichen Recht könnten Ihnen zwei unterschiedliche Störerbegriffe bekannt sein!

▶ Es wird zwischen dem Handlungs- und dem Zustandsstörer unterschieden.

208 *Prütting* SachenR Rn. 572.
209 BGH NJW 1989, 902.
210 *Prütting* SachenR Rn. 330, 572; *Wolf/Wellenhofer* SachenR § 24 Rn. 9 ff.
211 BGH NJW 1970, 1541.
212 BGHZ 95, 307 (308) = NJW 1985, 2823.
213 BGHZ 95, 307 (309) = NJW 1985, 2823; Palandt/*Herrler* § 903 Rn. 10.
214 Zum Begriff und zu den nachfolgenden Bsp. *Prütting* SachenR Rn. 331 und 572; *Wolf/Wellenhofer* SachenR § 24 Rn. 7 ff.
215 Palandt/*Herrler* § 903 Rn. 9; BGH NJW 1991, 1671.

Handlungsstörer ist derjenige, der die Eigentumsbeeinträchtigung durch sein Verhalten – also aktives Tun oder pflichtwidriges Unterlassen – adäquat kausal verursacht.[216]

Zustandsstörer ist, wer die Herrschaft über eine gefahrbringende Sache, durch die die Störung (mit-)verursacht wird, ausübt. Dieser Zustand muss zumindest mittelbar auf den Willen des Störers zurückzuführen sein.[217]

■ Um welchen Störer handelt es sich, wenn sich infolge eines Unwetters Felsblöcke von einem felsigen Hanggrundstück lösen, auf ein unterhalb gelegenes Grundstück rollen und hierbei die Einfriedung zerstören? Überlegen Sie gut!

▶ Da der Felssturz ausschließlich durch das Wirken von *Naturkräften* ausgelöst wurde, ist weder ein Handlungs- noch ein Zustandsstörer vorhanden. Naturereignisse können niemandem zugerechnet werden; es fehlt eine menschliche Einwirkung auf die Sache.[218] Der Störer war hier wohl Petrus. Deshalb kommt kein Anspruch nach § 1004 I in Betracht.

3. Keine Duldungspflicht des Eigentümers

Der Anspruch aus § 1004 I ist gem. **§ 1004 II** ausgeschlossen, wenn der Eigentümer zur Duldung verpflichtet ist. Die Beeinträchtigung muss also *rechtswidrig* sein. Wie bei § 823 indiziert die Eigentumsbeeinträchtigung ihre Rechtswidrigkeit.[219] 158

Entscheidend hierfür ist allerdings der dem Inhalt des Eigentums widersprechende Zustand und nicht allein die Rechtswidrigkeit des Eingriffs.[220] So kann der zunächst rechtmäßige Eingriff rechtswidrig werden, wenn der Rechtsnachfolger des Berechtigten nicht mit der Beeinträchtigung einverstanden ist.

Die Rechtswidrigkeit der Eigentumsbeeinträchtigung kann durch einen **Rechtfertigungsgrund** (wie zB §§ 227, 228 oder die Einwilligung des Eigentümers) ausgeschlossen sein. 159

Ein Rechtfertigungsgrund ergibt sich auch aus der Duldungspflicht des § 1004 II (lesen!). Diese findet man einerseits im *privaten Recht* (zB den §§ 904, 906, 912 I, 917 I) oder in allgemeinen gesetzlichen Vorschriften. Das sog. nachbarschaftliche Gemeinschaftsverhältnis kann den Eigentümer in Ausnahmefällen ebenfalls verpflichten, die Störung hinzunehmen.

Andererseits findet man Duldungspflichten auch im *öffentlichen Recht*.[221] Beispielsweise enthält § 14 BImSchG eine Sonderregelung: Sofern ein Betrieb behördlich genehmigt wurde, kann dessen Einstellung nicht verlangt werden. In Betracht kommt nur ein Anspruch auf Herstellung von Einrichtungen, die die Einwirkung ausschließen

---

216 *Wolf/Wellenhofer* SachenR § 24 Rn. 16.

217 *Vieweg/Werner* SachenR § 9 Rn. 24 mwN; Palandt/*Herrler* § 1004 Rn. 19 ff.; *Wolf/Wellenhofer* SachenR § 24 Rn. 18 ff.

218 Palandt/*Herrler* § 1004 Rn. 19; *Wolf/Wellenhofer* SachenR § 24 Rn. 19 f.

219 Ausf. zur Rechtswidrigkeit und den Duldungspflichten *Baur/Stürner* SachenR § 12 Rn. 8–10.

220 Sog. *Zustandsunrecht*; hierzu: *Wolf/Wellenhofer* SachenR § 24 Rn. 25.

221 **ZB Widmung einer Sache zum Gemeingebrauch** (Der Eigentümer kann Wirkungen auf die Sache, die im Rahmen der öffentlich-rechtlichen Widmung liegen, nicht abwehren) **oder lebenswichtiger, unmittelbar dem öffentlichen Interesse dienender Betrieb** (Straßenbahn, Kläranlage usw). S. *Baur/Stürner* SachenR § 12 Rn. 10.

oder – wenn diese technisch nicht durchführbar oder wirtschaftlich nicht vertretbar sind – auf Schadensersatz.

Die Rechtswidrigkeit liegt nicht vor, wenn sich der Störende auf ein dingliches oder obligatorisches Recht berufen kann. Allerdings treffen schuldrechtliche Duldungspflichten in der Regel nicht den Rechtsnachfolger des Eigentümers, sofern nicht die Ausnahmen der §§ 566, 578 I, 581 II (lesen!) vorliegen.

Da es sich bei der Rechtswidrigkeit des Eingriffs um eine Anspruchsvoraussetzung handelt, gibt § 1004 II eine **Einwendung.**[222]

4. Rechtsfolgen

160 Nach **§ 1004 I 1** hat der Eigentümer einen Anspruch auf **Beseitigung** der Beeinträchtigung auf Kosten des Störers.

■ Stellen Sie sich vor, dass bei Bauarbeiten am Nachbarhaus der dort befindliche Baukran wegen Überlastung auf Ihr Haus stürzt und Ihr Dach beschädigt. Können Sie aufgrund des Beseitigungsanspruchs auch den Wiederaufbau ihres Dachs verlangen?

▶ § 1004 I gewährt nur einen Anspruch auf Beseitigung der Beeinträchtigung, dh Entfernung des Krans. Der Wiederaufbau des Dachs wäre nur von einem Schadensersatzanspruch umfasst. Für einen Schadensersatzanspruch gem. § 823 I iVm § 249 ist aber im Gegensatz zu § 1004 ein Verschulden des Nachbarn erforderlich.[223] Der Nachbar müsste also vorsätzlich oder fahrlässig gehandelt haben (§ 276).

■ Was ist, wenn Ihr Nachbar Ihrem Anspruch nach § 1004 I 1 auf Beseitigung (Entfernung des Krans) nicht nachkommt?

▶ Dann können Sie diese durchführen (lassen) und nach § 812 I 1 Alt. 2 Kostenersatz von Ihrem Nachbarn verlangen. Da der Eigentümer die zur Beseitigung der Störung erforderlichen Arbeiten veranlasste und bezahlte, hat er den Störer von einer diesem obliegenden Verpflichtung ohne rechtlichen Grund befreit und ihn dadurch auf »sonstige Weise« iSd § 812 bereichert.[224]

§ 1004 I 2 gewährt, sofern eine Eigentumsbeeinträchtigung bereits erfolgt ist und weitere zu besorgen sind (*Wiederholungsgefahr*) einen Anspruch auf **Unterlassung.** Ein solcher Anspruch besteht über den Wortlaut des § 1004 I 2 hinaus auch schon dann, wenn ein erster Eingriff drohend bevorsteht (*Erstgefahr).*[225]

---

222 Palandt/*Herrler* § 1004 Rn. 34.

223 Sofern Sie die Problematik der Abgrenzung des § 1004 zum verschuldensabhängigen Schadensersatzanspruch aus § 823 vertiefen wollen: *Baur/Stürner* SachenR § 12 Rn. 20 f.

224 Ähnlicher Fall (Zerstörung einer Abwasserleitung durch Baumwurzeln): BGH NJW 1986, 2640.

225 *Baur/Stürner* SachenR § 12 Rn. 25 mwN.

Übersicht 11

Schutz gegen Eigentumsstörungen 161

Beseitigungs- und Unterlassungsanspruch nach § 1004

Beeinträchtigung des Eigentums

- **Gegenständliche Einwirkungen** zB Betreten des Grundstücks; Abladen von Steinen

Keine Beeinträchtigung sind nach hM:

- **Ideelle (ästhetische) Störungen**: zB Schrottplatz, Bordell
- **Negative Einwirkungen**: zB Entzug von Licht, Sonne, Luft, Aussicht

Anspruchsgegner: Störer

- **Handlungsstörer**: Eigentumsbeeinträchtigung durch Tun oder Unterlassen
- **Zustandsstörer**: Übt Herrschaft über gefahrbringende Sache aus, die Störung verursacht

Keine Duldungspflicht

Rechtswidrigkeit

- *Grundsatz:* Eigentumsbeeinträchtigung indiziert die Rechtswidrigkeit
- Ausnahmen:
  → Rechtfertigungsgründe: zB Einwilligung sowie §§ 227, 228
  → Duldungspflichten: zB §§ 904, 906, 912 I (§ 1004 II)

Rechtsfolgen

- Anspruch gem. § 1004 I 1 auf **Beseitigung** der Beeinträchtigung auf Kosten des Störers
- Ggf. Ersatzvornahme und Anspruch aus § 812 I 1 Alt. 2
- Bei Wiederholungsgefahr: Anspruch gem. § 1004 I 2 auf **Unterlassung**

II. Nachbarrecht

1. Anwendungsbereich

Die bisherigen Ausführungen zu Inhalt und Schranken des Eigentums haben deutlich 162 werden lassen, dass zwischen der Ausübung der Befugnisse der Eigentümer und der Begrenzung dieser Befugnisse durch Rechtspositionen Dritter sowie den genannten privatrechtlichen und öffentlich-rechtlichen Schranken ein Spannungsverhältnis besteht.

Dieses wird in der Praxis gerade im Bereich des Nachbarrechts relevant. Hier stoßen die Eigentümerrechte mehrerer benachbarter Grundstückseigentümer aufeinander, für die ein Ausgleich gefunden werden muss; denn kein Eigentümer darf letztendlich seine Sache nach Belieben nutzen (vgl. § 903 S. 1), und keiner darf jede fremde Einwirkung verbieten (§ 1004). Ein gegenseitiges Nachgeben ist erforderlich. Die rechtlichen Regelungen zum Nachbarrecht müssen ständig den veränderten Umständen, wie zB dem Umweltschutz, angepasst werden.

Gemäß Art. 124 EGBGB ist eine Beschränkung des Eigentums im Nachbarrecht durch landesrechtliche Vorschriften möglich. Viele Bundesländer haben in diesen zB Grenzwände, Einfriedungen sowie den Grenzabstand von Pflanzen geregelt.[226]

163 ■ Wenn Sie **§ 905 S. 1** lesen, können Sie den Anwendungsbereich des Nachbarrechts umschreiben!

▶ Der Anwendungsbereich des Nachbarrechts erstreckt sich nicht nur auf die Erdoberfläche, sondern auch auf den Luftraum über der Erdoberfläche sowie den Erdkörper unter der Oberfläche.

■ Kann somit der Grundstückseigentümer das Überfliegen seines Grundstücks oder Hochspannungsleitungen in größerer Höhe verbieten?

▶ Gemäß **§ 905 S. 2** muss der Eigentümer Einwirkungen dulden, die in solcher Höhe oder Tiefe vorgenommen werden, dass er an ihrer Vermeidung vernünftigerweise kein Interesse haben kann.

2. Immissionsschutz

164 Der in **§ 906** (lesen!) normierte Immissionsschutz enthält wichtige Regelungen für die im Interesse des Nachbarschutzes erlaubte bzw. verbotene Grundstücksnutzung. Einerseits wird die Benutzungsbefugnis des Eigentümers begrenzt, andererseits dem Nachbarn eine Duldungspflicht auferlegt. Dadurch wird dessen Anspruch aus § 1004 I ausgeschlossen (§ 1004 II nochmals lesen!). § 906 enthält eine Grenzziehung zwischen erlaubter und verbotener Grundstücksnutzung.[227]

■ Lesen Sie zunächst § 906 I 1 und überlegen Sie, wie man die dort aufgeführten **Immissionen** beschreiben kann!

▶ Danach sind Immissionen die dort genannten Einwirkungen auf andere Grundstücke.

Beispiele: Hierzu zählen zB auch Hundegebell, Laubfall, Staubbelästigung, Bienenflug, elektrische und radioaktive Strahlung sowie Giftstoffe in abfließendem Regenwasser.[228]

165 ■ Wie lautet die in genannter Vorschrift getroffene Regelung für die Zulässigkeit bzw. Unzulässigkeit derartiger Immissionen?

▶ **Unwesentliche** Einwirkungen – also solche, die die Benutzung des anderen Grundstücks nicht oder nicht wesentlich beeinträchtigen – sind gem. § 906 I 1 erlaubt und können vom Nachbarn nicht verboten werden.

---

226 Übersicht der Landesgesetze (mit entspr. Literaturhinweisen) bei Palandt/*Herrler* EGBGB Art. 124 Rn. 2.

227 Zum Ganzen *Wolf/Wellenhofer* SachenR § 25 Rn. 5.

228 *Wolf/Wellenhofer* SachenR § 25 Rn. 6 mwN; MüKoBGB/*Brückner* § 906 Rn. 43 ff.

Was »wesentlich« ist, richtet sich nach dem Empfinden eines verständig wertenden Durchschnittsmenschen, weiterhin ist eine Interessenabwägung erforderlich.[229] Werden die öffentlichen **Grenz- oder Richtwerte** eingehalten (§ 906 I ganz lesen!), liegt in der Regel keine wesentliche Beeinträchtigung vor.

- ■ Welche (zwei!) Voraussetzungen müssen vorliegen, damit **wesentliche Einwirkungen** erlaubt und zu dulden sind?
- ▶ Es kommt gem. § 906 II 1 darauf an, ob die wesentlichen Einwirkungen ortsüblich sind und ob sie durch wirtschaftlich zumutbare Maßnahmen verhindert werden können.
- ■ Wie steht es mit *wesentlichen*, **nicht ortsüblichen** Einwirkungen? **166**
- ▶ Diese sind nach § 906 nicht erlaubt und können deshalb vom beeinträchtigten Grundstückseigentümer verboten werden.
- ■ Muss der Nachbar also *wesentliche*, **ortsübliche** Einwirkungen dulden?
- ▶ Der beeinträchtigte Nachbar muss diese gem. § 906 II 1 nicht dulden, wenn sie durch wirtschaftlich zumutbare Maßnahmen verhindert werden können.
- ■ Was macht aber ein Nachbar, der wesentliche Einwirkungen, die ortsüblich sind **167** und nicht durch wirtschaftlich zumutbare Maßnahmen verhindert werden können, nach § 906 II 1 dulden muss?
- ▶ Er lässt sich seine Situation »versilbern«! Mit anderen Worten: Als Eigentümer des beeinträchtigten Grundstücks kann er vom Benutzer des störenden Grundstücks gem. **§ 906 II 2** einen angemessenen Ausgleich in Geld verlangen, wenn durch die zu duldende wesentliche Einwirkung die ortsübliche Benutzung seines Grundstücks oder dessen Ertrag unzumutbar beeinträchtigt wird. Dieser Ausgleichsanspruch ist vom Verschulden unabhängig.[230]

Lassen Sie uns das bisher Gelernte mit einem – immer wieder vorkommenden – **168** Nachbarschaftsproblem lösen!

Übungsfall 28[231]

E zog mit seiner Familie in sein Eigenheim in einer ruhigen Wohngegend am Stadtrand ein. Kurz darauf ließ sein Nachbar N einen Teich auf seinem Grundstück bauen, den alsbald Laub-, Grün- und Grasfrösche besiedelten. Anfangs hielt sich deren »Musik« in Grenzen. Die Frösche entwickelten allerdings ein reges Sexualleben und vermehrten sich kräftig. Der Lärm ist inzwischen so laut, dass E und seine Familie nachts nicht mehr schlafen können. E verlangt deshalb von N die Trockenlegung des Froschteichs und die »Entfernung« der Frösche.

Zu Recht?

- ■ Die **Anspruchsgrundlage** für die Trockenlegung und Entfernung der Frösche ist Ihnen bereits bekannt! Überlegen Sie! Antwort: Fußnote[232].
  Worin besteht im vorliegenden Fall die **Eigentumsbeeinträchtigung**?
- ▶ Da der E sein Grundstück aufgrund der Lärmeinwirkung nicht mehr nutzen kann wie er es will, ist er in der Ausübung seines Eigentumsrechts gestört.
- ■ Ist N überhaupt **Störer**? Eigentlich stören doch die Frösche.

229 Jauernig/*Berger* § 906 Rn. 3; *Wolf/Wellenhofer* SachenR § 25 Rn. 10 mwN.
230 Hierzu *Wolf/Wellenhofer* SachenR § 25 Rn. 15 ff.
231 Ähnlich BGH NJW 1993, 925.
232 Der Anspruch ergibt sich aus **§ 1004 I 1!**

▶ Durch das Anlegen und Unterhalten des Teichs, was auf dem Willen des N beruht, ist dieser *Zustandsstörer*; von seinem Grundstück kommen die »musikalischen« Belästigungen.

169 Obwohl die Voraussetzungen des § 1004 I 1 vorliegen, kommt ein Ausschluss des Beseitigungsanspruchs gem. **§ 1004 II** in Betracht, wenn E zur **Duldung verpflichtet** wäre, dh die Beeinträchtigung nicht rechtswidrig ist.

■ Welche privatrechtliche (bereits genannte!) Duldungspflicht könnte die Rechtswidrigkeit der Beeinträchtigung ausschließen?
▶ Nach **§ 906 I** könnte E zur Duldung verpflichtet sein.

170 Da die Frösche Geräusche erzeugen, liegt eine Einwirkung iSd § 906 I vor.

■ Woran könnte diese Duldungspflicht aus § 906 I scheitern?
▶ Eine solche Pflicht besteht nur, wenn durch die Immission die Benutzung des betroffenen Grundstücks nicht oder nur unwesentlich beeinträchtigt wird. Hier wird jedoch die Nachtruhe erheblich gestört, weshalb eine **wesentliche Beeinträchtigung** vorliegt.
■ Und wie steht es mit der Duldungspflicht gem. **§ 906 II 1**? Was ist hierfür Voraussetzung?
▶ Voraussetzung dieser Duldungspflicht ist, dass die Beeinträchtigung durch eine ortsübliche Benutzung des anderen Grundstücks herbeigeführt wird und nicht durch geeignete zumutbare Maßnahmen verhindert werden kann.

171 Das Unterhalten eines Teichs, in dem Frösche leben, ist für eine Wohngegend bereits *nicht ortsüblich*. Demzufolge ist E nicht nach § 906 II 1 zur Duldung verpflichtet.

172 Allerdings würde N, wenn er den Teich trockenlegte, den Lebensraum der Frösche zerstören und damit gegen das BNatSchG[233] verstoßen. Aus dieser öffentlich-rechtlichen Vorschrift ergibt sich insofern eine *Duldungspflicht* für E. Er kann daher nicht die Trockenlegung des Teiches gem. § 1004 I 1 verlangen.

173 ■ Lesen Sie **§ 906 II 2**! Wie steht es mit diesem Ausgleichsanspruch?
▶ Voraussetzung hierfür ist, dass E nach § 906 II 1 zur Duldung des Froschlärms verpflichtet wäre – was aber wegen der Orts*un*üblichkeit nicht der Fall ist.

174 Eine Analogie[234] des § 906 II 2 bejaht die Rspr. in den Fällen, in denen an sich »abwehrfähige« Einwirkungen aus rechtlichen oder faktischen Gründen nicht abgewehrt werden können.[235]

■ Was fällt Ihnen auf, wenn Sie den »Fröschefall« mit § 906 II vergleichen?
▶ § 906 II betrifft den Fall, dass der Störer die Beeinträchtigung abstellen *kann*, dies jedoch nicht *muss*. Bei den Fröschen hingegen *darf* der E als Störer wegen der Regelung des BNatSchG die Beeinträchtigung *nicht* abstellen.

175 Eine analoge Anwendung des § 906 II 2 kommt damit nicht in Betracht. Diese Regelung wurde im Interesse des Störers erlassen, der einen Ausgleich dafür zahlen soll, dass er das Nachbargrundstück über Gebühr belasten darf, obwohl er dies auch unterlassen könnte.

233 § 44 I Nr. 1, 3 BNatSchG.
234 Sog. *Gesetzesanalogie*; zur Wiederholung: *Wörlen/Metzler-Müller* BGB AT Rn. 173.
235 S. *Prütting* SachenR Rn. 339 mwN.

E kann daher von N weder die Trockenlegung des Froschteichs noch die »Entfernung« der Frösche verlangen.

3. Überbau

Gerade in Innenstädten mit enger Bebauung kommt es vor, dass – vielleicht aus Unkenntnis über den wahren Grenzverlauf – ein Hauseigentümer über die Grenze auf ein fremdes Grundstück baut. Die hierdurch eintretenden Rechtsfolgen betrachten wir mit 176

Übungsfall 29[236]

E beschließt, auf seinem Grundstück eine Garage an der Grenze zum Nachbargrundstück zu errichten. Er orientiert sich beim Bau an dem Grenzzaun. Nachdem E seine Garage bereits acht Monate lang benutzt, beschließt sein Nachbar N, ebenfalls einen Pkw-Stellplatz an der Grenze zu errichten. Beim Einmessen stellt sein Architekt zum Erstaunen aller fest, dass E das Grundstück des N um 15 cm überbaut hat. Erbost verlangt N von E, dieser solle seine Garagenwand »verschieben« und damit den Überbau beseitigen.

- ■ Kommt ein Beseitigungsanspruch des N gegen E gem. **§ 1004 I** in Betracht? Zu prüfen ist, ob N zur Duldung gem. § 1004 II verpflichtet ist. Lesen Sie dazu § 912 I und denken Sie nach! 177
- ▶ Die §§ 912–916 regeln den **entschuldigten** Überbau. Gemäß **§ 912 I** kann der N keine Beseitigung verlangen. N hat vielmehr die Pflicht, den Überbau auf seinem Grundstück zu dulden. Der Überbau wurde ohne Vorsatz oder grobe Fahrlässigkeit hinsichtlich der Grenzüberschreitung vorgenommen und N hat dem Grenzbau nicht sofort widersprochen.

Durch § 912 I werden der Beseitigungsanspruch des N aus § 1004 I wegen § 1004 II sowie ein Schadensersatzanspruch aus § 823 ausgeschlossen. Es soll eine Zerstörung wirtschaftlicher Werte verhindert werden.

- ■ Was wäre, wenn E *vorsätzlich* oder *grob fahrlässig* die Garage teilweise auf fremdem Grund errichtet hätte? 178
- ▶ Dann läge ein **unentschuldigter Überbau** vor. Die Duldungspflicht des N entfällt und er kann Beseitigung gem. § 1004 I 1 sowie Herausgabe des im Besitz des Nachbarn E befindlichen Grundstücksteils aus § 985 verlangen.[237]
- ■ Was kann N im Ausgangsfall lediglich von E verlangen? 179
- ▶ Da eine Duldungspflicht besteht, *muss* E den N gem. **§ 912 II** durch eine Geldrente entschädigen.

Der zu duldende Überbau fällt – entgegen § 94 – in das Eigentum des Erbauers E, nicht in das des Nachbarn N.

4. Notweg

- ■ Lesen Sie **§ 917** und überlegen Sie sich den Grund für diese Vorschrift! 180

236 Nach *Wolf/Wellenhofer* SachenR § 25 Rn. 35.
237 Zum Teil wird auch die Ansicht vertreten, dass bei einem sog. unentschuldigten Überbau das Eigentum am Gebäude an der Grenzlinie der Grundstücke geteilt wird, *Prütting* SachenR Rn. 346 mwN.

▶ § 917 will gewährleisten, dass jedes Grundstück eine Verbindung zu einem öffentlichen Weg auch dann hat, wenn es nicht direkt an einen solchen Weg angrenzt.[238]

Der Eigentümer des »Hinterliegergrundstücks« kann also von dem Nachbarn, dessen Grundstück den kürzesten zumutbaren Weg zum öffentlichen Weg bietet, die Einräumung eines Notwegs über dieses Grundstück verlangen; Voraussetzung ist, dass der Notweg zur ordnungsgemäßen Benutzung **erforderlich** ist; Zweckmäßigkeits- oder Bequemlichkeitserwägungen reichen hierfür nicht aus.[239]

181 ■ Gibt es Ähnlichkeiten zum Überbau?
▶ Wie beim Überbau hat der zur Duldung des Notwegs verpflichtete Nachbar einen Entschädigungsanspruch in Form einer Geldrente (§ 917 II).

5. Sonstige nachbarschützende Vorschriften

182 Für den Bereich des Nachbarrechts regelt das BGB außerdem Interessenkollisionen bei Gewächsen im Grenzbereich (§§ 910, 911, 923[240]).

Der Überhang nach § 910 gewährt ein beschränktes Selbsthilferecht. § 911 stellt eine Abweichung von der Regel des § 953 dar und lässt den Eigentümer des Nachbargrundstücks Eigentümer der Früchte werden, die darauf fallen. Weitere Konfliktlösungsmöglichkeiten gibt es für den Grenzverlauf (§§ 919[241], 920) und bei der Benutzung von Grenzanlagen (§§ 921, 922) – Vorschriften lesen!

III. Konkurrenz zwischen Privatrecht und öffentlichem Recht

183 Neben den privatrechtlichen können auch öffentlich-rechtliche Bestimmungen auf die nachbarrechtlichen Beziehungen Einfluss nehmen. So ist die Zulässigkeit von Immissionen nicht nur in § 906 geregelt, sondern auch im BImSchG und im FlugLärmG.

■ Sofern Sie schon öffentliches Recht gelernt haben: Welche öffentlich-rechtlichen Gesetze müssen Sie beachten, wenn Sie auf Ihrem Grundstück bauen wollen?
▶ Bei Bauvorhaben bedarf es der behördlichen Genehmigung nach Maßgabe des Baugesetzbuches bzw. der einschlägigen Landesbauordnung.

Manchmal sind auch privatrechtliche Ansprüche durch das öffentliche Recht ausgeschlossen.

184 ■ Wenn Sie an die Duldungspflichten im Rahmen des § 1004 II denken, könnte Ihnen ein Beispiel einfallen?
▶ Gemäß § 14 BImSchG sind privatrechtliche Abwehransprüche, dh die Einstellung des Betriebs einer Anlage, ausgeschlossen, wenn die Genehmigung einer Anlage unanfechtbar ist. Es können nur wirtschaftlich vertretbare Vorkehrungen verlangt werden, die die benachteiligenden Wirkungen ausschließen.

---

238 *Wolf/Wellenhofer* SachenR § 25 Rn. 41.

239 Abzustellen ist grds. auf eine Erreichbarkeit des Grundstücks selbst mit dem Auto und **nicht** die des **Hauseingangsbereichs**, BGH NJW-RR 2014, 398 = MDR 2014, 149.

240 Haben Sie den schönen Reim in § 923 III bemerkt, der »poetischsten Zivilrechtsnorm« (*Kollmer* NJW 1997, 1129)?

241 § 919 I betrifft den tragischen Fall, dass » … ein Grenzzeichen … verrückt geworden ist… «; s. zum verrückt gewordenen Grenzstein sowie allg. zum humoristischen Nachbarrecht: *Würdinger* NJW 2009, 732.

Eine Baugenehmigung ergeht »unbeschadet der privaten Rechte Dritter« (so unter anderem Art. 68 IV BayBO). Somit kann der Nachbar etwaige privatrechtliche Beseitigungs- und Unterlassungsansprüche vor den Zivilgerichten einklagen. 185

Literatur zur Vertiefung (→ Rn. 153–185): *Alpmann und Schmidt* SachenR II 6. Teil; *Baur/Stürner* SachenR §§ 12, 13, 25; *Fritzsche*, Der Beseitigungsanspruch nach § 1004 BGB und seine Abgrenzung zum Schadensersatz (§§ 823 I, 249 BGB), AL 2016, 1; *Kollmer*, Juristische Superlative, NJW 1997, 1129; *Lettl*, Die Beeinträchtigung des Eigentums nach § 1004 Abs. 1 S. 1 BGB, JuS 2005, 871; *Neuner*, Das nachbarrechtliche Haftungssystem I und II, JuS 2005, 385 und 487; *Peine*, Öffentliches und privates Nachbarrecht, JuS 1987, 169; *Röthel*, Grundfragen des privaten Nachbarrechts, JURA 2005, 539; *Schreiber* SachenR 3. Teil 1. Kap. D und F; *Prütting* SachenR §§ 28, 49; *Walter*, Zivilrechtliche Störerhaftung, JA 2012, 658; *Westermann/Gursky/Eickmann* SachenR § 36; *Wilhelm* SachenR 2. Teil C III; *Wolf/Wellenhofer* SachenR §§ 24–25; *Würdinger*, Humoristisches Nachbarrecht, NJW 2009, 732.

6. Kapitel. Grundstücksrecht

Als Grundstücksrecht (gleichbedeutend: Immobiliarsachenrecht oder Liegenschaftsrecht) bezeichnet man das Recht der unbeweglichen Gegenstände (= Grundstücke, Immobilien) und der Rechte, die an Grundstücken bestehen.[242] Es ist nicht nur für die Immobilienbranche, Bauunternehmen und Banken von hoher Relevanz, sondern betrifft auch alle Privatpersonen und Unternehmen, die ein Grundstück kaufen bzw. verkaufen wollen oder bei der Aufnahme eines Kredits mit einer Grundschuld bzw. Hypothek belasten müssen. Auch Energieversorger haben damit zu tun, wenn sie ihre Berechtigung zur Führung einer Leitung über fremde Grundstücke oder den Standort eines Windrades schützen wollen. Im Einzelhandel sichert man exklusive, aber nur gemietete Ladenflächen und im Brauerei-, Gaststätten- und Tankstellengewerbe Wettbewerbsklauseln und Verkaufsbeschränkungen grundstücksrechtlich ab. **186**

In diesem Kapitel werden wir uns vor allem damit befassen, wie das Eigentum und andere Rechte an Grundstücken erworben werden und welche wesentlichen Verfahrensvorschriften bei der dafür erforderlichen Eintragung in das Grundbuch beachtet werden müssen. Details zu den anderen Rechten an Grundstücken finden sich im 8. Kapitel (→ Rn. 334 ff.), die Kreditsicherheiten an Grundstücken (Hypothek, Grundschuld) werden im 7. Kapitel zusammen mit anderen Kreditsicherungsrechten behandelt (→ Rn. 312 ff.).

I. Erwerb des Eigentums (und anderer Rechte) an Grundstücken

Um das im BGB geregelte materielle Grundstücksrecht auszugsweise kennenzulernen, wollen wir beim Eigentumserwerb an Grundstücken anknüpfen. **186a**

■ Wie und nach welcher Vorschrift wird das Eigentum (oder ein anderes Recht) an einem Grundstück erworben? (Überlegen Sie! Versuchen Sie zunächst selbst, eine Antwort zu formulieren!)

▶ Zum Erwerb des Eigentums (oder eines anderen Rechts) an einem Grundstück ist die Einigung zwischen Veräußerer und Erwerber sowie die Eintragung des (neuen) Eigentümers (= Rechtsinhabers) erforderlich: § 873 I (lesen!).

Prüfungsschema § 873 I

1. **Einigung** (§ 873 I) über
   - Eigentumsübertragung (= Auflassung; Form: § 925) oder
   - Belastung mit dinglichem Recht oder
   - Übertragung eines bestehenden Rechts
2. **Eintragung** in das Grundbuch (§ 873 I)
3. **Berechtigung**

---

242 *Helms/Zeppernick* SachenR II Rn. 1. Einen guten Überblick über Begriff und Systematik geben *Vieweg/Werner* SachenR § 13 Rn. 1, die auch auf die Überlagerung des privaten Grundstücksrechts durch öffentlich-rechtliche Vorschriften hinweisen, s. dazu ferner → **Rn. 383, 54 f., 162 ff.**

1. Einigung

187 Die Einigung über den Eigentumsübergang von Grundstücken bedarf – anders als bei beweglichen Sachen – einer besonderen Form.

Hinweis: Unterstreichen Sie sich in Ihrem Gesetzestext in § 873 I das Wort »Einigung« und notieren Sie am Rand »§ 925«!

Lesen Sie nun § 925 I. Daraus können wir entnehmen:

(1) Die Einigung über den Grundstückserwerb hat einen besonderen Namen, sie heißt »**Auflassung**«, und
(2) diese Auflassung muss bei **gleichzeitiger Anwesenheit** von Veräußerer und Erwerber vor einer **zuständigen Stelle**, in der Regel vor einem Notar, erklärt werden.

Zu (1) Auflassung:

188 Wie es zu dem etwas eigenartigen Namen »Auflassung« kommt, ist zwar nicht unbedingt wichtig zu wissen, jedoch für Ihre juristische Allgemeinbildung interessant: Der Begriff hat seinen Ursprung in der Rechtsgeschichte. »Auflassen« bedeutet sprachlich das gleiche wie »offen lassen« oder »geöffnet lassen«. Im Frühmittelalter wurde dem Erwerber eines Grundstücks der rechtliche Weg zu seinem neuen Grundstück dadurch geöffnet bzw. »aufgelassen«, dass ihm der Veräußerer ein Herrschaftssymbol überreichte, zB eine Scholle des erworbenen Grundstücks, ein Stück Rasen, einen Zweig von einem darauf stehenden Baum oder eine Ähre der Getreidefrucht.[243] Durch diese Art der »Auflassung« wurde damals die Übergabe symbolisch ersetzt, an deren Stelle heute die Eintragung ins Grundbuch getreten ist.

Zu (2) Gleichzeitige Anwesenheit vor einer zuständigen Stelle:

189 ■ Was soll wohl die Anwesenheit eines Notars bei der Einigung über den Eigentumsübergang an einem Grundstück bezwecken?
▶ Bei der Verfügung über ein Grundstück handelt es sich im Regelfall um eine Verfügung über einen Gegenstand von erheblich höherem wirtschaftlichen Wert als bei beweglichen Sachen. Daher hat die Beteiligung eines Notars den Zweck, beide Vertragspartner vor übereilten und unüberlegten Verfügungen zu schützen.

Die notarielle Beteiligung soll einerseits für *einwandfreie und klare Unterlagen* für die Grundbucheintragung sorgen[244] und hat andererseits eine **Schutz- und Warnfunktion.**[245] Diesen Schutz sieht das Gesetz im Zusammenhang mit der Veräußerung von Grundstücken übrigens auch an anderer Stelle vor: Die Eigentumsübertragung ist, wie Sie inzwischen wissen, ein Verfügungsgeschäft!

190 ■ Welches Rechtsgeschäft geht diesem Verfügungsgeschäft regelmäßig voraus?
▶ Ein Verpflichtungsgeschäft in Form eines schuldrechtlichen Vertrages!

Meist erfolgt die sachenrechtliche Eigentumsübertragung aufgrund eines Kaufvertrages (§ 433); möglich ist selbstverständlich auch, dass es sich bei dem schuldrechtlichen Verpflichtungsgeschäft um ein Schenkungsversprechen (vgl. § 518 I 1) handelt. Auch

243 Vgl. *Conrad*, Deutsche Rechtsgeschichte, Bd. I: Frühzeit und Mittelalter, 2. Aufl. 1962, 165.
244 MüKoBGB/*Kanzleiter* § 925 Rn. 1, 17.
245 S. dazu *Wörlen/Metzler-Müller* BGB AT Rn. 290.

für den einer Eigentumsübertragung zugrundeliegenden schuldrechtlichen Grundstücksveräußerungsvertrag hat der Gesetzgeber aus den genannten Gründen die Beteiligung eines Notars vorgesehen.[246]

■ Die entsprechende Formvorschrift aus dem Allgemeinen Schuldrecht müsste Ihnen noch bekannt sein! (Denken Sie nach!) 191
▶ Antwort s. Fußnote[247]!

Lesen Sie diese Vorschrift noch einmal! Da Sie inzwischen das Trennungs- und das Abstraktionsprinzip beherrschen (wenn nicht: → Rn. 15, 21), wissen Sie, dass die Wirksamkeit des Kaufvertrages gegenüber dem Verfügungsgeschäft, also der Eigentumsübertragung, völlig selbstständig (»abstrahiert«) zu beurteilen ist.

■ Wie oft müssten Sie bei strenger Durchführung des Trennungsprinzips zu einem Notar gehen, um Eigentümer eines gekauften Grundstücks werden zu können?
▶ Grundsätzlich eigentlich zweimal: Zum ersten Mal, um den Kaufvertrag gem. § 311b I 1 notariell beurkunden zu lassen und ein zweites Mal, um vor dem Notar die Auflassungserklärung des Veräußerers gem. § 925 I 1 anzunehmen.

In der Praxis sieht das allerdings so aus, dass diese beiden verschiedenen Rechts- 192
geschäfte bei *einem* Besuch des Notars vorgenommen werden. Die Vertragsparteien lassen sich zunächst ihre Kaufvertragsausfertigungen beurkunden und erklären dann die sachenrechtliche Auflassung. Damit ist die »Einigung« iSv § 873 I ordnungsgemäß vollzogen.[248]

Geht es nicht um das Eigentum an einem Grundstück, sondern um andere Rechte, 193
wie zB Dienstbarkeiten oder Grundpfandrechte, die im Grundbuch in der zweiten oder dritten Abteilung des Grundbuches erscheinen, so genügt eine einfache Einigung iSd § 873 I. Die notarielle Beteiligung ist bei der materiellrechtlichen Begründung oder Übertragung solcher Rechte nicht erforderlich.

2. Eintragung ins Grundbuch

Der bei den beweglichen Sachen geltende Grundsatz, dass zur Eigentumsübertragung 194
zwei Handlungen notwendig sind, nämlich einerseits die rechtsgeschäftliche Einigung zwischen Veräußerer und Erwerber und andererseits die Übergabe der Sache als Realakt, gilt auch für die Eigentumsübertragung bei Grundstücken. Aber wie soll man das Grundstück dem Erwerber »übergeben«?

Damit der mit der Einigung bezweckte Eigentumsübergang wirksam wird, ist bei Grundstücken anstelle der Übergabe die Eintragung der Rechtsänderung in das Grundbuch erforderlich! Lesen Sie dazu nochmals § 873 I!

Damit die Einigung zum rechtsgültigen Eigentümerwechsel führt, muss also der Erwerber gem. § 873 I in das Grundbuch eingetragen werden.

---

246 Von den **Grundsätzen bei Verbraucherverträgen** sind die Regelungen des § 312a I, III, IV und VI grds. auch auf *notariell beurkundete Verträge* sowie Verträge über die Begründung, den Erwerb oder die Übertragung von Eigentum oder anderer Rechte an *Grundstücken* sowie Verträge über den Bau oder erheblichen Umbau von Gebäuden anzuwenden, s. § 312 II Nr. 1, 2 und 3.

247 **§ 311b I 1.**

248 Gleichzeitige Anwesenheit bedeutet nicht persönliche Anwesenheit, **Stellvertretung** ist daher zulässig, Staudinger/*Pfeifer*/*Diehn*, 2017, § 925 Rn. 83; MüKoBGB/*Kohler* § 873 Rn. 69.

3. Berechtigung

195 Wie bei der Übereignung beweglicher Sachen auch (→ Rn. 102 ff.), muss der Veräußerer zu der Verfügung berechtigt sein. Berechtigt über ein Grundstück zu verfügen ist in erster Linie der Eigentümer. Verfügungsberechtigt im Hinblick auf ein zu übertragendes Recht an einem Grundstück (wie zB eine Grundschuld) ist der Inhaber des zu übertragenden Rechts. Wer Eigentümer des Grundstücks oder Inhaber des Rechts an dem Grundstück ist, lässt sich dem Grundbuch entnehmen.

Je nachdem, in welchem Wirtschaftszweig Sie einmal tätig sein werden – nicht nur in der Kreditabteilung einer Bank oder bei einer Gebäudeversicherung –, sind gewisse Grundkenntnisse über Aufbau, Inhalt und Zweck des Grundbuches unerlässlich: Oft wird es notwendig sein, durch Einsichtnahme in das Grundbuch die Eigentumsverhältnisse und Belastungen eines Grundstücks festzustellen. Auch wenn Sie ein Haus bauen oder eine Eigentumswohnung kaufen möchten, sollten Sie sich zumindest etwas auskennen.

Literatur zur Vertiefung (→ Rn. 186–195): *Alpmann und Schmidt* SachenR II 1. Teil 1. Abschn., A; *Baur/Stürner* SachenR § 19; *Berger,* Der Immobilienkaufvertrag, JA 2011, 849; *Eickelmann,* Anfängerhausarbeit: Grundstücksschenkung an einen Minderjährigen, JuS 2011, 997; *Gottwald,* PdW Sachenrecht, 16. Aufl. 2014, III. 2; *Habersack* SachenR § 13; *Helms/Zeppernick* SachenR II Kap. 1 und 2.; *K. Schmidt,* Dingliche Einigung ohne notarielle Beurkundung (Entscheidungsbesprechung BGH Urt. v. 8.4.2016 – V ZR 73/15), JuS 2017, 71; *Schreiber* SachenR 5. Teil 2. Kap. A; *Prütting* SachenR § 29; *Vieweg/Werner* SachenR § 13 I; *Weber* SachenR II §§ 1, 7; *Westermann* Einführung Kap. 17 I.; *Westermann/Gursky/Eickmann* SachenR §§ 74–76; *Wilhelm* SachenR 2. Teil, C IV 2; *Wolf/Wellenhofer* SachenR § 17.

II. Grundbuch und Grundbuchamt

1. Formelles und materielles Grundstücksrecht

196 Das Grundbuch wird beim Grundbuchamt geführt. Das Grundbuchamt ist eine Abteilung des Amtsgerichts und für die im jeweiligen Amtsgerichtsbezirk liegenden Grundstücke zuständig. Das ergibt sich aus § 1 GBO.[249] Die GBO enthält das **formelle** Grundstücksrecht, während im BGB das **materielle** Grundstücksrecht geregelt ist.

An dieser Stelle sollten wir uns den Unterschied zwischen materiellem und formellem Recht nochmals[250] verdeutlichen.

■ Versuchen Sie selbst, den Unterschied zu formulieren!

249 **GBO § 1** (**Amtsgericht als Grundbuchamt**; Zuständigkeit)
»(1) Die Grundbücher, die auch als Loseblattgrundbuch geführt werden können, werden von den Amtsgerichten geführt (Grundbuchämter). Diese sind für die in ihrem Bezirk liegenden Grundstücke zuständig …«.
Die landesrechtlichen Besonderheiten in **Baden-Württemberg**, wo die Grundbücher historisch bedingt überwiegend bei den Kommunen geführt wurden, werden bis Ende 2017 aufgegeben, s. § 1 GBO in der ab 2018 geltenden Fassung von Art. 2 des Gesetzes zur Erleichterung der Umsetzung der Grundbuchamtsreform in Baden-Württemberg … v. 5.12.2014, BGBl. I 1962.

250 Vgl. *Wörlen/Metzler-Müller* BGB AT Rn. 28.

▶ Das **materielle** oder auch »sachliche« Recht des BGB legt den Inhalt des bürgerlichen Rechts fest und regelt im Wesentlichen das Entstehen und Erlöschen von Ansprüchen. Als **formelles** Recht bezeichnet man die Regelungen, die der Feststellung oder Durchsetzung des materiellen Rechts dienen.

Zum formellen Recht gehört insbesondere das **Verfahrensrecht**. Wer ein Zivilgericht wegen eines Rechtsstreits anruft, muss die formellen Verfahrensvorschriften der Zivilprozessordnung beachten. Wer sich an das Grundbuchamt wendet, um eine Eintragung in das Grundbuch vornehmen zu lassen, muss die Verfahrensvorschriften der *Grundbuchordnung* sowie der Verordnung zur Durchführung der Grundbuchordnung (*Grundbuchverfügung*, GBV) berücksichtigen.

Das Grundbuchamt hat die Aufgabe, die Einhaltung dieser Vorschriften zu überwa- **197**
chen, und vor allem, das Grundbuch zu führen. Das Grundbuch ist ein Verzeichnis aller im jeweiligen Amtsbezirk eines Amtsgerichts (Grundbuchamt) liegenden Grundstücke und gibt zugleich Auskunft über die wichtigsten privatrechtlichen Verhältnisse an den Grundstücken. Aus diesem Grund gestattet zB § 12 I 1 GBO jedem, der ein **berechtigtes Interesse** hat, die Einsicht in das Grundbuch (Vorschrift[251] lesen!).

■ Wann wird ein solches berechtigtes Interesse wohl vorliegen?

▶ Ganz sicher, wenn jemandem ein Grundstück, das im Grundbuch aufgeführt ist, gehört, oder wenn er irgendein anderes Recht als das Eigentum an diesem Grundstück hat.

Ein berechtigtes Interesse liegt aber auch vor, wenn jemand Einsicht nehmen will, weil er zB dem Eigentümer eines Grundstückes einen Kredit gewährt, oder wenn jemand als Gläubiger eines Grundstückseigentümers gegen diesen die Zwangsvollstreckung betreiben will.

Auch eine Rechtsanwältin hat ein berechtigtes Interesse, wenn die Einsicht zur Bearbeitung einer bestimmten Rechtsangelegenheit erforderlich ist. Und auch der Versicherer einer beabsichtigten Gebäudeversicherung kann ein solches Interesse geltend machen. Derjenige, der Einsicht in das Grundbuch nehmen will, muss immer ein sachlich begründetes, tatsächliches Interesse nachweisen können.

Anträge auf Einsicht aus purer Neugier, etwa wenn sich jemand nur informieren will, wie viele Grundstücke sein reicher Nachbar besitzt, wird das Grundbuchamt dagegen zu Recht ablehnen.

Nicht nur das Grundbuchamt, sondern auch Notare dürfen bei berechtigtem Interesse den Inhalt des Grundbuchs mitteilen.[252] Gemäß § 133a III GBO ist ein Protokoll über die gewährten Grundbucheinsichten zu führen. Dem Eigentümer, dessen personenbezogene Daten dabei offenbart wurden, ist auf Verlangen Auskunft aus dem Protokoll zu geben.

---

251 **GBO § 12 (Grundbucheinsicht …)**
»(1) Die Einsicht des Grundbuchs ist jedem gestattet, der ein **berechtigtes Interesse** darlegt. Das gleiche gilt von Urkunden, auf die im Grundbuche zur Ergänzung einer Eintragung Bezug genommen ist, sowie von den noch nicht erledigten Eintragungsanträgen.«

252 **GBO § 133a Erteilung von Grundbuchabdrucken durch Notare; … .**
»(1) Notare dürfen demjenigen, der ihnen ein **berechtigtes Interesse** im Sinne des § 12 darlegt, den Inhalt des Grundbuchs mitteilen. Die Mitteilung kann auch durch die Erteilung eines Grundbuchabdrucks erfolgen.«

2. Elektronisches Grundbuch und Datenbankgrundbuch

198 Seit Ende 1993 erlauben die §§ 126–134 GBO die Einrichtung des elektronischen Grundbuchs. Gemäß § 126 I 1 GBO können die Landesregierungen durch Rechtsverordnung bestimmen, dass und in welchem Umfang das Grundbuch in maschineller Form als **automatisierte Datei** geführt wird. Von dieser Ermächtigung haben inzwischen alle Bundesländer Gebrauch gemacht.

Die Einführung des elektronischen Grundbuches ermöglicht die **papierlose Führung** des Grundbuches.[253] Die Grundbuchdaten werden in einer Datenbank abgelegt, die auch von externen Stellen, sofern sie bestimmte Voraussetzungen erfüllen – online eingesehen werden können.[254]

Die elektronisch geführten Grundbücher bestehen vielfach noch aus Bilddateien, die durch Einscannen der Papiergrundbücher erzeugt wurden (»elektronifiziertes Papiergrundbuch«)[255]. Durch das »Gesetz zur Einführung eines Datenbankgrundbuchs (DaBaGG)« vom 1.10.2013 wurde ein rechtlicher Rahmen für eine Umstellung des elektronischen Grundbuchs auf eine *strukturierte Datenhaltung* mit *logischer Verknüpfung* der Inhalte (= Datenbankgrundbuch[256]) geschaffen. Neben der weiterhin möglichen »klassischen« Darstellung sind nun auch andere, den jeweiligen Bedürfnissen angepasste Darstellungsformen des Grundbuchinhalts sowie *neue Recherche-* und *Auskunftsmöglichkeiten* zugelassen.[257] Die strengen Formerfordernisse des papiergebundenen Grundbuchverfahrens, mit denen wir uns gleich beschäftigen werden, sind dadurch allerdings nicht aufgehoben. Eine zur Eintragung im Grundbuch erforderliche Erklärung bedarf auch im elektronischen Rechtsverkehr der notariellen Beurkundung oder Beglaubigung. An Stelle der Versendung in Papierform kann der Notar jedoch mit Hilfe seiner qualifizierten elektronischen Signatur elektronisch beglaubigte Abschriften (§ 39a BeurkG[258]) der einzureichenden Dokumente fertigen (§ 137 I GBO).[259]

3. Inhalt und Aufbau des Grundbuchs

a) Überblick

199 Demjenigen, der das Recht auf Einsichtnahme in das Grundbuch ausüben darf, wird dieses Recht wenig nutzen, wenn er nicht weiß, wie ein Grundbuch im Einzelnen aussieht bzw. woraus es überhaupt besteht.

253 Rechtliche Rahmenbedingungen für die **elektronische Einreichung von Anträgen**, Erklärungen und sonstigen Dokumenten zum Grundbuchamt finden sich in den §§ 135 ff. GBO. Den Bundesländern ist nach § 135 I 2 GBO allerdings freigestellt, wann sie den elektronischen Rechtsverkehr mit den Grundbuchämtern einführen; zum Umsetzungsstand s. die Übersicht der Bundesnotarkammer unter http://www.elrv.info/de/elektronischer-rechtsverkehr/rechtsgrundlagen/ElRv_Uebersicht_BL.html.

254 S. dazu die Angaben auf dem Justizportal des Bundes und der Länder unter www.grundbuchportal.de/allg-infos.htm.

255 *Wiggers* FGPrax 2013, 235 (236).

256 **Legaldefinition** in **§ 126 I 1 Hs. 2 GBO**: »… Grundbuch in **strukturierter Form** mit **logischer Verknüpfung** der Inhalte (**Datenbankgrundbuch**)…«.

257 S. *Wiggers* FGPrax 2013, 235 (236); *Gassen* DNotZ-Sonderheft 2012, 115; *Schneider* ZWE 2012, 356.

258 **dtv-BGB Nr. 6.**

259 S. dazu *Gassen/Mödl* ZRP 2009, 77 (79).

Wir wollen uns deshalb gleich einen Auszug aus einem Grundbuch ansehen. Nach § 3 I 1 GBO[260] (lesen!) erhält jedes Grundstück im Grundbuch eine besondere Stelle, das »**Grundbuchblatt**«. Das für jedes rechtlich selbstständige Grundstück eingerichtete besondere Grundbuchblatt bezeichnet man auch als »*Realfolium*«. Entgegen dem Wortlaut von § 3 GBO handelt es sich dabei nicht um ein einzelnes Blatt, sondern um eine Verbindung mehrerer Blätter. Bei der inzwischen üblichen elektronischen Führung des Grundbuches (→ Rn. 198) geht es streng genommen um Daten innerhalb eines elektronischen Verzeichnisses,[261] von denen aber auf Wunsch ein »Papierausdruck« erstellt werden kann. Um einen solchen handelt es sich bei dem Grundbuchauszug, den wir uns jetzt ansehen wollen (→ Rn. 201a ff.). Er betrifft demnach *ein Grundbuchblatt* im Rechtssinn. Wenn das BGB, wie in § 873, den Begriff »Grundbuch« verwendet, dann ist damit immer das Grundbuchblatt gemeint. Dies wird in § 3 I 2 GBO ausdrücklich klargestellt (Fn. 260 lesen!).

Über mehrere Grundstücke desselben Eigentümers, für die dasselbe Grundbuchamt zuständig ist, kann gem. § 4 I GBO[262] ein gemeinschaftliches Grundbuchblatt geführt werden.[263] Dies ist jedenfalls zulässig, solange dadurch keine Verwirrung entsteht, dh, die Übersichtlichkeit gewahrt bleibt! Das gemeinschaftliche Grundbuchblatt für mehrere Grundstücke eines Eigentümers wird im Gegensatz zum »Realfolium« als »*Personalfolium*« bezeichnet. Um ein solches Personalfolium handelt es sich auch bei unserem Muster-Grundbuchblatt (→ Rn. 201a). 200

Jedes Grundbuchblatt besteht aus der sog. »Aufschrift«, dem »Bestandsverzeichnis« und drei »Abteilungen«.

b) Aufschrift

Die Aufschrift enthält die Bezeichnung des zuständigen Amtsgerichts, zugleich des Grundbuchamtes, die Angabe des Bezirks, für den das Grundbuch gilt und die Blattnummer. 201

Diese Angaben werden, um jede Verwechslung auszuschließen, in der Überschrift des Bestandsverzeichnisses (und jeder Abteilung) wiederholt!

Betrachten Sie jetzt kurz die »Aufschrift« des folgenden Grundbuchblatt-Musters:

---

260 **GBO § 3 (Grundbuchblatt ...)**
»(1) Jedes Grundstück erhält im Grundbuch eine besondere Stelle (Grundbuchblatt). Das **Grundbuchblatt ist** für das Grundstück **als das Grundbuch im Sinne des Bürgerlichen Gesetzbuchs** anzusehen.«

261 **§ 62 GBV Begriff des maschinell geführten Grundbuchs**
»(1) Bei dem maschinell geführten Grundbuch ist der in den dafür bestimmten Datenspeicher aufgenommene und auf Dauer unverändert in lesbarer Form **wiedergabefähige Inhalt** des Grundbuchblatts (§ 3 I 1 der Grundbuchordnung) das Grundbuch. ...«

262 **GBO § 4 (Gemeinschaftliches Grundbuchblatt)**
»(1) Über mehrere Grundstücke desselben Eigentümers, deren Grundbücher von demselben Grundbuchamt geführt werden, kann ein gemeinschaftliches Grundbuchblatt geführt werden, solange hiervon Verwirrung nicht zu besorgen ist. ...«

263 Da sie bei der elektronischen Führung keine Vorteile mehr bietet, ist die praktische Bedeutung des Personalfoliums inzwischen nur noch gering, vgl. BeckOK GBO/*Holzer* § 4 Rn. 4.

Amtsgericht Köln
Grundbuch von Worringen
Blatt 3423

Dieses Blatt ist zur Fortführung auf EDV umgestellt worden und dabei an die Stelle des bisherigen Blattes getreten. In dem Blatt enthaltene Rötungen sind schwarz sichtbar.

Freigegeben am 19.4.2004, Manger

Köln Worringen 3423 · letzte Änderung 18.5.2014 · Abdruck vom 22.4.2017 · Seite 1/8

c) Bestandsverzeichnis

201a Lesen Sie nun das Bestandsverzeichnis und die anschließenden Erläuterungen dazu:

Amtsgericht Köln **Grundbuch von** Worringen **Blatt** 3423 **Bestandsverzeichnis**

Laufende Nummer der Grundstücke	Bisherige laufende Nummer der Grundstücke	Bezeichnung der Grundstücke und der mit dem Eigentum verbundenen Rechte					Größe		
		Gemarkung (Vermessungsbezirk)	Karte		Liegenschaftsbuch	Wirtschaftsart und Lage			
			Flur	Flurstück					
		a	b		c/d	e	ha	a	m^2
1	2	3					4		
~~1~~	~~–~~	~~Worringen~~	~~10~~	~~320~~	~~378~~	~~Wohn- und Fabrikgelände mit Lagerfläche~~	~~1~~	~~20~~	~~00~~
~~2~~	~~–~~	~~Worringen~~	~~14~~	~~85~~	~~937~~	~~Wohnhaus mit Garten, Hörnleinstraße 19~~		~~15~~	~~95~~
~~3~~	~~–~~	~~Worringen~~	~~27~~	~~412~~	~~1835~~	~~Wiese am Fühlinger See~~		~~51~~	~~25~~
4	1	Worringen	10	320		Wohn- und Fabrikgelände mit Lagerfläche	1	20	00
5	2	Worringen	14	85		Wohnhaus mit Garten, Hörnleinstraße 19		15	95

Köln Worringen 3423 · letzte Änderung 18.5.2014 · Abdruck vom 22.4.2017 · Seite 2/8

Worüber das Bestandsverzeichnis Auskunft gibt, können wir den einzelnen Spalten entnehmen.

Spalte 1

enthält die laufende Nummer des jeweiligen Grundstücks, aus der man die Reihenfolge des Erwerbs ersehen kann. 202

Spalte 2

bezieht sich auf die »bisherige« laufende Nummer der Grundstücke in demselben Bestandsverzeichnis (hier: Grundstücke mit den alten Nummern 1 und 2 tragen nun die neuen Nummern 4 und 5). 203

■ Was lässt sich hieraus schließen? (Überlegen Sie!)

▶ Daraus folgt, dass diese Grundstücke inzwischen einen neuen Eigentümer bekommen haben, was wir gleich noch überprüfen werden.

Dass die Eintragung dieser Grundstücke als laufende Nummern 1 und 2 inzwischen überholt ist, können Sie daran erkennen, dass die gesamten Eintragungen unter den laufenden Nummern 1 und 2 gestrichen wurden. Eine nicht mehr gültige Eintragung im Grundbuch wird an sich nicht *durch*gestrichen, sondern *unter*strichen, und zwar immer *rot unterstrichen*. Mit dieser roten Unterstreichung, die man daher als »Rötung« bezeichnet, wird eine Eintragung im Grundbuch gelöscht.

Amtsgericht Köln **Grundbuch von** Worringen **Blatt** 3423 **Bestandsverzeichnis**

Bestand und Zuschreibung		Abschreibung	
Zur laufenden Nummer der Grundstücke		Zur laufenden Nummer der Grundstücke	
5	6	7	8
1	Von Blatt 327 hierher übertragen am 26. Juli 1946 *Fiesel Huber*	3	Infolge Eigentumswechsels nach Blatt 7457 übertragen am 18. Mai 2014 *Greinel*
2	Von Blatt 4586 hierher übertragen am 16. April 1976 *Bach Franke*		
3	Von Blatt 252 hierher übertragen am 23. Nov. 1991 *Bach Franke*		

Köln Worringen 3423 · letzte Änderung 18.5.2014 · Abdruck vom 22.4.2017 · Seite 3/8

Nach der EDV-Umstellung der Grundbücher sind »Rötungen« auf Ausdrucken nur noch in schwarz sichtbar. Im Interesse der Klarheit machen daher viele Grundbuchämter von der Möglichkeit[264] Gebrauch, die Unterstreichung durch je einen über der ersten und unter der letzten Zeile der Eintragung oder des Vermerks verlaufenden waagerechten Strich zu ersetzen, der durch einen Schrägstrich verbunden wird. Im Ergebnis streichen sie damit die nicht mehr gültige Eintragung letztlich doch durch.

Auch die laufende Nummer 3 wurde gelöscht. Wo sie geblieben ist, werden wir noch sehen.

Spalte 3

204 Um den Inhalt dieser Spalte verstehen zu können, muss man wissen, dass der Grund und Boden der gesamten Bundesrepublik Deutschland vermessungstechnisch in bestimmte Einheiten eingeteilt ist: in Gemarkungen, Fluren und Flurstücke. Unter dieser Bezeichnung werden alle Grundstücke im »Liegenschaftskataster« mit ihren vermessenen Grenzen verbucht und in der zugehörigen (automatisierten) »Liegenschaftskarte« grafisch dargestellt. Das Liegenschaftskataster ist ein vom Katasteramt, dh, der Vermessungsbehörde geführtes Verzeichnis (automatisiertes »Liegenschaftsbuch«). Es gibt über die *vermessungstechnischen* und das Grundbuch über die *rechtlichen* Verhältnisse an Grundstücken Auskunft.

Spalte 4

205 Dort sind, wie Sie sehen, die genauen Größenangaben in ha (1 Hektar = 100 a = 10 000 m^2), a (1 Ar = 100 m^2) und qm (m^2) verzeichnet.

Um den Inhalt des Bestandsverzeichnisses anhand der eben untersuchten Spalten 1 bis 4 zusammenfassend zu charakterisieren, kann man festhalten: Das Bestandsverzeichnis enthält eine lückenlose Aufstellung und genaue Bezeichnung aller Grundstücke, die im Besitz des jeweiligen eingetragenen Eigentümers sind.

Spalte 5

206 enthält wieder die laufende Nummer der Grundstücke in demselben Bestandsverzeichnis, und

Spalte 6

207 macht ersichtlich, in welchem Grundbuch das Grundstück früher einmal eingetragen war, bevor es den Eigentümer wechselte.

Wenn man das jeweils angegebene Grundbuch einsehen würde, könnte man feststellen, dass die dortige Eintragung im Bestandsverzeichnis gelöscht ist.

Spalte 7

208 weist wiederum auf die laufende Nummer des Grundstücks hin, und zwar im Hinblick auf

Spalte 8

209 Dort wurde das Grundstück Nr. 3, das oben im Bestandsverzeichnis gelöscht wurde und ansonsten nicht wieder auftaucht, folgerichtig »abgeschrieben«.

---

264 Nur bei Interesse: §§ 17 II 3, III 2, 17a der Grundbuchverfügung (GBV).

Für den Erwerber dieses Grundstücks wurde ein neues Grundbuchblatt angelegt, bzw. es wurde ihm in den Spalten 5 und 6 seines bereits vorhandenen Grundbuchblattes »zugeschrieben«.

d) Erste Abteilung

Sehen wir uns nun Eintragungen in der »Ersten Abteilung« an: 210

Amtsgericht Köln **Grundbuch von** Worringen **Blatt** 3423 **Abteilung I**

Laufende Nummer der Eintragung	Eigentümer	Laufende Nummer der Grundstücke im Bestandsverzeichnis	Grundlage der Eintragung
1	2	3	4
1	Bankdirektor Rudolf Raffke in Köln	1	Aufgelassen am 30. Juni 1946 und eingetragen am 26. Juli 1946 *Fiesel Huber*
		2	Aufgelassen am 27. März 1976 und eingetragen am 16. April 1976 *Bach Franke*
		3	Aufgelassen am 25. Okt. 1991 und eingetragen am 23. Nov. 1991 *Bach Franke*
2	Karl Knete, geboren 7. Juli 1984	4, 5	Aufgelassen am 22. April 2014 und eingetragen am 18. Mai 2014 *Greinel*

Köln Worringen 3423 · letzte Änderung 18.5.2014 · Abdruck vom 22.4.2017 · Seite 4/8

■ Nachdem Sie sich am Ende von → Rn. 209 möglicherweise gefragt haben, wo sich denn nun eine Eintragung über den Eigentümer befindet, haben Sie die Antwort sicherlich mit dem Blick auf die »Erste Abteilung« im Grundbuch gefunden? 211

► Den Eintragungen in dieser Abteilung ist zu entnehmen, dass zunächst der Bankdirektor Rudolf Raffke (R) in Köln Eigentümer der im Bestandsverzeichnis unter den laufenden Nummern 1 bis 3 erscheinenden Grundstücke war. Statt des Berufs (»Bankdirektor«) ist heute bei natürlichen Personen neben dem Vor- und dem Familiennamen das Geburtsdatum anzugeben (nur bei Interesse: § 15 I lit. a GBV). Aus Spalte 4, »Grundlage der Eintragung«, kann man entnehmen, dass das Grundbuchamt den neuen Grundstückseigentümer nur einträgt, wenn derjenige, zu dessen Gunsten die Eigentumsübertragung erfolgt, auch nachgewiesen hat, dass er einen materiellrechtlichen Grund für die Eintragung hat. Hier war der

Grund für den Eigentumserwerb am Grundstück jeweils eine Auflassung gem. § 925.

212 ■ Haben Sie eine Idee, welche materiellrechtliche Grundlage für die Eintragung außer einer Auflassung überhaupt noch in Betracht käme? (Denken Sie nach!)

▶ Das Grundstück könnte natürlich auch geerbt sein. In diesem Fall muss der Erbe, um eingetragen zu werden, anstelle einer Auflassungsurkunde einen Erbschein vorlegen.

Aus den Rötungen in der ersten Abteilung unseres Grundbuchmusters geht hervor, dass Bankdirektor R alle drei Grundstücke veräußert hat. Die laufenden Nummern 1 und 2, die im Bestandsverzeichnis zu den Nummern 4 und 5 wurden, ging an Karl Knete (K) über, der als neuer Eigentümer erscheint. Das Grundstück mit der laufenden Nummer 3 hat eine andere Person erworben, für die, wie gesagt, ein neues Grundbuchblatt angelegt wurde.

Nicht nur natürliche Personen wie R und K können als Eigentümer eingetragen werden, sondern auch juristische Personen (GmbH, AG) sowie unter ihrer Firma die OHG und die KG (s. §§ 124, 161 II HGB). Die Grundbuchfähigkeit der Gesellschaft bürgerlichen Rechts (GbR; BGB-Gesellschaft) hat der Gesetzgeber in § 47 II GBO[265] nun so gelöst, dass neben der GbR auch ihre Gesellschafter namentlich in das Grundbuch einzutragen sind.[266]

e) Zweite Abteilung

213 Lesen Sie sich die folgenden Eintragungen wieder erst sorgfältig durch und überlegen Sie, was damit gemeint ist, bevor Sie die anschließenden Erläuterungen lesen!

265 **§ 47 GBO**
»(2) Soll ein Recht für eine Gesellschaft bürgerlichen Rechts eingetragen werden, so sind auch deren Gesellschafter im Grundbuch einzutragen. Die für den Berechtigten geltenden Vorschriften gelten entsprechend für die Gesellschafter.«

266 Näher dazu *Wolf/Wellenhofer* SachenR § 17 Rn. 26; *Prütting* SachenR Rn. 137b.

Amtsgericht Köln **Grundbuch von** Worringen **Blatt** 3423 **Abteilung II**

Laufende Nummer der Eintragung	Laufende Nummer der betroffenen Grundstücke im Bestandsverzeichnis	Lasten und Beschränkungen
1	2	3
1	3	Der jeweilige Eigentümer des Grundstücks Flur 27 Flurstück 413 (eingetragen im Grundbuch von Worringen Blatt 3587) ist berechtigt, über das Grundstück zu gehen und zu fahren. Mit Bezug auf die Bewilligung vom 1. Juni 1977, eingetragen in Blatt 252 am 20. Juli 1977 und hierher übertragen am 23. Nov. 1991. *Bach Franke*
2	4, 5	Eigentumsvormerkung für Karl Knete, geboren am 7. Juli 1984. Bezug: Bewilligung vom 22. April 2014 (UR-Nr. 217/2014, Notar Werner Klugs, Köln). Eingetragen am 25. April 2014 *Franke*

Köln Worringen 3423 · letzte Änderung 18.05.2014 · Abdruck vom 22.4.2017 · Seite 5/8

Amtsgericht Köln **Grundbuch von** Worringen **Blatt** 3423 **Abteilung II**

Veränderungen		Löschungen	
Laufende Nummer der Spalte 1		Laufende Nummer der Spalte 1	
4	5	6	7
		1	Infolge Eigentumswechsels gelöscht und nach Blatt 7457 übertragen am 18. Mai 2014 *Greinel*
		2	Gelöscht am 18. Mai 2014 *Greinel*

Köln Worringen 3423 · letzte Änderung 18.5.2014 · Abdruck vom 22.4.2017 · Seite 6/8

Was in der »Zweiten Abteilung« des Grundbuches eingetragen wird, ergibt sich vor allem aus der Überschrift zu Spalte 3. 214

■ Was haben wir unter »Lasten und Beschränkungen« zu verstehen?

▶ Lasten und Beschränkungen, die auf einem Grundstück ruhen, beziehen sich vor allem auf die Nutzung des Grundstücks.[267]

In unserem Muster ist ein solches Nutzungsrecht eingetragen: »Der jeweilige Eigentümer ...« (ersten Satz dort nochmals lesen!)

215 ■ Wie würden Sie ein solches Recht bezeichnen? (Überlegen Sie!)
▶ Das Recht, über ein fremdes Grundstück zu gehen und zu fahren, nennt man »Wegerecht«!

Dieses Wegerecht soll dem jeweiligen Eigentümer des Grundstücks Flur 27, Flurstück Nr. 413 zustehen.

Warum gerade für dieses Grundstück ein Wegerecht eingeräumt wurde, wird Ihnen sicher klar, wenn Sie sich noch einmal Flur- und Flurstücknummer der laufenden Nummer im Bestandsverzeichnis ansehen! Flur- und Flurstücknummer lauten 27/412.

■ In welchem Verhältnis steht das Grundstück Nr. 412 wohl zu Nr. 413?
▶ Man kann unschwer davon ausgehen, dass es sich um nebeneinander liegende Flächen, also um Nachbargrundstücke, handelt.

216 Dieses Wegerecht wurde durch die Eintragung im Grundbuch dinglich gesichert. Bewilligt wurde diese Eintragung am 1. Juni 1977 vom damaligen Eigentümer. Dieser hatte das Grundstück dann an den Bankdirektor R übertragen – wie wir aus der »Ersten Abteilung« entnommen haben (sehen Sie dort in Spalte 4 noch einmal nach!). Dort haben Sie auch gesehen, dass R aufgrund dieser Eintragung als Eigentümer von Grundstück Nr. 3 am 23. November 1991 eingetragen wurde. Und wenn Sie wieder in die »Zweite Abteilung« schauen, sehen Sie, dass am selben Tag auch die Belastung des Grundstücks mit dem Wegerecht hierher übernommen wurde. Als R sein Grundstück Nr. 3 im Jahr 2014 an einen neuen Eigentümer veräußerte, wurde das Wegerecht gelöscht und, wie wir aus dem Vermerk in Spalte 7 der »Zweiten Abteilung« ersehen können, in das Grundbuch des neuen Eigentümers übernommen.

217 Weiterhin können wir hier sehen, dass K seinen Anspruch auf Übertragung des Eigentums gegen R aus dem notariellen Kaufvertrag durch eine »Vormerkung«[268] abgesichert hatte, die mit seiner Eintragung als Eigentümer wieder gelöscht wurde. Weitere Lasten und Beschränkungen, die in der »Zweiten Abteilung« des Grundbuchs erscheinen können, sind Vorkaufsrechte, Dienstbarkeiten, Wohn- und Nießbrauchrechte, Altenteilsrechte und Ähnliches mehr.

Auf einige dieser Rechte werden wir bei der Behandlung »anderer Rechte an fremden Sachen« (→ Rn. 334 ff.) noch näher eingehen. Ferner werden wir auch den Unterschied zwischen Hypothek und Grundschuld kennenlernen, bei denen es sich um »Kreditsicherheiten an Grundstücken« (→ Rn. 312 ff.) handelt. Sie erscheinen in der »Dritten Abteilung« des Grundbuchs, welche wir uns nun auf unserem Muster ansehen wollen.

---

267 Näheres hierzu im 8. Kap. (→ **Rn. 345 ff.**).
268 Näheres hierzu bei → **Rn. 239 ff.**

f) Dritte Abteilung

Lesen Sie nun die folgenden Eintragungen in der »Dritten Abteilung« und überlegen Sie, was sie bedeuten! **218**

Amtsgericht Köln **Grundbuch von** Worringen **Blatt** 3423 **Abteilung III**

Laufende Nummer der Eintragungen	Laufende Nummer der belasteten Grundstücke im Bestandsverzeichnis	Betrag	Hypotheken, Grundschulden, Rentenschulden
1	2	3	4
1	1	90.000 DM	Neunzigtausend Deutsche Mark. Hypothek nebst 9 vom Hundert Jahreszinsen für die Argus-Versicherung Aktiengesellschaft in Köln. Der jeweilige Grundstückseigentümer ist der sofortigen Zwangsvollstreckung unterworfen. Unter Bezug auf die Bewilligung vom 15. Febr. 1950 eingetragen am 20. März 1950. *Fiesel Huber*
2	5	250.000 EUR	Zweihundertfünfzigtausend EUR Grundschuld – ohne Brief – mit 10 % Jahreszinsen ab Eintragungsdatum für die Lotra-Bank AG, Köln. Bezug: Bewilligung vom 22. April 2014 (UR-Nr. 218/2014, Notar Werner Klugs, Köln). Eingetragen am 18. Mai 2014 *Franke*

Köln Worringen 3423 · letzte Änderung 18.5.2014 · Abdruck vom 22.4.2017 · Seite 7/8

Amtsgericht Köln **Grundbuch von** Worringen **Blatt** 3423 **Abteilung III**

Veränderungen			Löschungen		
Laufende Nummer der Spalte 1	Betrag		Laufende Nummer der Spalte 1	Betrag	
5	6	7	8	9	10
			1	90.000 DM	Eintragung der Hypothek gelöscht am 2. Mai 1965 *Bach Franke*

Köln Worringen 3423 · letzte Änderung 18.5.2014 · Abdruck vom 22.4.2017 · Seite 8/8

219 »Hypotheken, Grundschulden und Rentenschulden«, wie die Überschrift zu Spalte 4 dieser Abteilung lautet, werden gemeinhin unter dem Begriff »Grundpfandrechte« zusammengefasst.[269]

220 ■ Aus welchem Grund bzw. zu welchem Zweck zB eine *Hypothek* »bestellt« wird, ist Ihnen möglicherweise schon bekannt?

▶ Zur Sicherung eines relativ hohen Kredites, kurz: zur Sicherung einer beträchtlichen Geldforderung!

■ Was können Sie aus der Eintragung in der »Dritten Abteilung« unseres Musters entnehmen?

▶ Aus den Eintragungen in Spalte 4 geht hervor, dass die Argus-Versicherung 1950 gegen den Eigentümer R eine Geldforderung in Höhe von 90.000 DM hatte, die sie sich durch Eintragung einer entsprechenden Hypothek im Grundbuch sichern ließ, nachdem R am 15. Februar 1950 die Eintragung bewilligt hatte. Als diese Forderung nicht mehr bestand, wurde die Hypothek gelöscht, und zwar am 2. Mai 1965, wie in Spalte 10 der »Dritten Abteilung« ausdrücklich vermerkt ist. Weiterhin hat K – offenbar zur Finanzierung des Grundstückserwerbs – einen Kredit in Höhe von 250.000 EUR bei der Lotra-Bank AG aufgenommen, für dessen Absicherung sich diese von ihm eine *Sicherungsgrundschuld*[270] bestellen ließ.

Damit wollen wir unseren Einblick in das Grundbuch beenden und das, was wir daraus gelernt haben, noch einmal anhand der folgenden Übersicht 12 zusammenfassen.

269 Näheres hierzu im 7. Kap. bei → **Rn. 312 ff.**

270 Die **Sicherungsgrundschuld** (vgl. § 1192 Ia) bildet in der Praxis den **Regelfall;** sie darf aber nicht unter dieser Bezeichnung in das Grundbuch eingetragen werden, s. Palandt/*Herrler* § 1191 Rn. 13 mwN. Näheres hierzu bei → **Rn. 330.**

Übersicht 12

Bedeutung und Inhalt des Grundbuchs	221
I. Bedeutung 1. Das Grundbuch (GB) ist ein Verzeichnis aller im Amtsbezirk eines Amtsgerichts (Grundbuchamt) liegenden Grundstücke und dient der Offenlegung der rechtlichen Verhältnisse an den Grundstücken. 2. Die Einsicht in das GB ist jedem gestattet, der ein »berechtigtes Interesse« hat (§ 12 I 1 GBO). »Berechtigt« ist das Interesse, wenn es sachlich gerechtfertigt ist (Berechtigt sind zB Rechtsinhaber oder Kreditgeber oder andere Gläubiger des Grundstückseigentümers). 3. Nach § 3 I 1 GBO erhält jedes Grundstück im GB ein eigenes »Grundbuchblatt«. Grundbuchblatt = GB iSd BGB (§ 3 I 2 GBO).	
II. Inhalt (vgl. dazu Muster »Amtsgericht Köln«) »Grundbuchblatt« = mehrere Blätter:	
1. *Aufschrift* Grundbuchamt (Amtsgericht), Grundbuchbezirk und Blatt-Nr. 2. *Bestandsverzeichnis* Auflistung und genaue Bezeichnung (Lage, Größe ...) aller Grundstücke des jeweils eingetragenen Eigentümers 3. *Erste Abteilung* Eintragung des Eigentümers sowie Grundlage der Eintragung (zB Auflassung) 4. *Zweite Abteilung* Eintragung von Lasten und Beschränkungen (zB Nießbrauch, Dienstbarkeiten ...) 5. *Dritte Abteilung* Eintragung von Hypotheken, Grund- und Rentenschulden	

III. Eintragung von Rechten in das Grundbuch

Da Ihnen der Inhalt des Grundbuchs nun in groben Zügen bekannt ist, wollen wir die erlangten Kenntnisse anhand eines Übungsfalls vertiefen und erweitern: 222

Übungsfall 30

V in Köln ist Eigentümer eines Grundstücks in Freiburg, das er durch notariellen Vertrag an K in Münster verkaufen will. Den Vertragsantrag hat ein Notar in Köln beurkundet. In der Vertragsurkunde heißt es unter anderem: »V erklärt hiermit unwiderruflich die Auflassung und bewilligt zugleich die Eintragung des K in das Grundbuch«. Der Notar schickt die Urkunde zu einem Kollegen nach Münster. Dort erklärt K vereinbarungsgemäß die Annahme. Dann sendet K die Urkunde zum Grundbuchamt Freiburg mit der Bitte, den Eigentumswechsel einzutragen. Das Grundbuchamt weigert sich. Mit Recht?

Zu klären ist also, ob K vom Grundbuchamt verlangen kann, dass dieses tätig wird, oder ob das Grundbuchamt bzw. der dort zuständige Beamte sich weigern kann, tätig zu werden. Wir müssen uns also zunächst mit den Voraussetzungen befassen, die erfüllt sein müssen, damit das Grundbuchamt eine Eintragung vornehmen kann und darf.

Prüfungsschema GB-Eintragung

1. **Eintragungsantrag** (§ 13 I 1 GBO)
2. **Antragsberechtigung** (§ 13 I 2 GBO)
3. **Eintragungsbewilligung** (§ 19 GBO; Form: § 29 GBO, nur bei Eigentumsübertragung § 20 GBO)
4. **Voreintragung** des Betroffenen (§ 39 GBO)

1. Eintragungsantrag

223 Eine wichtige Eintragungsvoraussetzung, die das Grundbuchamt zu beachten hat, ist der »**Antragsgrundsatz**«! Lesen Sie hierzu nur § 13 I 1 GBO![271]

■ Ist diese Voraussetzung in unserem Fall erfüllt?

▶ K hat beim Grundbuchamt Freiburg beantragt, den Eigentumswechsel einzutragen. Somit kann das Grundbuchamt tätig werden, sofern weitere Grundsätze beachtet werden.

2. Antragsberechtigung

224 Zweite Voraussetzung ist die Antragsberechtigung gem. § 13 I 2 GBO (lesen!).

■ Wer ist nach dieser Vorschrift in unserem Fall antragsberechtigt?

▶ Sowohl der alte Eigentümer V als auch der K, zu dessen Gunsten die Eintragung erfolgen soll. Somit ist auch die zweite Voraussetzung erfüllt.

3. Eintragungsbewilligung

225 Dritte Voraussetzung für eine Eintragung ist die Einhaltung des **Bewilligungsgrundsatzes** gem. § 19 GBO (lesen!).[272] § 19 GBO ist wohl die bedeutendste Bestimmung des Grundbuchrechts.[273] Die Regelung, dass zur Eintragung die einseitige Bewilligung desjenigen genügt, dessen Recht von der Eintragung betroffen ist, bezweckt die Erleichterung des Grundbuchverkehrs. Aufgrund dieser Regelung braucht der Grundbuchbeamte nicht jedes Mal nachzuprüfen, ob die zum Eintritt der beabsichtigten Rechtsänderung nach dem BGB erforderlichen sachenrechtlichen (materiellrechtlichen!) Erklärungen der Beteiligten vorliegen. Es genügt die formelle Bewilligung des Betroffenen.

---

271 **GBO § 13 (Antragsgrundsatz)**
»(1) Eine Eintragung soll, soweit nicht das Gesetz etwas anderes vorschreibt, **nur auf Antrag** erfolgen. **Antragsberechtigt** ist jeder, dessen Recht von der Eintragung betroffen wird oder zu dessen Gunsten die Eintragung erfolgen soll.
(2) Der **genaue Zeitpunkt**, in dem ein Antrag beim Grundbuchamt eingeht, soll auf dem Antrag vermerkt werden. Der Antrag ist beim Grundbuchamt **eingegangen**, wenn er einer zur Entgegennahme zuständigen Person vorgelegt ist. Wird er zur Niederschrift einer solchen Person gestellt, so ist er mit Abschluß der Niederschrift eingegangen.
...«

272 **GBO § 19 (Bewilligungsgrundsatz)**
»Eine Eintragung erfolgt, wenn **derjenige** sie **bewilligt, dessen Recht** von ihr **betroffen** wird.«

273 Vgl. *Demharter*, Grundbuchordnung, 30. Aufl. 2016, § 19 Anm. 1; BeckOK GBO/*Holzer* § 19 Rn. 1.

Merke: Man nennt den Bewilligungsgrundsatz des § 19 GBO das **formelle Konsensprinzip**.

- Ist dieser Grundsatz in unserem Fall eingehalten?
- Im Text der Urkunde des Notars in Köln, die K zum Grundbuchamt nach Freiburg geschickt hat, heißt es ausdrücklich, dass V die Eintragung ins Grundbuch bewilligt.[274]

Also könnte man meinen, dass der Eintragung ins Grundbuch nichts mehr im Wege steht und das Grundbuchamt sich zu Unrecht weigert. Das wäre richtig, wenn § 19 GBO auch für die *Eigentums*übertragung an Grundstücken gelten würde. Dies ist aber nicht der Fall. § 19 GBO betrifft nur alle anderen Rechte an Grundstücken, zB die Eintragung von Lasten und Beschränkungen in der »Zweiten Abteilung« des Grundbuchs und die Eintragung von Hypotheken, von Grundschulden und Rentenschulden in der »Dritten Abteilung«. (Zur Erinnerung: Im Grundbuch wurde in der zweiten und dritten Abteilung in unserem Muster auf die *Bewilligung* Bezug genommen.) 226

Für die Eintragung der Übertragung des *Eigentums* an einem Grundstück (einschließlich des sich auf Eigentumswohnungen beziehenden »*Wohnungseigentums*«[275] sowie für die Übertragung von »*Erbbaurechten*«[276]) gilt nicht § 19 GBO, sondern § 20 GBO (lesen!).[277] Dort heißt es ausdrücklich, dass die Eintragung ins Grundbuch im Falle einer Auflassung nur erfolgen darf, wenn die erforderliche Einigung des Berechtigten und des anderen Teiles erklärt ist. Nach § 20 GBO genügt zur Eintragung des Eigentumsüberganges an einem Grundstück nicht die formelle Bewilligung des alten Eigentümers, sondern es muss der *Nachweis der materiellrechtlichen Einigung*, also der Auflassung, nach dem BGB vorliegen. 227

Merke: Man nennt den Grundsatz des § 20 GBO deshalb das **materielle Konsensprinzip**.

In der »Ersten Abteilung« unseres Grundbuchmusters ist daher bei der »Grundlage der Eintragung« nicht auf eine Bewilligung, sondern auf die *Auflassung* Bezug genommen!

---

274 Zu beachten ist, dass die Bewilligung der **Form des § 29 GBO** (Nachweis der Eintragungsunterlagen) bedarf, welcher lautet:
»(1) Eine Eintragung soll nur vorgenommen werden, wenn die **Eintragungsbewilligung** oder die sonstigen zu der Eintragung erforderlichen Erklärungen durch **öffentliche oder öffentlich beglaubigte Urkunden** nachgewiesen werden. **Andere Voraussetzungen** der Eintragung bedürfen, soweit sie nicht bei dem Grundbuchamt offenkundig sind, des Nachweises durch **öffentliche Urkunden**.
(2) (weggefallen)
(3) Erklärungen oder Ersuchen einer Behörde, auf Grund deren eine Eintragung vorgenommen werden soll, sind zu unterschreiben und mit Siegel oder Stempel zu versehen.«
Diese Form wurde in unserem Fall eingehalten.

275 **Wohnungseigentum** ist das *Sondereigentum* an einer Wohnung in Verbindung mit dem *Miteigentumsanteil* an dem gemeinschaftlichen Eigentum, zu dem es gehört, § 1 II **WEG – dtv-BGB Nr. 9**; die Übertragung erfolgt durch **Auflassung und Eintragung**, s. § 4 I, II WEG. Details zum WEG zB bei *Skanradszun* ua in BeckOGK zu §§ 1 ff. WEG.

276 Näheres hierzu → **Rn. 335 ff.**

277 **GBO § 20 (Einigungsgrundsatz).**
»Im Falle der **Auflassung** eines **Grundstücks** sowie im Falle der Bestellung, Änderung des Inhalts oder Übertragung eines **Erbbaurechts** darf die Eintragung nur erfolgen, wenn die erforderliche **Einigung des Berechtigten und des anderen Teils erklärt** ist.«

228 ■ Nach welcher Vorschrift des BGB erfolgt die Einigung über den Eigentumsübergang an Grundstücken (Auflassung)? (Überlegen Sie!)

▶ Die Antwort gibt Fußnote[278]!

■ Und wie erfolgt die Auflassung? (→ Rn. 186a ff. nachlesen, falls Sie es nicht mehr wissen!)

▶ Durch Erklärungen vor einem Notar bei *gleichzeitiger Anwesenheit* beider Beteiligten!

■ Ist dies in unserem Fall geschehen?

▶ Nach dem eindeutigen Wortlaut von § 925 I 1 muss die Einigung bei gleichzeitiger Anwesenheit des Veräußerers und des Erwerbers, die sich allerdings vertreten lassen können, erfolgen. V und K haben aber ihre Erklärungen bei zwei verschiedenen Notaren in Köln und Münster abgegeben.

Da § 925 als sog. »Muss-Vorschrift« zwingendes Recht[279] ist, macht ein Verstoß dagegen die Einigung über den Eigentumsübergang nichtig (§ 125!).

Aus diesem Grunde durfte das Grundbuchamt Freiburg K nicht als neuen Eigentümer des Grundstückes eintragen, sodass sich der Grundbuchbeamte zu Recht weigert, dem Antrag des K nachzukommen.

229 ■ Was ist Ihrer Meinung nach der Grund dafür, dass die Grundbuchordnung für die Übertragung des Eigentums an Grundstücken so strenge Maßstäbe stellt? (Nachdenken!)

▶ Das liegt zum einen wieder daran, dass mit der Übertragung eines Grundstücks in der Regel auch sehr hohe wirtschaftliche Werte übertragen werden, zum anderen daran, dass mit dem Eigentum an einem Grundstück auch eine Vielzahl von öffentlich-rechtlichen Verpflichtungen[280] verbunden ist.

Wir haben also im formellen Grundbuchrecht für die Eintragung von Rechten (Belastungen) weniger strenge Eintragungsvoraussetzungen als bei der Übertragung des Eigentums: Für die Eintragung des Eigentums gilt das materielle Konsensprinzip des § 20 GBO, während für andere Rechte das formelle Konsensprinzip des § 19 GBO maßgeblich ist.

■ Versuchen Sie zur eigenen Lernkontrolle selbst, den Unterschied zwischen diesen beiden Prinzipien nochmals zu formulieren! (Versuchen Sie es schriftlich. Ein präziser Satz genügt!).

▶ Nach § 19 GBO genügt (dem Grundbuchamt) für die Eintragung von Rechtsänderungen an Grundstücken die formelle Bewilligung des voreingetragenen Betroffenen, während § 20 GBO für die Eintragung des Eigentumsübergangs den Nachweis der materiellrechtlichen Auflassung verlangt.

Hinweis: Diese Frage könnte auch eine Prüfungsfrage sein!

278 **Nach § 925 I 1!**

279 MüKoBGB/*Kanzleiter* § 925 Rn. 56; vgl. dazu *Wörlen/Metzler-Müller* BGB AT Rn. 321 ff.

280 ZB Zahlung von mindestens 3,5% **Grunderwerbsteuer**, s. §§ 1 I, 11 I GrEStG (so nur noch in Bayern und Sachsen); die meisten Bundesländer erheben inzwischen 5% GrESt oder mehr (6% in Berlin und Hessen, 6,5% in Brandenburg, Nordrhein-Westfalen, Saarland, Schleswig-Holstein und Thüringen).

4. Voreintragung des Betroffenen

Schließlich – was in unserem Fall nicht mehr von Bedeutung ist, da es bereits am Nachweis der Auflassung fehlt – soll die Eintragung ins Grundbuch nur unter der Voraussetzung erfolgen, dass der durch sie Betroffene im Grundbuch eingetragen ist – § 39 GBO (lesen!)[281]. Somit bleibt dem Grundbuchbeamten die Prüfung, ob der Betroffene verfügungsberechtigt ist, erspart; denn was im Grundbuch eingetragen ist, gilt als richtig![282] 230

Die wichtigsten Grundsätze des formellen Grundbuchrechts sind auf der nachfolgenden Übersicht 13 (→ Rn. 231) zusammengefasst.

Übersicht 13

231

Eintragung von Rechten in das Grundbuch	
Voraussetzungen	
1.	**Einigungsantrag** Eintragung nur auf Antrag, § 13 I 1 GBO (**Antragsgrundsatz**)
2.	**Antragsberechtigung** Liegt bei dem, dessen Recht durch die Eintragung betroffen wird oder zu dessen Gunsten die Eintragung erfolgen soll (§ 13 I 2 GBO).
3.	**Eintragungsbewilligung** *Formelles Konsensprinzip* (**Bewilligungsgrundsatz**): Einseitige Bewilligung durch betroffenen Rechtsinhaber (§ 19 GBO). Dient Erleichterung des Grundbuchverkehrs! (*Form der Bewilligung:* § 29 GBO!) *Ausnahme:* *Materielles Konsensprinzip*: Bei Grundstückeigentumsübertragung (und Erbbaurecht) ist Nachweis der materiellrechtlichen Einigung (= zB Auflassung gem. § 925 I 1) zwingend erforderlich (§ 20 GBO).
4.	**Voreintragung** des Betroffenen § 39 GBO – Zweck: Erleichterung des Grundbuchverkehrs; Rechtssicherheit; Nachweis von Rechtsänderungen

Literatur zur Vertiefung (→ Rn. 196–231): *Alpmann und Schmidt* SachenR II 3. Teil; *Baur/Stürner* SachenR §§ 14–16; *Becker*, Begründung von Wohnungseigentum – Entstehen der Wohnungseigentümergemeinschaft, AL 2016, 16; *Demharter*, Das Grundbuchamt – Des Lyrikers Georg Heym Albtraum, NJW 2010, 734; *Gassen*, Die Zukunft des Grundbuchs: das Datenbankgrundbuch, DNotZ-Sonderheft 2012, 115; *Gassen/Mödl*, Der elektronische Rechtsverkehr in Grundbuchsachen, ZRP 2009, 77; *Helms/Zeppernick* SachenR II Kap. 2 D; *Kohler*, Die BGB-Gesellschaft im Liegenschaftsrecht, JURA 2012, 1 ff. u. 83 ff.; *Lieder*, Die BGB-Gesellschaft im Grundstücksverkehr, JURA 2012, 335; *Medicus*, Besitz, Grundbuch und Erbschein als Rechtsscheinträger, JURA 2001, 294; *Prütting* SachenR §§ 23, 24; *Schreiber* SachenR 5. Teil 1. Kap.; *Suttmann*, Grundstücksgeschäfte mit Beteiligung einer GbR – Hinweise für die Praxis, NJW 2013, 423; *Teichmann/Körber/Schaub*, Gesellschaftsrecht und

281 **GBO § 39 (Voreintragung des Betroffenen).**
»(1) Eine Eintragung soll nur erfolgen, wenn die Person, deren Recht durch sie betroffen wird, als der Berechtigte eingetragen ist.«

282 Vgl. dazu **§§ 891, 892** und → **Rn. 234**.

Sachenrecht – Der aktive Ex-Gesellschafter (Referendarexamensklausur), JuS 2011, 723; *Vieweg/Werner* SachenR § 13 I; *Weber* SachenR II § 4; *Westermann/Gursky/Eickmann* SachenR §§ 68, 69; *Wiggers*, Das Gesetz zur Einführung eines Datenbankgrundbuchs und seine Auswirkungen für die Praxis, FGPrax 2013, 235; *Wolf/Wellenhofer* SachenR § 17 Rn. 24 ff.; *Zimmer*, Die materielle Sachprüfung im Grundbuchverfahren – Die Funktion der (neuen) Vorschriften § 34 GBO und § 21 III BNotO, NJW 2014, 337.

IV. Gutgläubiger Erwerb des Eigentums und von anderen Rechten an Grundstücken

1. Grundsatz

232 Bevor wir nach dem **Eigentum** noch einige andere mit dem Grundstück verbundene Rechte im BGB betrachten, wollen wir noch einen Übungsfall lösen, der sich mit dem (gutgläubigen) Eigentumserwerb am Grundstück befasst.

Prüfungsschema §§ 873 I, 892 I

1. **Einigung** (§ 873 I) über
   - Eigentumsübertragung (= Auflassung; Form: § 925) oder
   - Belastung mit dinglichem Recht oder
   - Übertragung eines bestehenden Rechts
2. Bestehende **Grundbucheintragung des nichtberechtigten Veräußerers**/fehlende Eintragung von Belastungen (§ 892 I)
3. **Gutgläubigkeit** des Erwerbers = Unkenntnis der Unrichtigkeit und kein Widerspruch eingetragen (§ 892 I)
4. **Eintragung** des Erwerbs in das Grundbuch (§ 873 I)

233 **Übungsfall 31**

N ist durch ein Versehen im Grundbuch als Eigentümer eines in Wirklichkeit dem E gehörenden Grundstückes eingetragen. Als er dies bemerkt, verkauft er das Grundstück für 100.000 EUR an den gutgläubigen G und lässt ihm das Grundstück auf. G legt die Auflassungsurkunde dem Grundbuchamt vor und wird als neuer Eigentümer eingetragen. Ist dieser Eigentumserwerb wirksam?

Die Frage betrifft, wie angedeutet, den gutgläubigen Erwerb von Grundstücken. Die Antwort auf diese Frage gibt § 892 I 1 (lesen!).

§ 892 ist bzgl. des Grundstückserwerbs Parallelvorschrift zu § 932 für den gutgläubigen Erwerb von beweglichen Sachen.[283]

Gemäß § 892 gilt zugunsten des gutgläubigen Erwerbers des Eigentums oder eines anderen Rechtes an einem Grundstück das Grundbuch als richtig. G konnte gem. §§ 873 I, 925 I 1 iVm § 892 I 1 wirksam Eigentum erwerben.

283 → Rn. 220.

2. Gesetzliche Vermutung für die Richtigkeit von Grundbucheintragungen

Eine weitere Parallelvorschrift des Grundstücksrechts zum Recht der beweglichen Sachen ist § 891 (lesen!). 234

- An welche Vorschrift aus dem Recht der beweglichen Sachen erinnert Sie die Formulierung? Unter welcher Voraussetzung besteht eine Vermutung, dass jemand Eigentümer einer beweglichen Sache ist? (Nachdenken!)
- Die Vermutung, dass der Besitzer einer beweglichen Sache auch ihr Eigentümer ist, stellt § 1006 I 1 auf![284]

Das der Vermutung des § 1006 zugrundeliegende »**Rechtsscheinsprinzip**« gilt nach §§ 891, 892 auch im Grundstücksrecht. Durch die Eintragung ins Grundbuch wird der Rechtsschein gesetzt, dass das Grundbuch mit der wirklichen Rechtslage übereinstimmt.

Durch die Vermutung des § 899a (lesen!) wird § 891 inzwischen dahingehend ergänzt, dass die GbR (BGB-Gesellschaft) bei Grundstücksgeschäften ordnungsgemäß vertreten ist, wenn diejenigen Personen in ihrem Namen handeln, die als vertretungsberechtigte Gesellschafter im Grundbuch eingetragen sind (erinnern Sie sich? Lesen Sie ansonsten nochmals → Rn. 212!). Damit wird hier ausnahmsweise der gute Glaube an die Vertretungsmacht geschützt.[285]

V. Grundbuchberichtigungsanspruch

Hätte im Fall 31 E vorher bemerkt, dass N fälschlicherweise als Eigentümer eingetragen ist, hätte E gegenüber N einen Grundbuchberichtigungsanspruch gem. **§ 894** gehabt (lesen!). 235

- Welches ist die entsprechende Anspruchsgrundlage bei beweglichen Sachen?
- Antwort: Fußnote[286]!

Nach § 894 könnte E von N die Zustimmung zur Berichtigung des Grundbuches verlangen. Verweigert N die Zustimmung, bei der es sich um eine Willenserklärung handelt, kann E die Zustimmung einklagen, wobei er allerdings beweisen muss, dass er der wahre Eigentümer ist. Bekommt E durch Urteil Recht, dann ersetzt das gerichtliche Urteil die Zustimmung (§ 894 ZPO[287]).

Da ein gerichtliches Verfahren bis zu einem Endurteil idR längere Zeit braucht, könnte E sofort, wenn er von der Unrichtigkeit erfährt, bei Gericht eine »Einstweilige Verfügung« (§ 935 ZPO) erwirken und diese dem Grundbuchamt vorlegen. 236

---

284 → Rn. 13.
285 *Wolf/Wellenhofer* SachenR § 19 Rn. 3, 37 f. (mit Fallbeispiel); *Prütting* SachenR Rn. 137b.
286 **§ 985! (nochmals lesen!)**
287 § 894 ZPO gilt für alle Willenserklärungen, die »eingeklagt« wurden. Dass die Ziffern »894« der §§ des BGB und der ZPO dieselben sind, ist reiner Zufall!

VI. Widerspruch gegen die Eintragung

237 In diesem Fall müsste das Grundbuchamt einen **Widerspruch** in das Grundbuch eintragen. Das ergibt sich aus **§ 899 I und II**, die Sie in diesem Zusammenhang lesen müssen.

Wenn ein Widerspruch gegen das Eigentum des N in unserem Fall eingetragen gewesen wäre, hätte G, wie wir eben in § 892 I 1 gelesen haben, nicht gutgläubig Eigentümer werden können.

§ 892 ist bezüglich des Grundstückserwerbs Parallelvorschrift zu § 932 für den gutgläubigen Erwerb an beweglichen Sachen.

Prägen Sie sich die wichtigsten Vorschriften zum Eigentumserwerb an Grundstücken nochmals anhand der nächsten Übersicht 14 ein.

Literatur zur Vertiefung (→ Rn. 232–237): *Alpmann und Schmidt* SachenR II 1. Teil 1. Abschn., C, D; *Baur/Stürner* SachenR § 23; *Habersack* SachenR § 15; *Helms/Zeppernick* SachenR II Kap. 3; *Hengemühle*, »Wirbel um das Villengrundstück« (Examensklausur mit dem Schwerpunkt Erb-, Immobiliarsachen- und Schenkungsrecht), JA 2015, 177; *Kindler/Paulus,* Redlicher Erwerb – Grundlagen und Grundprinzipien, JuS 2013, 393 ff. u. 490 ff.; *Kohler,* Die BGB-Gesellschaft im Liegenschaftsrecht, JURA 2012, 1 ff. u. 83 ff.; *Lieder,* Die BGB-Gesellschaft im Grundstücksverkehr, JURA 2012, 335; *Prütting* SachenR §§ 19–22; *Schmidt,* Der gute Glaube an die Gesellschafterstellung nach § 899a BGB, JURA 2012, 7; *Schreiber* SachenR 5. Teil 2. Kap. C und D; *Schreiber*, Der Widerspruch gegen die Richtigkeit des Grundbuchs, JURA 2005, 241; *Suttmann* Grundstücksgeschäfte mit Beteiligung einer GbR – Hinweise für die Praxis, NJW 2013, 423; *Teichmann/Körber/Schaub,* Gesellschaftsrecht und Sachenrecht – Der aktive Ex-Gesellschafter (Referendarexamensklausur), JuS 2011, 723; *Vieweg/Werner* SachenR § 13 II; *Weber* SachenR II §§ 6, 8 und 9; *Westermann* Einführung Kap. 17 II., IV.; *Westermann/Gursky/Eickmann* SachenR § 84; *Westermann* SachenR § 14; *Wolf/Wellenhofer* SachenR §§ 19, 20.

Übersicht 14

238

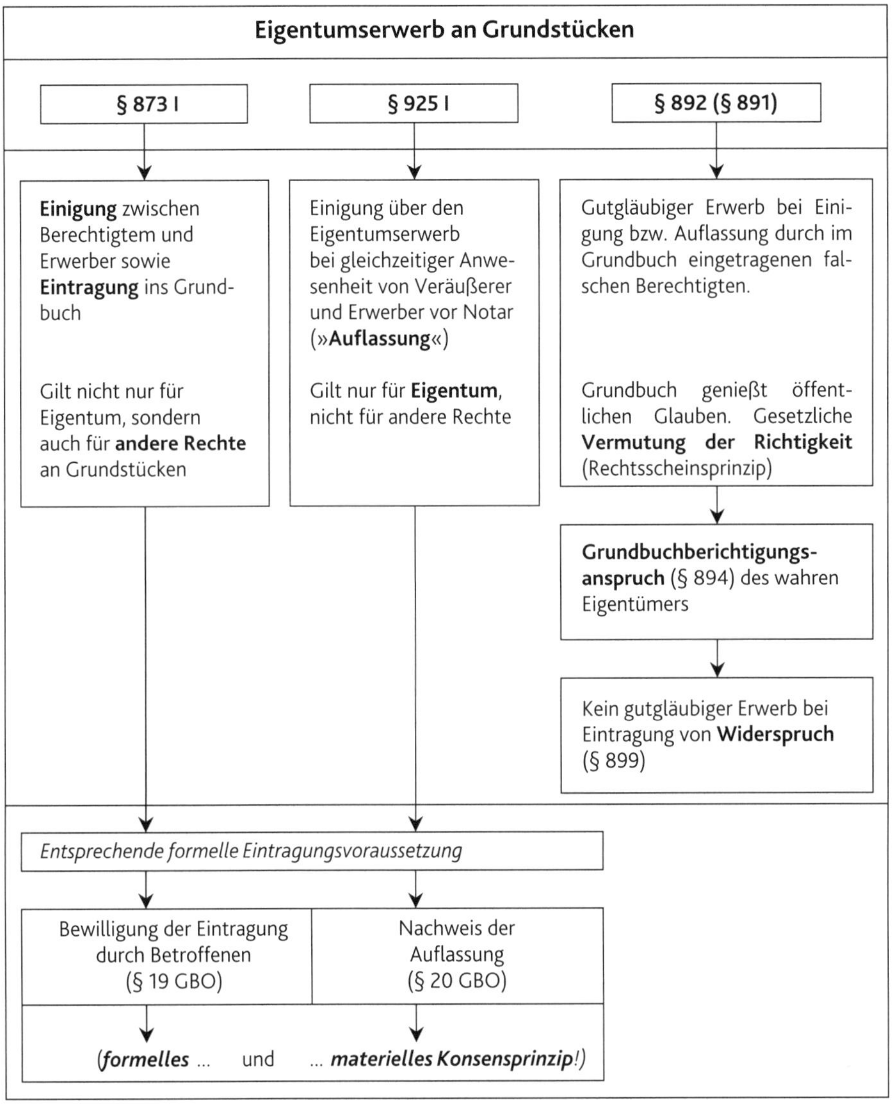

239 ## VII. Vormerkung

Übungsfall 32

K kauft von V das an einem See gelegene Hausgrundstück seiner Träume. In dem notariellen Kaufvertrag verpflichtet sich V, dem K das Grundstück zu übereignen. Wie kann sich K dagegen absichern, dass V es sich in der Zeit bis zu seiner Eintragung als Eigentümer in das Grundbuch anders überlegt und einem anderen, noch besser zahlenden Käufer das Eigentum überträgt?

Die Antwort gibt § 883, von dem Sie zunächst nur Abs. 1 lesen müssen.

K kann danach seinen schuldrechtlichen, im Kaufvertrag vereinbarten Anspruch auf Übereignung des Grundstücks durch die Eintragung einer »Vormerkung« sichern.

Prüfungsschema Vormerkung

1. Sicherungsfähiger **Anspruch** iSd § 883 I
2. **Bewilligung** des Berechtigten oder einstweilige Verfügung (§ 885 I)
3. Grundbuch**eintragung** (§§ 883 I, 885)

1. Zweck der Vormerkung

240 Mit der Vormerkung hat der Gesetzgeber ein Rechtsinstitut geschaffen, das dazu dient, den Gefahren, die das Trennungsprinzip für den Erwerber eines Grundstücksrechts (zB des Eigentums) mit sich bringt, vorzubeugen.

■ Zur Wiederholung: Welches ist der wesentliche Inhalt des Trennungsprinzips? Versuchen Sie selbst, dies mit einem Satz zu formulieren![288]

▶ Unter Trennungsprinzip versteht man die strenge Trennung zwischen schuldrechtlichem Verpflichtungsgeschäft und sachenrechtlichem (dinglichem) Verfügungsgeschäft!

Hinweis: Die gestellte Frage könnte durchaus einmal eine Prüfungsfrage sein!

241 Zwischen dem schuldrechtlichen Verpflichtungsgeschäft (zB einem Grundstückskaufvertrag) und dem dinglichen Verfügungs- bzw. Erfüllungsgeschäft (zB der Einigung und Eintragung ins Grundbuch gem. §§ 873 I, 925 I 1) liegt regelmäßig ein längerer Zeitraum. Insofern besteht die Gefahr, dass die Erfüllung des durch den schuldrechtlichen Vertrag begründeten Anspruchs des Erwerbers noch verhindert wird: Jedes Verfügungsgeschäft kann bekanntlich, unabhängig von der Wirksamkeit des zugrundeliegenden Verpflichtungsgeschäfts, selbstständig (»abstrakt«) wirksam sein. Wenn der (schuldrechtlich) Verpflichtete (zB der Eigentümer), anstatt seine Verpflichtung gegenüber seinem Vertragspartner zu erfüllen, eine (dingliche) Verfügung zugunsten eines Dritten vornimmt, ist diese Verfügung grundsätzlich wirksam. Der (schuldrechtlich) Berechtigte könnte die den Dritten begünstigende sachenrechtliche Verfügung nicht rückgängig machen. Ihm bliebe lediglich ein Schadensersatzanspruch gegen seinen Vertragspartner, falls er keine Möglichkeit hätte, seinen schuldrechtlichen Anspruch gegen weitere Verfügungen des Veräußerers abzusichern. Diesem Sicherungszweck dient die Eintragung einer Vormerkung, deren praktisch bedeut-

288 → **Rn. 15, 21.**

samste Form die **Auflassungsvormerkung** zur Absicherung des Eigentumsübergangs bei einem Grundstückskaufvertrag ist.[289]

2. Wirkung der Vormerkung

Wird – in Fall 32 – zugunsten des K eine Auflassungsvormerkung in das Grundbuch eingetragen[290], kann das zunächst die Wirksamkeit einer Übertragung des Eigentums durch V an einen Dritten D nicht verhindern: V ist als Eigentümer ins Grundbuch eingetragen, und unter Einhaltung der Voraussetzungen der §§ 873 und 925 würde D neuer Eigentümer des Grundstücks. **242**

»Was soll dann also die Vormerkung«, könnte man sich zu Recht fragen, »wenn die Verfügung über das Eigentum von V an D wirksam ist?«

Die Antwort enthält die nicht ganz einfache Vorschrift des § 883 II 1 (lesen!).

- Was bedeutet das?
- In unserem Fall bedeutet das, dass die Verfügung des V an D zwar zwischen V und D wirksam, im Verhältnis zu dem Vormerkungsberechtigten K aber unwirksam ist (»**relative Unwirksamkeit**«), da sie sonst den gesicherten Auflassungsanspruch des K gegen V aus dem Kaufvertrag vernichten würde.

Aufgrund der Vorschrift des § 883 II 1 bleibt dieser schuldrechtliche Anspruch des K gegen V trotz der Verfügung des V an D bestehen. V muss aufgrund seiner schuldrechtlichen Verpflichtung, die aus der Vormerkung im Grundbuch ersichtlich ist, dem K das Eigentum verschaffen. Da aber inzwischen D als Eigentümer eingetragen ist, kann V den Anspruch des K auf Eigentumsverschaffung nur mit Hilfe des D erfüllen. Wenn die Vormerkung im Grundbuch nicht eingetragen wäre, wäre das nicht möglich, denn dann hätte D ohne jede Einschränkung Eigentum erworben. So aber hatte er bei seinem Eigentumserwerb von V von der im Grundbuch eingetragenen Vormerkung zugunsten des K Kenntnis bzw. hätte davon Kenntnis haben müssen. D muss deshalb als derzeitiger neuer Eigentümer der Eigentumsübertragung an den Vormerkungsberechtigten K zustimmen. Auf diese Zustimmung hat K gem. § 888 I einen **Anspruch** (lesen!). Im Streitfall könnte K die Zustimmung einklagen. **243**

Fassen wir Wesen und Wirkung der Vormerkung nochmals anhand der folgenden kurzen Übersicht (15) zusammen.

289 Ein **Bsp. für eine Eintragung** hatten wir bei → **Rn. 213, 217** kennengelernt.
290 **In der »Zweiten Abteilung«!**

244 **Übersicht 15**

Vormerkung
Wesen und Wirkung
Gemäß § 883 I ist es Sinn der Vormerkung, einen schuldrechtlichen Anspruch auf ein Recht an einem Grundstück grundbuchlich zu sichern.
Beispiel: Wenn ein Schuldner dieses Recht (zB Eigentum) an Dritte veräußert, ist die Verfügung gegenüber dem vormerkungsberechtigten Gläubiger des Anspruchs gem. § 883 II 1 unwirksam! Der Dritte, der aufgrund der eingetragenen Vormerkung vom Bestehen des Anspruchs wissen musste, muss deshalb gem. § 888 I der Erfüllung des Anspruchs (zB Eintragung als Eigentümer) durch den Schuldner zustimmen (ggf. gilt § 894 ZPO!).

Literatur zur Vertiefung (→ Rn. 239–244): *Alpmann und Schmidt* SachenR II 2. Teil; *Baur/Stürner* SachenR § 20; *Habersack* SachenR § 15; *Helms/Zeppernick* SachenR II Kap. 5; *Hengemühle,* »Wirbel um das Villengrundstück« (Examensklausur mit dem Schwerpunkt Erb-, Immobiliarsachen- und Schenkungsrecht), JA 2015, 177; *Kaiser,* (Original-)Referendarexamensklausur: Scheingeschäft und Vormerkung, JuS 2012, 341; *Lamberz,* Gutgläubiger Vormerkungserwerb mit Auslandsbezug, JA 2014, 18; *Petersen,* Die Vormerkung, JURA 2016, 495; *Prütting* SachenR § 18; *Schreiber* SachenR 5. Teil 2. Kap. E; *Thomale,* Fortgeschrittenenklausur – Zivilrecht: Vormerkung und ungerechtfertigte Bereicherung – Todtnauberg, JuS 2013, 42; *Vieweg/Werner* SachenR § 14; *Weber* SachenR II § 11; *Westermann* Einführung Kap. 17 III; *Westermann/Gursky/Eickmann* SachenR § 83; *Westermann* SachenR §§ 16 u. 17; *Wolf/Wellenhofer* SachenR § 18.

VIII. Rangverhältnis unter mehreren Grundstücksrechten

245 An einem Grundstück können, wie wir an unserem Grundbuchmuster gesehen haben, mehrere Rechte bestehen, seien es Rechte in verschiedenen Abteilungen oder auch in derselben Abteilung, was besonders häufig in der dritten Abteilung vorkommt. Damit ergibt sich die Frage nach dem Rangverhältnis der Rechte.

Das Rangverhältnis spielt vor allem für den Kreditverkehr eine bedeutende Rolle, in dem häufig von einem erstrangigen oder zweitrangigen bzw. vorrangigen oder nachrangigen Grundpfandrecht die Rede ist. Das Rangverhältnis von Kreditsicherungsrechten wird »interessant«, wenn sich die Gläubiger dieser Rechte aus dem Grundstück befriedigen wollen. Solange der Erlös für ein verkauftes oder zwangsversteigertes Grundstück ausreicht, um die Forderungen aller Gläubiger zu befriedigen, ist das Rangverhältnis »uninteressant«.

Das ändert sich, wenn der Erlös dazu nicht ausreicht. In diesem Fall gilt der Grundsatz, dass das rangbessere Recht vor dem rangschlechteren Recht voll befriedigt wird. Ranggleiche Rechte werden anteilmäßig befriedigt. Rangschlechtere Sicherungsrechte bedeuten für den Gläubiger immer ein gewisses Risiko. Dieses Risiko lässt sich der Gläubiger idR vom Schuldner bezahlen, was sich in der Praxis dadurch äußert, dass ein zweitrangig besicherter Immobilienkredit höher zu verzinsen ist als ein erstrangiger. Wie es zu einer Reihenfolge des Rangverhältnisses kommt, zeigt der nächste Fall auf.

Übungsfall 33

Der Eigentümer eines Grundstücks, E, verpflichtet sich am 1. September gegenüber den Banken A, B und C zur Bestellung je einer Grundschuld – für A in Höhe von 50.000 EUR, für B 30.000 EUR und für C 20.000 EUR. Die gem. § 19 GBO erforderliche Eintragungsbewilligung des E für A geht am 3. September beim Grundbuchamt ein. Die B- und C-Bank legen die ihnen erteilten Eintragungsbewilligungen gleichzeitig erst am 10. September vor. In welcher Reihenfolge wird das Grundbuchamt eintragen?

Die Antwort darauf gibt § 879 I 1: Das Rangverhältnis in **derselben Abteilung** bestimmt sich nach der Reihenfolge der Eintragungen. Näheres dazu enthält eine formellrechtliche Vorschrift aus der Grundbuchordnung: § 45 GBO[291] (lesen!). Nach Abs. 1 dieser Norm erhalten mehrere Eintragungen in einer Abteilung des Grundbuchblattes, die beim Grundbuchamt beantragt werden, die Reihenfolge, welche der Zeitfolge der Anträge entspricht. Es gilt der **Prioritätsgrundsatz**. Sind die Anträge gleichzeitig gestellt, ist im Grundbuch gesondert zu vermerken, dass die Eintragungen gleichen Rang haben. Werden mehrere Eintragungen, die nicht gleichzeitig beantragt sind, in **verschiedenen Abteilungen** unter Angabe desselben Tages bewirkt, so haben diese grds. gleichen Rang (§ 879 I 2). Allerdings ist gem. § 45 II GBO im Grundbuch zu vermerken, dass die später beantragte Eintragung der früher beantragten im Rang nachsteht, sodass dem formellen Grundbuchrecht hier ausnahmsweise materielle Bedeutung zukommt.[292] 246

- ■ In welcher Reihenfolge wird das Grundbuchamt in unserem Fall die Banken A, B und C eintragen? 247
- ▶ Das Grundbuchamt bzw. der zuständige Grundbuchbeamte wird an erster Stelle A eintragen sowie B und C gleichrangig an zweiter Stelle.

Sofern ein ausdrücklicher Rangvermerk durch das Grundbuchamt nicht eingetragen wurde, bestimmt sich das Rangverhältnis allein nach § 879 I.

Danach ist in **derselben Abteilung** allein die Reihenfolge der Eintragungen maßgeblich. **Am selben Tag** vorgenommene Eintragungen in **unterschiedlichen Abteilungen** des Grundbuches sind gleichrangig. 248

In unserem Fall ist nur die dritte Abteilung des Grundbuches betroffen und das Grundbuchamt hat aufgrund der Gleichzeitigkeit der Antragstellung den Gleichrang der Grundschulden für B und C vermerkt. Würde es in unserem Fall dazu kommen, dass E sein Grundstück veräußern muss, würde zB die A-Bank 50.000 EUR, die B 30.000 EUR und C 20.000 EUR erhalten, wenn der Verkauf 100.000 EUR einbringt.

291 **GBO § 45 (Reihenfolge der Eintragungen; Rangvermerk)**
»(1) Sind in **einer Abteilung** des Grundbuchs mehrere Eintragungen zu bewirken, so erhalten sie die **Reihenfolge,** welche der **Zeitfolge der Anträge** entspricht; sind die Anträge gleichzeitig gestellt, so ist im Grundbuch zu vermerken, dass die Eintragungen gleichen Rang haben.
(2) Werden mehrere Eintragungen, die nicht gleichzeitig beantragt sind, in **verschiedenen Abteilungen** unter Angabe desselben Tages bewirkt, so ist im Grundbuche zu vermerken, dass die **später beantragte** Eintragung der früher beantragten **im Rang nachsteht.**
(3) Diese Vorschriften sind insoweit nicht anzuwenden, als ein Rangverhältnis nicht besteht oder das Rangverhältnis von den Antragstellern **abweichend bestimmt** ist.«

292 Palandt/*Herrler* § 879 Rn. 9.

- Wie viel würden A, B und C bekommen, wenn das Grundstück nur 70.000 EUR einbringt?
- Überlegen Sie erst selbst, bevor Sie Fußnote[293] lesen!

249 Wenn Sie noch einen Blick auf die §§ 879 III, 880 werfen, sehen Sie, dass die Beteiligten grundsätzlich eine abweichende Rangstelle **vereinbaren** oder diese nachträglich ändern können (vgl. ferner § 881: »Rangvorbehalt«).

- Unter welcher Voraussetzung wird das Grundbuchamt eine solche Eintragung vornehmen, wenn schon andere Gläubiger eingetragen sind?
- Es muss eine Bewilligung der betroffenen Gläubiger nach § 19 GBO vorliegen!

Auch hierzu eine kurze Übersicht (16) als Lernhilfe:

Übersicht 16

250

Rangverhältnis von Grundstücksrechten
Grundsatz: Gläubiger eines rangbesseren Rechtes wird vor Gläubiger eines rangschlechteren Rechtes voll befriedigt. Gleichrangige Rechte werden anteilsmäßig befriedigt.
Rangverhältnis bestimmt sich gem. § 879 I 1 nach der Reihenfolge der Eintragungen = *Prioritätsgrundsatz!* Reihenfolge der Eintragungen im Grundbuch richtet sich nach zeitlicher Reihenfolge der Antragstellung beim Grundbuchamt (§ 45 I, II GBO). Abweichende Bestimmung des Rangverhältnisses und Rangänderung möglich (§§ 879 III, 880).

Literatur zur Vertiefung (→ Rn. 245–250): *Alpmann und Schmidt* SachenR II 4. Teil 6. Abschn.; *Baur/Stürner* SachenR § 17; *Helms/Zeppernick* SachenR II Kap. 7; *Petersen*, Der Dritte im Immobiliarsachenrecht, JURA 2016, 280; *Prütting* SachenR § 17; *Schreiber* SachenR 5. Teil 3. Kap. C; *Schreiber*, Der Rang im Grundbuch, JURA 2006, 502; *Schwab*, Der Löschungsanspruch des nachrangingen Grundpfandgläubigers, JuS 2010, 385; *Vieweg/Werner* SachenR § 13 V; *Weber* SachenR II § 5; *Westermann/Gursky/Eickmann* SachenR §§ 79–82; *Westermann* SachenR § 15.

293 A 50.000 EUR, B und C anteilig 20.000 EUR im Verhältnis 3:2, B also 12.000 EUR und C 8.000 EUR.

7. Kapitel. Kreditsicherungsrechte

I. Überblick

Mit dem Kreditsicherungsrecht muss sich nicht nur beschäftigen, wer später bei einer Bank arbeiten möchte. Es betrifft praktisch alle Unternehmen, nicht nur Wirtschaftsunternehmen, sondern gleichermaßen auch gemeinnützige oder soziale Unternehmen und kann in fast allen Berufsfeldern relevant werden. Auch als Privatperson kommt man nahezu zwangsläufig mit den Kreditsicherungsrechten in Kontakt, etwa wenn man auf Rechnung oder auf Raten kauft oder sein Auto zur Reparatur bringt. 251

Unternehmen benötigen Kredite vor allem zu Investitionszwecken. Wenn sie ein Bauvorhaben (zB Laden- oder Bürogebäude, Fabrik oder Ähnliches) realisieren wollen oder neue Produktionsanlagen sowie größere Maschinen benötigen, haben sie oft nicht den gesamten Betrag »locker«. Soweit ihre Eigenmittel nicht ausreichen, müssen sie Fremdmittel – die ihnen der Kreditgeber in der Regel nur gegen Sicherheiten überlässt – aufnehmen.

Da erst mit dem Verkauf der fertigen Produkte Geld in die Unternehmenskasse fließt, sind häufig auch für die laufende Produktion Kredite nötig, um zB Rohstoffe und Material für die Fertigung zu erwerben und die Löhne der Arbeitnehmer zahlen zu können.

Privatpersonen benötigen für den Hausbau typischerweise viel Fremdkapital. Sie nehmen Kredite häufig auch für Konsumzwecke und -güter (Reisen, Autos, Möbel) auf, wenn sie ihre Wünsche zu einem Zeitpunkt realisieren möchten, zu dem sie das dafür nötigte Geld noch nicht angespart haben.[294]

Im Wirtschaftsleben treten vor allem Banken und Sparkassen sowie Versicherungen als Kreditgeber auf. Unternehmen, die Waren (typischerweise unter Eigentumsvorbehalt) liefern oder Dienstleistungen erbringen und von ihren Abnehmern keine sofortige Zahlung verlangen, sondern *Zahlungsziele* einräumen, gewähren dadurch ebenfalls Kredit. Eine direkte Kreditvergabe durch Privatpersonen ist eher selten. Legen sie ihr Geld allerdings auf Spar-, Tages- oder Festgeldkonten an, stellen sie rechtlich ihrer Bank oder Sparkasse ein Darlehen (§ 488) zur Verfügung; Sicherungsrechte spielen dabei üblicherweise keine Rolle (weshalb wir uns nicht näher damit beschäftigen werden). 252

Anders ist dies bei den Banken und Sparkassen selbst: Sie gewähren Kredite (Darlehen iSv § 488) in der Regel nur gegen Sicherheiten. Die Mittel hierfür erhalten sie unter anderem durch die Einlagen ihrer Kunden. Sie dürfen die Kundeneinlagen jedoch nicht uneingeschränkt für Kredite verwenden, sondern haben ihre Mittel so anzulegen, dass jederzeit eine ausreichende Zahlungsbereitschaft (Liquidität) gewährleistet ist.[295] Im Interesse der Sicherheit der ihnen anvertrauten Kunden-

294 S. zum Ganzen *Wolf/Wellenhofer* SachenR § 13 Rn. 1 ff.

295 Nur für diejenigen, die es ganz genau wissen wollen: § 11 I 1 des Gesetzes über das Kreditwesen (KWG); die Einzelheiten dazu sind in der Liquiditätsverordnung (LiqV) geregelt; KWG und LiqV sind abzurufen unter www.gesetze-im-internet.de, Rubrik Gesetze/Verordnungen, Buchstabe K bzw. L. S. ferner Art. 412, 413 der Verordnung (EU) Nr. 575/2013 (Capital Requirements Regulation – CRR), abzurufen unter http://eur-lex.europa.eu.

gelder müssen sie zudem über angemessene Eigenmittel verfügen, damit sie Kreditausfälle in gewissem Umfang abfedern können. Weil diese Gefahr bei (insbesondere grundpfandrechtlich, also durch Hypotheken und Grundschulden) besicherten Krediten geringer ist, sind auch die Eigenmittelanforderungen für die Banken geringer.[296]

253 Die Sicherungsrechte bilden eine wesentliche Stütze des Kreditsystems. Da der Kreditgeber grds. das Risiko trägt, falls sein Schuldner (= Kreditnehmer) das ihm überlassene Geld nicht zurückzahlt, will er sich absichern und lässt sich Sicherheiten bestellen.[297] Der Kreditgeber hat dann nicht nur ein **vorrangiges Befriedigungsrecht** vor anderen Gläubigern, er spart auch Kosten für die ständige Kontrolle und Überwachung des aktuellen Schuldnervermögens.

Jeder Vermögensgegenstand, den der Kreditgeber verwerten, also »zu Geld machen« kann, ist als Kreditsicherheit geeignet.

■ Welche Kreditsicherungsmittel sind Ihnen bekannt?
▶ Als Kreditsicherungsmittel können Immobilien, bewegliche Sache (= Mobilien), Rechte sowie Forderungen oder die Verpflichtung Dritter dienen.

Dinglich (»real«) besicherte Kredite heißen auch **Realkredite**. Wird der Kredit nicht zurückgezahlt, kann der Kreditgeber die Sache oder das Recht, an der oder an dem das Sicherungsrecht besteht, für sich behalten oder verwerten (veräußern) und den erzielten Erlös mit der Kreditschuld verrechnen.

■ Kennen Sie auch den Gegenbegriff hierzu?
▶ Den Gegenbegriff zum Realkredit stellt der **Personalkredit** dar.

Hier gewährleistet die Verpflichtung weiterer *Personen* (zB des Bürgen gem. § 765 oder des Gesamtschuldners gem. § 421 nach einem Schuldbeitritt) die Sicherheit des Kredits. Wird der Kredit vom Schuldner nicht zurückgezahlt, haften diese Personen dem Gläubiger mit ihrem Vermögen.

Hinweis: Beim Personalkredit ergibt sich damit immer ein **Dreipersonenverhältnis**. Zumindest gedanklich müssen Sie aber bei allen Fällen aus dem Kreditsicherungsrecht wie bei einem Dreipersonenverhältnis vorgehen: Selbst wenn der Sicherungsgeber mit dem Schuldner personenidentisch sein sollte, ist zu differenzieren, ob Ansprüche gegen ihn als Schuldner des Kreditvertrages oder aber als Sicherungsgeber bestehen.[298]

Beispiel: Eine Bank gewährt zum Hausbau ein Darlehen, das durch eine Grundschuld an dem Baugrundstück der Kreditnehmerin gesichert wird. Hier ist die Schuldnerin zugleich Sicherungsgeberin, weil sie auch Eigentümerin des Grundstückes ist. Dennoch ist stets zu unterscheiden, ob es um den Anspruch der Bank gegen die Schuldnerin aus dem Darlehen gem. § 488 oder aber um den Anspruch gegen die (jeweilige) Eigentümerin des Grundstücks auf Duldung der Zwangsvollstreckung nach §§ 1192 I, 1147 geht.[299]

---

296 Nur der Vollständigkeit halber … und selbst für Fachleute schwer verständlich: Art. 92, 124–126 CRR.

297 Sogar die darlehensweise Gewährung von Sozialhilfe oder Arbeitslosengeld II (»**Hartz IV**«) kann aus diesem Grund von einer dinglichen Sicherung des Rückzahlungsanspruchs abhängig gemacht werden, vgl. § 24 V 2 SGB II, § 91 S. 2 SGB XII!

298 *Westerhoff/Leeb* AL 2015, 236 (236).

299 *Westerhoff/Leeb* AL 2015, 236 (236).

Übersicht 17

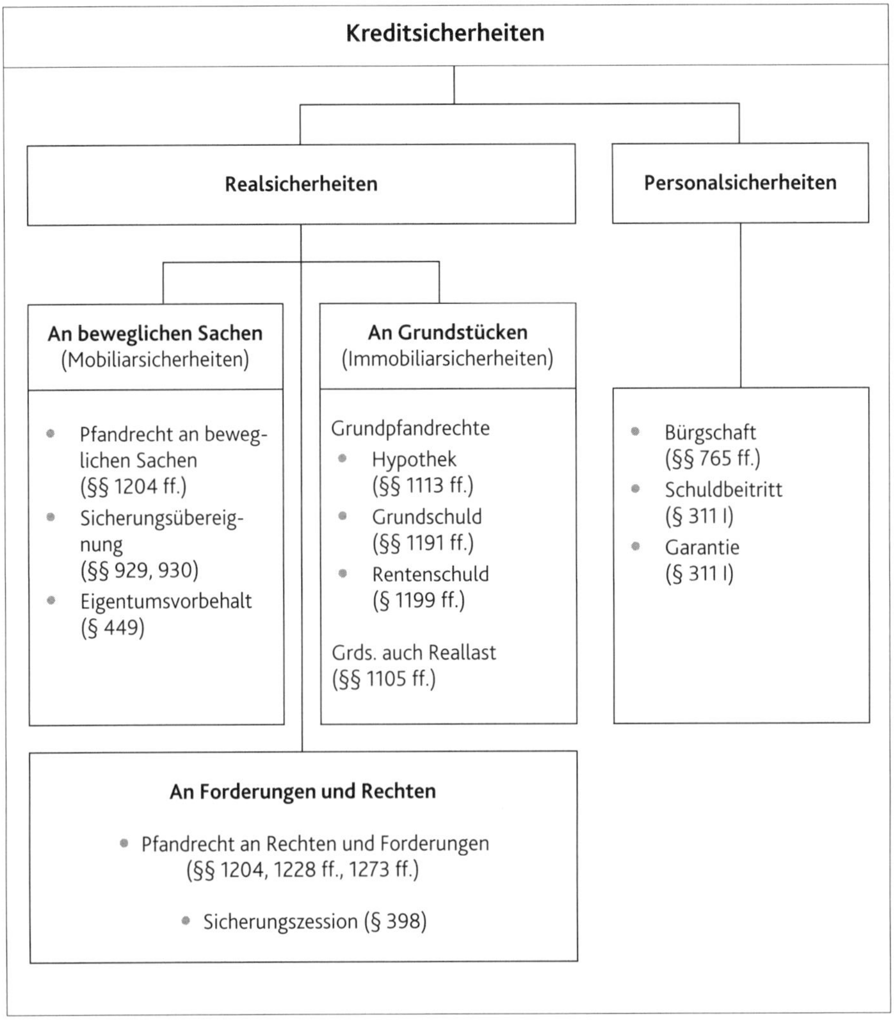

II. Personalsicherheiten für Kredite

1. Grundstruktur 254

Wenn dem Gläubiger neben seinem Schuldner weitere Personen dafür haften, dass der gewährte Kredit zurückgezahlt wird, spricht man also von einer Personalsicherheit. Wir wollen uns hier die drei wichtigsten Grundformen von Personalsicherheiten kurz ansehen: die *Bürgschaft*, den *Schuldbeitritt* und die *Garantie*. Bisweilen wird auch die *Sicherungszession* (→ Rn. 300 ff.) einer Forderung in diesem Kontext genannt, weil ja der Schuldner der zur Sicherheit abgetretenen Forderung dem Gläubiger im Ergebnis als Person haftet.[300] Dem wird hier nicht gefolgt, weil der eigentliche Sicherungsgegenstand – genau wie bei der Bestellung eines Pfandrechts an einer For-

300 S. zB *Wolf/Wellenhofer* SachenR § 13 Rn. 5; *Helms/Zeppernick* SachenR I Rn. 208.

derung (→ Rn. 292 ff.) – die Forderung selbst ist. Unter Beteiligung der folgenden Personen

Gläubiger (G)	=	zB Werkbesteller
Hauptschuldner (HS)	=	Hauptschuldner, zB Werkunternehmer
Weitere haftende Person (P)	=	Bürge, Schuldbeitretender oder Garant (häufig eine Bank[301])

ergibt sich diese einheitliche Grundstruktur:

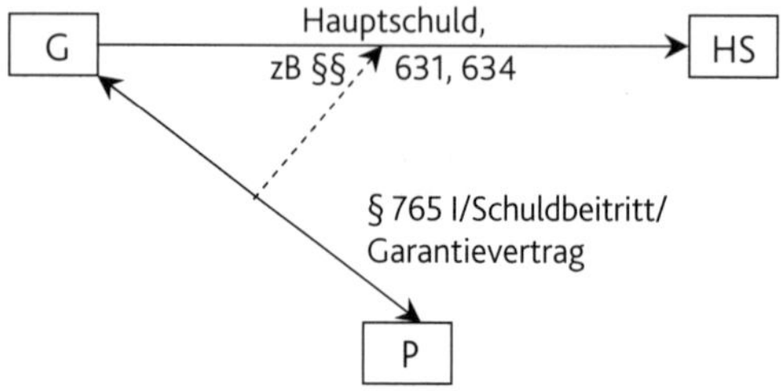

2. Bürgschaft

254a Die Bürgschaft ist ein Vertrag, mit dem sich der Bürge gegenüber dem Gläubiger eines Dritten verpflichtet, für die Verbindlichkeit des Dritten (des Hauptschuldners) einzustehen, § 765 I (lesen!).

> **Beispiel:** Insbesondere bei der Vergabe von **Bauaufträgen**, aber auch bei anderen (Werk-)Verträgen zwischen Unternehmen werden häufig sog. »Vertragserfüllungsbürgschaften« und/oder »Mängelbürgschaften« (= »Gewährleistungsbürgschaften«) als Sicherheit für die vollständige Vertragserfüllung bzw. zur Sicherstellung der Ansprüche bei Mängeln eingefordert.[302]

Die Bürgschaftserklärung bedarf der Schriftform (§ 766 S. 1).

Hinweis: Anders ist dies bei Kaufleuten (s. § 350 HGB)! Notieren Sie § 350 HGB deshalb neben § 766.

Die Einstandsverpflichtung[303] des Bürgen ist von der Hauptforderung gegen den Dritten abhängig (s. § 767). Dies nennt man **Akzessorietät** und bedeutet, dass die Einstandsverpflichtung nur besteht, wenn und soweit auch die Hauptforderung (noch) besteht. Auch kann der Bürge dem Gläubiger alle Einreden des Hauptschuldners entgegenhalten (§ 768).[304]

301 Die Bank stellt hier auf der Basis eines entgeltlichen Geschäftsbesorgungsvertrags (§ 675) entgeltlich ihre Haftung als Bürge/Garant/Schuldbeitretender zur Verfügung, MüKoBGB/*Berger* Vor § 488 Rn. 44. Man spricht auch von einem **»Aval-«** (»per aval« = »als Bürge«) **oder »Haftungskredit«**, der wegen der nur eventuellen Haftung (**»Eventualverbindlichkeit«**) preisgünstiger zu erhalten ist als ein Gelddarlehen.

302 S. § 17 II, IV VOB/B. **Mustertexte** für Bürgschaften, wie sie der Hubert Burda Media-Konzern von seinen Vertragspartnern verlangt, sind einsehbar unter www.burda-einkauf.de/content/download. Eine Musterurkunde einer **Mietkautionsbürgschaft** findet sich bei www.swkbank.de/share/pdf/website/musterurkunde_swk.pdf.

303 Zum sog. **Regress des Bürgen**, also der Frage, welche Ansprüche dem Bürgen zustehen, wenn er seine Verpflichtung aus der Bürgschaft erfüllt hat, s. zB *Westerhoff/Leeb* AL 2015, 236 (242).

304 Baumbach/Hopt/*Hopt* Handelsgesetzbuch, Kommentar, 37. Aufl. 2016, § 349 Rn. 2; s. dazu *Wörlen/Metzler-Müller* SchuldR BT Rn. 342 ff. sowie *Weber/Weber* KreditsicherungsR §§ 3, 4.

3. Schuldbeitritt

Der Schuldbeitritt (kumulative Schuld(mit)übernahme) ist gesetzlich nicht geregelt, aber gem. § 311 I **formlos** möglich. Durch einen Schuldbeitritt verpflichtet sich ein Dritter, der Verbindlichkeit des Schuldners als **Gesamtschuldner** (§§ 421, 427) beizutreten. **254b**

> **Beispiel:** Wegen der beschränkten Haftung einer GmbH sind Geschäftspartner häufig nur dann zum Abschluss eines Vertrages mit der GmbH bereit, wenn der Geschäftsführer (der zugleich Gesellschafter ist) sich durch einen Schuldbeitritt auch zu einer persönlichen Haftung verpflichtet.

Der Schuldbeitritt setzt zwar zunächst ebenfalls das Vorhandensein einer Hauptschuld voraus, die Schuld entwickelt sich aber im weiteren Verlauf **nicht akzessorisch**, was sich § 425 entnehmen lässt. Der Beitretende wird selbst zum (weiteren) Hauptschuldner, den der Gläubiger in Anspruch nehmen kann.[305]

■ Welche Haftungsverpflichtung reicht also weiter? Die bei der Bürgschaft oder die beim Schuldbeitritt? Denken Sie nach!

▶ Die beim Schuldbeitritt! Hier kommt es also zu einer prinzipiell *gleichrangigen Haftung*, während der Bürge nur *nachrangig* haftet.

Ob dies tatsächlich gewollt ist, eine Frage der Auslegung und stets ganz genau zu prüfen. Angesichts der – verglichen mit der gesetzlich geregelten Bürgschaft – weiterreichenden Rechtsfolgen wird ein Schuldbeitritt regelmäßig nur bei unmittelbar eigenen wirtschaftlichen Interessen anzunehmen sein.[306]

> **Hinweis:** Lässt sich kein eindeutiges, unmittelbares wirtschaftliches Interesse an der Tilgung der Hauptschuld feststellen (sondern zB lediglich ein persönliches Interesse aufgrund von Verwandtschaft oder Freundschaft), ist im Zweifel von einer Bürgschaft auszugehen.[307]

4. Garantievertrag

Ebenfalls nicht gesetzlich geregelt und gem. § 311 I formlos möglich ist ein (selbstständiger) Garantievertrag.[308] Mit dem Garantievertrag verpflichtet sich der Garant, im Garantiefall – beispielsweise bei Zahlungsausfall des Schuldners – zu leisten. **254c**

> **Beispiel:** Exportkreditgarantien bilden in Deutschland ein zentrales Instrument der staatlichen Förderung des **Auslandsgeschäfts** mittelständischer Unternehmen. Sie werden über die Euler Hermes AG abgewickelt und deshalb oft auch als »**Hermesdeckung**« bezeichnet.[309]

Die Garantie ist **nicht akzessorisch**. Anders als bei der Bürgschaft und dem Schuldbeitritt schuldet der Garant nicht die Erfüllung einer durch einen anderen begründeten Schuld. Er steht vielmehr selbstständig für den **Eintritt eines bestimmten Erfolges** **254d**

---

305 MüKoHGB/*K. Schmidt*, Münchener Kommentar zum HGB, 3. Aufl. 2013, § 349 Rn. 14; s. dazu *Wörlen/Metzler-Müller* SchuldR BT Rn. 351; *Krüger* KreditsicherungsR Kap. 2.2.

306 MüKoHGB/*K. Schmidt* § 349 Rn. 14. Erschwerend kommt hinzu, dass im **allgemeinen Sprachgebrauch** oftmals nicht zwischen den verschiedenen Formen der Personalsicherheiten unterschieden wird, *Westerhoff/Leeb* AL 2015, 236 (237) mwN.

307 *Westerhoff/Leeb* AL 2015, 236 (238).

308 § 443 regelt nur **unselbstständige** Garantien im Zusammenhang mit einem Kaufvertrag, Baumbach/Hopt/*Hopt* HGB § 349 Rn. 15, 16.

309 Mehr zur staatlichen Auslandsgeschäftsabsicherung unter www.agaportal.de. Auch beim **Bildungskredit** gem. § 18c BAföG übernimmt der Bund gegenüber der auszahlenden Bank eine Ausfallgarantie für den Auszubildenden, vgl. www.bafög.de/de/bildungskredit-201.php.

ein (zB ordnungsgemäße Begleichung einer Schuld durch den Schuldner) und muss den Garantienehmer schadlos halten, wenn der garantierte Erfolg nicht eintritt. Die Verpflichtung besteht losgelöst von dem Rechtsverhältnis, in dem der garantierte Erfolg erreicht werden soll.[310]

■ Kann der Garant sich also im Normalfall vor seiner Inanspruchnahme darauf berufen, dass der Schuldner seine Schuld noch gar nicht begleichen musste (zB weil ihm Gegenrechte wie etwa ein Zurückbehaltungsrecht zustanden)?

▶ Nein, dies ist unerheblich! Es handelt sich um eine *abstrakte Schuld* des Garanten, der deshalb nur Einwendungen aus dem Garantieverhältnis selbst geltend machen kann.

Auch beim Garantievertrag ist angesichts der im Vergleich zur Bürgschaft weiterreichenden Folgen daher bei der Auslegung der Willenserklärungen stets kritisch zu prüfen, ob tatsächlich eine Garantie gewollt und vereinbart wurde.[311]

Hinweis: Lässt sich kein eindeutiges, unmittelbares wirtschaftliches Interesse des Garanten an der Tilgung der Hauptschuld feststellen, ist angesichts der gesetzlichen Schutzvorschrift des § 766 im Zweifel von einer Bürgschaft auszugehen.[312]

Literatur zur Vertiefung (Rn. → 251–254d): *Alexander,* Gemeinsame Strukturen von Bürgschaft, Pfandrecht und Hypothek, JuS 2012, 481; *Heyers,* Wertungsjuristische Grundlagen der Bürgschaft – von einem liberalen zu einem sozialen Vertragsmodell, JA 2012, 81; *Krüger* KreditsicherungsR Kap. 1–3; *Maurer,* Der Schutz der Lösungsberechtigten und Bürgen: Aufrechnung und Legalzession nach einer Abtretung, JuS 2012, 397; Musielak, Bürgschaft, JA 2015, 161; *Reinicke/Tiedtke,* Kreditsicherung, 5. Aufl. 2006, 1. Teil; *Scherpe,* Referendarexamensklausur: Grundpfandrechte, Bürgschaft und Zivilprozessrecht – Wer zuerst zahlt…, JuS 2014, 51; *Schünemann,* Wirtschaftsprivatrecht, 6. Aufl. 2011, B IV 8 c–f; *Schultheiß,* Referendarexamensklausur: Bürgschaftsrecht – Der geplatzte Lebenstraum, JuS 2014, 143; *Weber/Weber* KreditsicherungsR §§ 3–10; *Westerhoff/Leeb,* Die Personalsicherheiten – Grundwissen für Studium und Examen, AL 2015, 236.

III. Kreditsicherheiten an beweglichen Sachen und Rechten

1. Pfandrecht an beweglichen Sachen

255 Es gibt drei Arten von Pfandrechten an beweglichen Sachen: das gesetzliche Pfandrecht, das Pfändungspfandrecht und das vertragliche Pfandrecht. Zu den typischen Kreditsicherungsrechten ist vor allem das vertragliche Pfandrecht, die »Verpfändung« eines Vermögensgegenstandes, zu zählen. Ein gesetzliches Pfandrecht entsteht **kraft Gesetzes** (dh auch ohne Vereinbarung) zur Absicherung einer Forderung an Gegenständen des Vertragspartners, die in den Vertrag einbezogen sind (zB an dem zur Reparatur gegebenen Auto). Kein Kreditsicherungsrecht ist das Pfändungspfandrecht, das durch »*Pfändung*« im Wege der **Zwangsvollstreckung** entsteht; es wird hier zum besseren Verständnis kurz mit angesprochen.

310 Baumbach/Hopt/*Hopt* HGB § 349 Rn. 16; s. dazu *Wörlen/Metzler-Müller* SchuldR BT Rn. 352; *Weber/Weber* KreditsicherungsR § 5 III.

311 MüKoHGB/*K. Schmidt* § 349 Rn. 15; *Krüger* KreditsicherungsR Kap. 2.3.1.

312 *Westerhoff/Leeb* AL 2015, 236 (238); s. bereits zum Schuldbeitritt → **Rn. 254b.**

a) Gesetzliches Pfandrecht

Das Gesetz sieht wegen der im Rahmen eines Vertragsverhältnisses erwachsenden Forderungen oft vor, dass einem Vertragspartner (Gläubiger) zur Sicherung für seine Forderungen ein Pfandrecht an den dem anderen Vertragspartner (Schuldner) gehörenden Gegenständen zusteht, sofern diese in das Vertragsverhältnis mit einbezogen sind. Es entsteht kraft Gesetzes, ohne dass es irgendeiner Vereinbarung bedarf. **256**

■ Das **gesetzliche Pfandrecht** aufgrund von **Besitz** müsste Ihnen aus dem Besonderen Schuldrecht ein Begriff sein! Denken Sie an den Fall, dass Sie Ihr Fahrzeug in die Werkstatt geben. Welches Beispiel aus dem Werkvertragsrecht fällt Ihnen dazu ein?

▶ Das Pfandrecht des Werkunternehmers gem. § 647.

Weitere gesetzliche **Besitzpfandrechte** sind das Pfandrecht des Pächters (§ 583) sowie im Handelsrecht das des Kommissionärs (§§ 397, 404 HGB), des Frachtführers (§ 440 HGB), des Verfrachters (§ 495 HGB), des Spediteurs (§ 464 HGB) und des Lagerhalters (§ 475b HGB).

■ Aufgrund einer Einbringung von Sachen in ein räumliches Verhältnis zum Pfandgläubiger sollten Ihnen weitere (*besitzlose*) **Einbringungspfandrechte** bekannt sein! Überlegen Sie, bevor Sie weiterlesen! **257**

▶ Hierzu zählen das Pfandrecht des Vermieters (§§ 562 ff.), des Verpächters (§ 592) sowie das des Gastwirts (§ 704).

Das gesetzliche Pfandrecht entsteht nach dem BGB[313] nur an den Sachen, die sich im Eigentum des Schuldners befinden; es kann nicht gutgläubig erworben werden.[314] Beim Leasing entsteht daher an dem im Besitz des Leasingnehmers befindlichen Leasinggegenstand kein gesetzliches Pfandrecht, denn dieser steht im Eigentum des Leasinggebers.[315]

Gemäß § 1257 finden auf das gesetzliche Pfandrecht die Vorschriften über das vertragliche Pfandrecht entsprechende Anwendung. Allerdings wird durch den Wortlaut »ein kraft Gesetzes *entstandenes* Pfandrecht« deutlich, dass sich der Entstehungstatbestand nach Spezialbestimmungen richtet.

b) Pfändungspfandrecht

Der Gläubiger kann zur zwangsweisen Befriedigung für seine Forderungen bewegliche Sachen nach §§ 808 ff. ZPO (zB Autos, Uhren, Schmuck), Forderungen (§§ 828 ff. ZPO; zB Guthaben eines Kontos als Forderung gegen eine Bank; Arbeitsentgeltforderung gegenüber dem Arbeitgeber) und sonstige Rechte (§ 857 ZPO; zB Patente) im Weg der Zwangsvollstreckung pfänden. Hierdurch erlangt er ein Pfandrecht (§ 804 I ZPO) und hat grds. die Befugnisse, die nach §§ 1204 ff. auch für das rechtsgeschäftlich bestellte Pfandrecht gelten, mit dem wir uns nun näher beschäftigen wollen. **258**

---

313 **Anders** aber gem. **§ 366 III HGB**. Danach können die gesetzlichen Pfandrechte des Kommissionärs, des Frachtführers oder Verfrachters, des Spediteurs und des Lagerhalters auch kraft guten Glaubens entstehen!

314 BGHZ 34, 153 = NJW 1961, 502; BGHZ 87, 280 = NJW 1983, 2140; str., s. dazu *Prütting* SachenR Rn. 790 sowie mit anschaulichem Fallbeispiel *Wolf/Wellenhofer* SachenR § 16 Rn. 43 f.

315 Weitere Details zum **Leasing** finden Sie bei → **Rn. 311**.

c) Vertragliches Pfandrecht

aa) Begriff

259 Zur **Sicherung** einer **Forderung** kann ein rechtsgeschäftliches Pfandrecht an beweglichen Sachen (§§ 1204 ff.) sowie Rechten (§§ 1273 ff.) bestellt werden. Wir wollen uns zunächst dem Pfandrecht an beweglichen Sachen zuwenden. Es erfordert den Besitz des Pfandgläubigers, deshalb wird es auch **Faustpfandrecht** genannt und kann nur an beweglichen Sachen, nicht aber an Grundstücken bestellt werden (§ 1204 I lesen!). In der Praxis hat es an Bedeutung verloren. Im Wesentlichen beschränkt sich sein Anwendungsbereich auf folgende zwei Gebiete:

260
- In den Pfandleihhäusern werden Kleinkredite gegen Hingabe eines (Faust-) Pfandes gewährt.[316]
- Im Bankenverkehr lassen sich die Kreditinstitute gegen Hingabe eines Darlehens an den in ihrer Verwahrung befindlichen Wertpapieren ihrer Darlehensnehmer ein Pfandrecht zur Sicherung der ausgezahlten Darlehenssumme bestellen (sog. *Lombarddarlehen*[317]).

bb) Entstehung

Übungsfall 34

Der Uhrenfabrikant E benötigt einen Bankkredit in Höhe von 100.000 EUR von der B-Bank. Diesen will er durch ein Pfandrecht an seinen gefertigten Uhren sichern. Im normalen Geschäftsgang will er allerdings Uhren veräußern können und zum Ausgleich andere in das Pfandlager geben. Ist das rechtlich möglich?

261 Auch bei der Pfandrechtsbestellung müssen wir zwischen dem schuldrechtlichen Verpflichtungs- und dem dinglichen Verfügungsgeschäft unterscheiden. Im vorliegenden Fall stellt die Vereinbarung zwischen E und der B-Bank, E solle einen Kredit in Höhe von 100.000 EUR erhalten und zur Absicherung des Kredits einen Teil seines Warenlagers zur Sicherheit an B verpfänden, das schuldrechtliche Verpflichtungsgeschäft (§ 311 I) dar. Dieses muss durch die Pfandrechtsbestellung iSd § 1205 erfüllt werden.

■ Was müssen E und die Bank B also vereinbaren? Lesen Sie zunächst §§ 1204 und 1205!

▶ Verpfänder E und Gläubiger B müssen sich einigen, eine (1) **Forderung** (§ 1204 I) durch ein Pfandrecht an einer oder mehreren **bestimmten** Sachen zu **sichern.** Die Begründung des Pfandrechts setzt nach § 1205 I 1 neben der (2) **Einigung** auch die (3) **Übergabe** der Sache(n) von E an B voraus. Außerdem muss E (4) **berechtigt sein,** an dieser(n) Sache(n) ein Pfandrecht zu bestellen.

316 Geregelt in der VO über den Geschäftsbetrieb der gewerblichen Pfandleiher **(Pfandleiherverordnung – PfandlV).**

317 **»Lombard«** = langobardische Beleihung. Der Begriff leitet sich aus den im Mittelalter in Italien in der **Lombardei** entwickelten Darlehensgeschäften ab.

Prüfungsschema Pfandrechtsbestellung 262

1. Zu sichernde **Forderung** (§ 1204)
2. **Einigung** über Pfandrechtsbestellung (§ 1205 I 1)
3. **Besitzverschaffung** (§§ 1205 I, II, 1206)
4. **Berechtigung** oder § 1207

Bei der **Einigung** muss der Sicherungswille erklärt werden, wobei nicht ausdrücklich das Wort »Verpfändung« erforderlich ist. Es genügt die Äußerung, eine Sache zur Sicherheit zu hinterlegen. In der Praxis enthalten oft auch *Allgemeine Geschäftsbedingungen* eine Verpfändungsklausel.

Beispiel: Verpfändungsklauseln finden sich etwa in den Allgemeinen Geschäftsbedingungen der Banken und Sparkassen,[318] den Allgemeinen Deutschen Spediteurbedingungen[319] und in den – im Kraftfahrzeugreparaturgewerbe weit verbreiteten – »Bedingungen für die Ausführung von Arbeiten an Kraftfahrzeugen ...«.[320]

Als Beispiel wollen wir uns Ziffer 14 der Allgemeinen Geschäftsbedingungen der Volks- und Raiffeisenbanken ansehen. Diese lautet wie folgt: 263

»*(1) Einigung über das Pfandrecht*
Der Kunde und die Bank sind sich darüber einig, dass die Bank ein Pfandrecht an den Wertpapieren und Sachen erwirbt, an denen eine inländische Geschäftsstelle im bankmäßigen Geschäftsverkehr Besitz erlangt hat oder noch erlangen wird. Die Bank erwirbt ein Pfandrecht auch an den Ansprüchen, die dem Kunden gegen die Bank aus der bankmäßigen Geschäftsverbindung zustehen oder künftig zustehen werden (zum Beispiel Kontoguthaben).
(2) Gesicherte Ansprüche
Das Pfandrecht dient der Sicherung aller bestehenden, künftigen und bedingten Ansprüche, die der Bank mit ihren sämtlichen in- und ausländischen Geschäftsstellen aus der bankmäßigen Geschäftsverbindung gegen den Kunden zustehen ...«

■ Was fällt Ihnen beim Lesen auf, wenn Sie an die nach § 1205 I 1 für die Pfandrechtsbestellung erforderliche Einigung denken? 264

▶ Die Einigung wird hier teilweise *vorab* erklärt!

Merke: Die Juristen nennen dies »*antizipierte*« (= vorweggenommene) *Einigung*.

Sie als Bankkunde können ihre Willenserklärung (= Bestandteil der Einigung) aber jederzeit widerrufen oder einschränken. Ein konkludenter Widerruf kann sich bereits aus dem Zweck der Übergabe ergeben: So, wenn Sie Ihre Wertsachen nur zu einer vorübergehenden Verwahrung – wie zB während Ihrer urlaubsbedingten längeren Abwesenheit – in den dortigen Safe geben.

Kommen wir zurück zu unserem kleinen Fall. E müsste die zu verpfändenden Uhren an die Bank übergeben haben bzw. dieser zumindest den **Besitz** daran **verschafft** haben.

■ Welcher im Sachenrecht (für Verfügungen) geltende Grundsatz wurde nicht beachtet? Denken Sie nach! 265

318 Ziff. 14 Muster-AGB der privaten Banken; Ziff. 14 AGB-Volks- und Raiffeisenbanken; Ziff. 21 AGB-Sparkassen.
319 Ziff. 20 ADSp.
320 Ziff. VII Kfz-Reparaturbedingungen.

▶ Der **Bestimmtheitsgrundsatz**! E kann nicht eine *unbestimmte* Anzahl von Uhren verpfänden, eine gattungs- oder quotenmäßige Bezeichnung reicht hierfür nicht aus.

Es hätte also der Abrede bedurft, dass zB die in einem *bestimmten Regal* oder *Raum* liegenden Uhren verpfändet werden sollen.

Das Verfügungsgeschäft ist vollzogen, wenn dem Gläubiger der Pfandbesitz eingeräumt wird.

266 ■ An welche sachenrechtliche Vorschrift erinnert Sie der »Regelfall« der Pfandrechtsbestellung durch Einigung und Übergabe in § 1205 I 1?
▶ An § 929 S. 1, der die Voraussetzung für die Eigentumsübertragung an beweglichen Sachen (Einigung und Übergabe) enthält.

Pfandbesitz erfordert, dass der Verpfänder den Besitz an dem Pfand aufgibt und der Gläubiger unmittelbaren Besitz gem. § 854 I oder II begründet. Allerdings muss dies mit dem Willen des bisherigen Besitzers geschehen. Sofern dieser der Besitzverschaffung nicht zustimmt, erlangt der Gläubiger trotz vorheriger Einigung kein Pfandrecht.[321]

267 ■ Was genügt, wenn der Pfandgläubiger im Besitz der Sache ist?
▶ Die dingliche Einigung gem. § 1205 I 2.

Dies entspricht der Regelung des § 929 S. 2 für die Eigentumsübertragung.

»Ähnlichkeiten« mit den Vorschriften für die Eigentumsübertragung finden wir auch in

Übungsfall 35

S ist zurzeit »nicht flüssig«, schuldet dem G jedoch 500 EUR. Zur Sicherung dieser Forderung bestellt S dem G ein Pfandrecht an seinem Ultrabook, das er allerdings dem Studenten D für die Anfertigung seiner Bachelorarbeit geliehen hat. S tritt deshalb dem G den Herausgabeanspruch gem. § 604, der ihm gegenüber D zusteht, ab. D wusste von der geplanten Verpfändung, deshalb hat S keine Veranlassung gesehen, sie dem D mitzuteilen.

Hat G ein Pfandrecht an dem Ultrabook erworben?

268 ■ Was sind die Voraussetzungen für den Pfandrechtserwerb an beweglichen Sachen (§ angeben!)?
▶ Gemäß § 1205 I müssen sich S und G über die Pfandrechtsbestellung zur Sicherung einer Forderung (§ 1204) einigen. Gemäß § 1205 II kann die Übergabe einer im mittelbaren Besitz des Eigentümers (S) befindlichen Sache dadurch ersetzt werden, dass der S den mittelbaren Besitz auf den Pfandgläubiger G überträgt und die Verpfändung dem Besitzer anzeigt.
■ Zwischenfrage: An welche Vorschrift erinnert Sie § 1205 II?
▶ Antwort: S. Fußnote[322].
■ An welcher Voraussetzung scheitert die Pfandrechtsbestellung?

321 MüKoBGB/*Damrau* § 1205 Rn. 9; Palandt/*Wicke* § 1205 Rn. 3.
322 **An § 931!**

- ▶ An der notwendigen Anzeige gem. § 1205 II aE. Da diese eine empfangsbedürftige Willenserklärung darstellt, genügt die bloße Kenntnis des Besitzmittlers (D) von der Verpfändung nicht.

Nach alledem hat G also kein Pfandrecht an dem Ultrabook erworben.

Die Ihnen – aus den §§ 929 ff. – bekannte Vereinbarung eines **Besitzkonstituts** ist bei der Pfandrechtsbestellung als Übergabesurrogat entsprechend § 930 **nicht vorgesehen** und folglich auch nicht möglich. Denn die Pfandrechtsbestellung soll durch eine Änderung der Besitzverhältnisse für andere Gläubiger **äußerlich erkennbar** sein. 269

- ■ An welchen sachenrechtlichen Grundsatz denken Sie hierbei?
- ▶ Wenn Sie wirklich nachgedacht haben, ist Ihnen sicherlich der »Publizitätsgrundsatz« eingefallen...

In der Praxis lässt sich dieser »Nachteil« des Pfandrechts durch eine **Sicherungsübereignung** vermeiden – wir kommen gleich (bei → Rn. 282) darauf zu sprechen.

Besonderheiten ergeben sich aus § 1206, wonach die Verpfändung durch Einräumung eines qualifizierten gesamthänderischen Mitbesitzes (zB durch Anbringen von zwei Schlössern)[323] möglich ist.

cc) Gutgläubiger Erwerb

Da der Pfandgläubiger oft nicht feststellen kann, ob der Verpfänder Eigentümer ist und/oder über die **Berechtigung** verfügt, über die Pfandsache zu verfügen, besteht gem. § 1207 die Möglichkeit eines gutgläubigen Erwerbs. Dieser unterliegt den Vorschriften der §§ 932 ff. 270

Achtung! Dies betrifft nur das hier behandelte *vertragliche* Pfandrecht. Für das Pfändungspfandrecht und die gesetzlichen Pfandrechte ist ein gutgläubiger Erwerb nicht vorgesehen.

Übungsfall 36[324]

S bringt sein Auto zur Reparatur in die Werkstatt des G. Im Rahmen des Reparaturvertrages wurden die AGB des G vereinbart, die auch die Klausel enthalten, dass der Werkunternehmer zur Sicherung seines Werklohnanspruchs ein Pfandrecht an Sachen, die zwecks Reparatur in seinen Besitz gelangen, erwirbt. Der Wagen des S war allerdings, was dem G nicht bekannt war, der Bank B sicherungsübereignet; die Zulassungsbescheinigung Teil II (früher »Kraftfahrzeugbrief«) befand sich im dortigen Safe (bei vielen anderen...). Hat G ein Pfandrecht an dem Pkw erlangt?

Zur **Sicherung** der Werklohn**forderung** (1) des G für die Reparaturarbeiten haben G und S sich hier mit der Einbeziehung der AGB über die Pfandrechtsbestellung an dem Auto **geeinigt** (2) und das Fahrzeug wurde dem G auch von S zur Reparatur **übergeben** (3). S war allerdings nicht mehr Eigentümer des Wagens und auch sonst nicht zur Verpfändung **berechtigt** (4). G könnte aber gutgläubig ein Pfandrecht an dem Auto erworben haben. 271

- ■ Was sind die Voraussetzungen des gutgläubigen Erwerbs des Pfandrechts?
- ▶ Gemäß § 1207 iVm § 932 muss der Pfandgläubiger insbesondere gutgläubig sein.
- ■ Wann ist dieser bösgläubig?

323 Palandt/*Wicke* § 1206 Rn. 2.
324 Nach BGHZ 68, 323 = NJW 1977, 1240.

- Der Pfandgläubiger ist bösgläubig, wenn er weiß oder infolge grober Fahrlässigkeit nicht weiß (§ 932 II), dass der Verpfänder nicht Eigentümer der Pfandsache ist.

Im vorliegenden Fall hatte G keine Kenntnis von der Sicherungsübereignung. Da die Vorlage der Zulassungsbescheinigung Teil II bei Reparaturen nicht üblich ist, war sie ihm auch nicht infolge grober Fahrlässigkeit unbekannt. Er hat daher aufgrund der Pfandklausel wirksam ein Pfandrecht an dem in seinen Besitz übergegangenen Wagen erworben.[325]

272 **dd) Akzessorietät**

Da das Pfandrecht nach seinem gesetzlichen Zweck auf die Sicherung einer Forderung gerichtet ist (vgl. § 1204), hat der Gesetzgeber dieses eng an die Forderung angelehnt und von dieser abhängig gemacht. Diese Akzessorietät des Pfandrechts bedeutet, dass es **nicht ohne eine zu sichernde Forderung** bestehen kann. Wenn und solange also die gesicherte Forderung nicht besteht, kann es nicht entstehen. Sofern die gesicherte Forderung erlischt, erlischt auch das Pfandrecht (§ 1252).

Die **inhaltliche Abhängigkeit** des Pfandrechts **von der Forderung** zeigt sich darin, dass das Pfandrecht erst in dem Zeitpunkt ausgeübt werden kann, in dem die Forderung fällig geworden ist. Außerdem ist die Verwertungsbefugnis gem. § 1210 I 1 durch die Höhe der Geldforderung begrenzt.

273 Die Akzessorietät wird auch in § 1211 (lesen!) deutlich und wirkt sich auf die Übertragung aus: Das Pfandrecht kann nicht für sich allein übertragen werden. Vielmehr muss die Forderung nach § 398 abgetreten werden. Das Pfandrecht geht dann *kraft Gesetzes* automatisch mit der Forderung über (§ 1250 I).

- Verständnisfrage: Das Pfandrecht kann immer nur dem Gläubiger der Forderung zustehen. Muss der Verpfänder mit dem Schuldner identisch sein?
- Der Verpfänder braucht nicht mit dem Schuldner identisch zu sein. Er kann das Pfandrecht für eine eigene wie auch für eine fremde Schuld bestellen.

---

325 In der Literatur ist die Entscheidung BGHZ 68, 323 = NJW 1977, 1240 auf Kritik gestoßen, s. bei Interesse *Schreiber* SachenR Rn. 259 mwN.

Übersicht 18

Pfandrecht 274

Gesetzliches Pfandrecht	**Pfändungspfandrecht**	**Vertragliches Pfandrecht**
Entsteht **kraft Gesetzes** ohne besondere vertragliche Vereinbarung zB bei folgenden Schuldverhältnissen: → Vermieterpfandrecht: § 562 ff. → Verpächterpfandrecht: § 592 → Unternehmerpfandrecht: § 647 → Pfandrecht des Gastwirts: § 704 → *Handelsrecht* • Kommissionär: §§ 397, 404 HGB • Frachtführer: § 440 HGB • Verfrachter: § 495 HGB • Spediteur: § 464 HGB • Lagerhalter: § 475b HGB	Gläubiger kann im Wege der **Zwangsvollstreckung** pfänden Pfändungsgegenstände = → Bewegliche Sachen: §§ 808 ff. ZPO → Forderungen: §§ 828 ff. ZPO → Sonstige Rechte: § 857 ZPO Rechtsfolge der Pfändung: → Pfandrecht nach § 804 I ZPO; entsprechende Anwendung der §§ 1204 ff. (beachte: § 804 II ZPO)	*Anwendungsbereich:* → Kleinkredite von Pfandleihhäusern (»**Faustpfand**«) → **Verpfändung** von Wertpapieren, Wertsachen und Forderungen an Banken (→ Rn. 292 ff.) *Akzessorietät:* → Kein Pfandrecht ohne **(1) Forderung** (vgl. § 1252) *Entstehung:* → **(2) Einigung** und **(3) Besitzverschaffung** (§§ 1205, 1206) **(4) Berechtigung**/ *gutgläubiger Erwerb:* → Möglich nach § 1207 iVm §§ 932 ff.

ee) Verwertung

■ Lesen Sie § 1228 (ganz)! Dann können Sie die sog. »**Pfandreife**« erläutern! 275

► Mit Fälligkeit der gesicherten Forderung tritt die Pfandreife ein (§ 1228 II 1), und das Pfand darf verwertet werden.

Grundsätzlich erfolgt die Verwertung des Pfandes durch **Pfandverkauf** (= Veräußerung des Pfandgegenstandes) gem. §§ 1228 I, 1233 I im Rahmen einer öffentlichen Versteigerung nach §§ 1235 I, 383 III.

Der Versteigerer (= Gerichtsvollzieher, öffentlich bestellter Auktionator, Notar) wird als Vertreter des Pfandgläubigers tätig. Mit dem Erwerber schließt er einen Kaufvertrag ab (§ 156 lesen!) und übereignet diesem den Pfandgegenstand gem. §§ 929 ff. Die in § 1243 normierten Rechtmäßigkeits- und Ordnungsvorschriften sind hierbei zu beachten.

Hierzu

Übungsfall 37

Die wertvolle Briefmarkensammlung wurde dem E gestohlen. Mittlerweile hat diese der gutgläubige S in Besitz und verpfändet die Sammlung dem G zur Sicherung einer Darlehensforderung. G lässt die Briefmarkensammlung mit Eintritt der Pfandreife ordnungsgemäß öffentlich versteigern. Versehentlich wurde aber der Versteigerungstermin nicht öffentlich bekannt gemacht.

Hat der Ersteigerer D Eigentum an der Briefmarkensammlung erworben?

276 An sich liegen die Voraussetzungen des Eigentumserwerbs nach § 929 S. 1 – Einigung und Übergabe – vor.

- ■ Welche Voraussetzungen müssen zusätzlich bei einer Versteigerung beachtet werden?
- ▶ G muss ein Pfandrecht an der Briefmarkensammlung gehabt haben und die Rechtmäßigkeitsvoraussetzungen der Pfandveräußerung müssen gegeben sein.
- ■ An welcher Vorschrift scheitert ein Pfandrechtserwerb des G?
- ▶ Gemäß §§ 1207, 935 ist ein Pfandrechtserwerb an gestohlenen Sachen nicht möglich.
- ■ Wie steht es mit den Voraussetzungen für die Pfandveräußerung?
- ▶ Gemäß § 1243 I iVm § 1237 S. 1 hätten Zeit und Ort der Versteigerung öffentlich bekannt gemacht werden müssen.

Somit dürfte ein Eigentumserwerb seitens D nicht vorliegen.

277
- ■ Lesen Sie § 1244! Sind die Voraussetzungen dieser Vorschrift gegeben?
- ▶ Ein gutgläubiger Eigentumserwerb durch D gem. § 1244 ist gegeben. Die Sammlung wurde als Pfand veräußert, die Veräußerung erfolgte durch öffentliche Versteigerung (§§ 1235, 383 III) und D war gutgläubig iSv § 932 I, II.
- ■ Wird der gutgläubige Erwerb durch D aufgrund des Diebstahls der Briefmarkensammlung verhindert?
- ▶ Da § 1244 nur auf die §§ 932–934 und 936, nicht aber auf § 935 verweist, steht dem gutgläubigen Erwerb durch D nichts entgegen!

Somit ist D gem. § 1244 wirksam Eigentümer der Briefmarkensammlung geworden.

278 Wegen des Eigentumsverlustes und der iSd § 1243 I unrechtmäßigen Pfandveräußerung kommen Schadensersatzansprüche[326] des E gegen G in Betracht, nach denen aber nicht gefragt ist und denen wir aus Platzgründen auch nicht weiter nachgehen wollen. Interessieren soll uns aber der Erlös aus der Pfandverwertung, weshalb wir zur Verdeutlichung und Vereinfachung den Fall leicht abwandeln:

Die öffentliche Versteigerung ist ordnungsgemäß verlaufen, und D hat die Briefmarkensammlung für 5.000 EUR ersteigert. Den Betrag hat er dem G bezahlt.

279 Im Normalfall erfolgt die Verteilung des Versteigerungserlöses gem. § 1247 (lesen!): Grundsätzlich erlischt die Forderung, soweit der Pfandgläubiger aus dem Erlös befriedigt wurde (§ 1247 S. 1). Der überschüssige Erlös tritt gem. § 1247 S. 2 an die Stelle des Pfandes und fällt kraft Gesetzes an den Eigentümer des Pfandes.

326 S. dazu Palandt/*Wicke* § 1243 Rn. 2.

- ■ Steht dem G der Versteigerungserlös zu?
- ▶ Da G wegen der §§ 1207, 935 an der gestohlenen Sammlung kein Pfandrecht erworben hatte, war er auch nicht Pfandgläubiger. Er hat nach § 1247 S. 1 keinen Anspruch auf den Versteigerungserlös. Seine Forderung gegen S besteht fort.
- ■ Wer wird Eigentümer der 5.000 EUR?
- ▶ Eigentümer dieses Geldbetrages wird E gem. § 1247 S. 2.

Und das, obwohl das Geld von D an G gegeben wurde!

Grund dafür ist: »§ 1247 ist stärker als § 929«.[327]

- ■ Was ist, wenn D kein Eigentum an der Briefmarkensammlung erlangt hat – zB, da er das Nichtbestehen des Pfandrechts kannte?
- ▶ In diesem Fall bleibt E Eigentümer der Sammlung und kann sie von D herausverlangen.
- ■ Welche Anspruchsgrundlage kommt in Betracht, wenn E die Versteigerung nach § 185 genehmigt?
- ▶ Dann kann E von G den Erlös nach § 816 I herausverlangen.[328]

Für den Fall, dass bei einem von E dem G bestellten Pfandrecht und völlig rechtmäßigem Pfandverkauf der Erlös 5.000 EUR beträgt, die Forderung aber nur über 4.000 EUR lautete, gilt: An dem Erlös entsteht Miteigentum von G und E im Verhältnis 4 : 1. G kann 4.000 EUR behalten und muss 1.000 EUR an E bezahlen.

Sofern der Pfandgläubiger gegen den Eigentümer einen vollstreckbaren Titel erlangt **280**
hat, kann er den Verkauf des Pfandes auch nach den für den Verkauf einer gepfändeten Sache geltenden Vorschriften bewirken (§ 1233 II); die Verwertung erfolgt dann durch den Gerichtsvollzieher gem. §§ 814 ff. ZPO.

Hat das Pfand einen Börsen- oder Marktpreis (was insbesondere bei Wertpapieren regelmäßig der Fall ist), ist auch ein **»freihändiger Verkauf«** gem. § 1235 II iVm § 1221 zulässig.

Gemäß § 1245 I können Eigentümer und Pfandgläubiger ferner eine von den §§ 1234–1240 abweichende Art des Pfandverkaufs vereinbaren.

ff) Erlöschen

Das Pfandrecht als akzessorisches Recht erlischt »mit der Forderung, für die es be- **281**
steht« (§ 1252 lesen!). Es entsteht also kein Eigentümerpfandrecht.

Auch wenn die Forderung fortbesteht, kann das Pfandrecht erlöschen. So, wenn der Gläubiger es aufhebt (§ 1255) oder wenn er das Pfand dem Verpfänder oder Eigentümer zurückgibt (§ 1253 I).

Der Verpfänder hat nach Erlöschen des Pfandrechts gem. § 1223 I das Recht, vom Pfandgläubiger das Pfand zurückzuverlangen. Gemäß § 985 steht dieses Recht auch dem Eigentümer zu.

327 *Baur/Stürner* SachenR § 55 Rn. 29; vgl. ferner Palandt/*Wicke* § 1243 Rn. 2 und § 1247 Rn. 5.
328 *Baur/Stürner* SachenR § 55 Rn. 29.

2. Sicherungsübereignung

282 Zu den Fällen des Eigentumserwerbs an beweglichen Sachen nach § 930 gehört, wie bereits angedeutet, auch die »Sicherungsübereignung«, mit der wir uns nun etwas ausführlicher befassen.

Prüfungsschema Sicherungsübereignung

1. **Einigung** über Eigentumsübergang (§ 929)
2. als Kreditsicherheit (**Sicherungsvereinbarung**)
3. Besitzmittlungsverhältnis als **Übergabesurrogat** (§§ 929, 930)
4. **Berechtigung** oder § 933

Der Sicherungsübereignung kommt im Wirtschaftsleben ganz besondere Bedeutung zu, da sie eine sehr häufig praktizierte Form der Sicherung von Krediten ist.

Die Beteiligten bei der Sicherungsübereignung im Zweipersonenverhältnis sind:

Kreditgeber (G)	=	Sicherungsnehmer, neuer (Sicherungs-)Eigentümer (meist: kreditgewährende Bank), neuer mittelbarer Besitzer
Kreditnehmer (S)	=	Sicherungsgeber, bisheriger Eigentümer, bisheriger und neuer unmittelbarer Besitzer

Deren Rechtsbeziehungen und die Rechtspositionen hinsichtlich des Sicherungsguts (SiG) (in den beiden Fällen: Bär, Taxis) verdeutlicht die folgende Grafik:

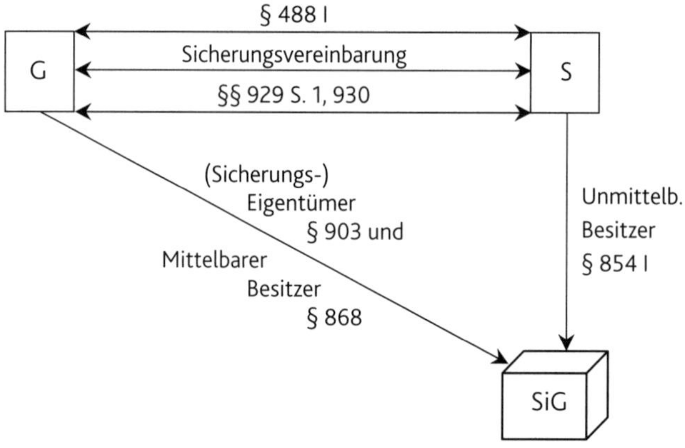

283 Wie die Sicherungsübereignung im Einzelnen vonstattengeht, wollen wir uns zunächst an einem sehr einfachen Fall verdeutlichen, den Sie vielleicht kennen.

Übungsfall 38[329]

Der Bärentreiber Schulli (S) möchte von Gläubel (G) ein Darlehen haben. Als Sicherheit für dieses Darlehen bietet er ihm seinen wertvollen Tanzbären Brummi an. Was kann G tun, um sein Darlehen zu sichern?

329 Nach *Nawratil*, BGB leicht gemacht, 31. Aufl. 2011, Fall 97.

■ An welches Sicherungsmittel würden Sie denken, wenn Sie nicht wüssten, dass die Vereinbarung einer Sicherungsübereignung in Betracht kommt? Welches ist sozusagen das klassische Mittel, um sich durch Belastung einer beweglichen Sache einen Kredit (= Geld) zu verschaffen? (Wenn Sie bisher aufmerksam gelesen haben, müssten Sie dieses Sicherungsmittel kennen! Überlegen Sie!)

▶ G könnte sich zB ein **Pfandrecht** an dem Bären bestellen lassen: § 1204 (nochmals lesen!).

■ Wie aber wird ein Pfandrecht bestellt? Lesen Sie hierzu § 1205 I!

▶ Neben der Einigung über das Bestehen des Pfandrechts ist auch die Übergabe der Sache erforderlich.

Die Aussicht, sich einen Bären ins Wohnzimmer zu stellen, ist sicherlich nicht geeignet, die Kreditbereitschaft des G zu fördern. Ihm kommt es darauf an, dass er den Bären verwerten (= verkaufen) kann, falls S nicht zahlt!

Und auch S wird das nicht so wörtlich gemeint haben, als er seinen Bären zur Sicherheit angeboten hatte; denn was tut ein Bärentreiber[330] ohne Bär?

Wie kann man den beiden helfen, damit S seinen Bären behalten darf sowie das Dar- **284**
lehen bekommt und G seine Sicherheit erhält?

Die Antwort kennen Sie: Die beiden können eine **Sicherungsübereignung** vereinbaren, die einem **besitzlosen Pfandrecht** ähnelt!

■ Was bedeutet die Vereinbarung der Sicherungsübereignung? Versuchen Sie einmal, mit eigenen Worten zu formulieren, was der Darlehensgeber und der Darlehensnehmer bei der Sicherungsübereignung vereinbaren!

▶ Der Darlehensnehmer überträgt dem Darlehensgeber *zur Sicherung der Darlehensforderung* (= Sicherungsvereinbarung) das Eigentum an dem Sicherungsgegenstand, also der beweglichen Sache, während er selbst den unmittelbaren Besitz an der Sache behält.

■ An welches Rechtsinstitut aus dem Besonderen Schuldrecht, das wir bereits ange- **285**
sprochen haben, erinnert Sie diese Konstruktion? (Nachdenken!)

▶ An den Eigentumsvorbehalt[331]! Auch dort ist der Kreditgeber Eigentümer der Sache, während der Kreditnehmer unmittelbarer Besitzer der Sache ist. Allerdings ist die Situation beim Eigentumsvorbehalt umgekehrt.

■ Worin liegt der Unterschied (§ 449 lesen!)?

▶ Beim **Eigentumsvorbehalt** hat der Kreditgeber ursprünglich Eigentum und Besitz an der Sache und gibt zunächst den Besitz an den Kreditnehmer weiter. Das Eigentum an der Sache behält er sich unter der aufschiebenden Bedingung (§ 158 I!) der Zahlung der letzten Kaufpreisrate vor.
Bei der **Sicherungsübereignung** hat der Kreditgeber zunächst weder Eigentum noch Besitz an der Sache. Beides liegt im Regelfall beim Kreditnehmer. Während der Kreditnehmer den unmittelbaren *Besitz* an der Sache behält, überträgt er das **Eigentum** auf den Kreditgeber. Dies allerdings grundsätzlich unter der

---

330 Falls Sie sich unter einem »Bärentreiber« nichts vorstellen können, werden Sie selbst im »Duden, Deutsches Universalwörterbuch« keine Erklärung finden. Dort finden Sie aber unter »Tanzbär« einen Hinweis auf unseren »Sachverhalt« = »dressierter Bär, der (auf Jahrmärkten) tänzerische Bewegungen ausführt ...«.
Kurz: Ohne Bär kann ein Bärentreiber seinen Lebensunterhalt nicht verdienen!

331 Vgl. dazu *Wörlen/Metzler-Müller* SchuldR BT Rn. 73 ff., sowie → **Rn. 291a**.

auflösenden Bedingung (§ 158 II!), dass dem Kreditgeber das Eigentum nur so lange zustehen soll, bis die letzte Rate des Kredits bezahlt ist. Mit diesem Zeitpunkt tritt der alte Rechtszustand ein, dh, der Kreditnehmer wird dann »automatisch« wieder Eigentümer.

286 **Hinweis:** In der Praxis wird allerdings anstelle einer Bedingung iSv § 158 II regelmäßig vereinbart, dass die Bank das Eigentum auf den Kreditnehmer gesondert zurückübertragen muss.

In dem entsprechenden Vertragsformular, das im Anschluss an Übersicht 19[332] wiedergegeben ist, heißt es unter § 10 I: »Soweit die durch den Sicherungsübereignungsvertrag gesicherten und sich aus ihm ergebenden Forderungen in voller Höhe getilgt sind, hat der Sicherungsnehmer die ihm übertragenen Sicherheiten auf den Sicherungsgeber zurück zu übertragen.«

■ Nach allem, was Sie bisher über die verschiedenen Eigentumsübertragungen gelesen haben, müssten Sie die Frage, nach welcher Rechtsvorschrift diese **Rückübertragung** des Eigentums erfolgt, leicht beantworten können. (Überlegen Sie![333])

287 Bleiben wir aber bei § 930, der die Sicherungsübereignung betrifft, und betrachten ihre Konstruktion an einem weiteren praktischen **Beispiel**:

Übungsfall 39

Der Taxiunternehmer Schulte (S) braucht dringend Geld. Die Girus-Bank (G), bei der er nachgefragt hat, ist zwar bereit, Kredit zu geben, verlangt aber Sicherheiten. S, der keinen Grundbesitz hat, denkt zunächst an seine beiden Taxis. Eine Verpfändung kommt wegen der damit verbundenen Übergabe nicht in Betracht. S will die Autos behalten, um damit Geld zu verdienen und den Kredit zurückzuzahlen. Andererseits hat auch die Bank kein Interesse an einer Aufbewahrung der Autos. Wie lassen sich die Interessen der beiden vereinbaren?

Wie Sie sehen, ist dieser Fall dem Bärentreiberfall gleichgelagert; nur der Sicherungsgegenstand ist etwas zeitgemäßer. Die Antwort auf die Fallfrage kennen Sie natürlich: Als Mittel zur Darlehenssicherung kommt eine Sicherungsübereignung in Betracht.

288 Wir wollen diesen Fall dazu benutzen, anhand des Gesetzes noch einmal genau nachzuvollziehen, wie die Sicherungsübereignung konstruiert ist. Lesen Sie deshalb nochmals §§ 930 und 931.

■ Welche Gemeinsamkeiten weisen diese beiden Vorschriften im Wortlaut auf? (Überlegen Sie!)

▶ Beide Vorschriften setzen eine Einigung iSv § 929 S. 1 voraus und ermöglichen es, die Übergabe zu ersetzen.

■ Warum passt § 931 in unserem Fall nicht, um den gewünschten Kredit des S abzusichern? (Vorschrift nochmals lesen!)

▶ Weil nicht ein Dritter, sondern S selbst im Besitz der Sache ist und auch bleiben will!

---

332 → **Rn. 291 ff.**

333 **§ 929 S. 2!**

Das, was G und S wollen, nämlich Übergang des Eigentums ohne Übergabe der Sache, ermöglicht nur § 930. Da § 930 von einem Ersatz der Übergabe durch Einräumung des mittelbaren Besitzes spricht, folgt daraus zwingend (→ Rn. 108), dass daneben stets auch eine *Einigung* über den Eigentumsübergang iSv § 929 vorliegen muss! **289**

Hinweis: § 929 S. 1 ist bei der Sicherungsübereignung immer zusammen mit § 930 zu zitieren!

Wenn man sich dies einmal deutlich vor Augen geführt hat, wird einem das Rechtsinstitut der Sicherungsübereignung keine Schwierigkeiten mehr bereiten.

Sehen Sie sich die Sicherungsübereignung nochmals auf einem Schaubild an (= Übersicht 19):

Übersicht 19

Sicherungsübereignung 290

Rechtliche Voraussetzungen: **Einigung** über Eigentumsübertragung gem. § 929 S. 1 und anstelle der Übergabe Vereinbarung von **Besitzkonstitut** gem. § 930

»Rechtsfolgen«:

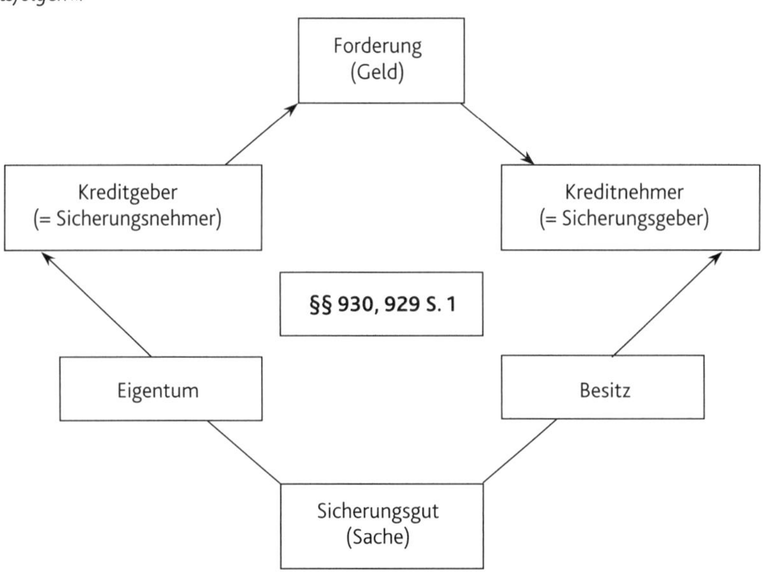

Wesen: Die Sicherungsübereignung ist eine Eigentumsübertragung mit der Abrede (= »Sicherungsvereinbarung«), die zur Sicherung übereignete Sache (nur) bei Nichterfüllung der gesicherten Forderung(en) zu verwerten (= »Sicherungszweck«).

Wie sich diese rechtliche Konstruktion in der Praxis auswirkt, zeigen die folgenden Vertragsbedingungen[334] eines Kfz-Sicherungsübereignungsvertrags:

291

Sicherungsübereignungsvertrag[335]

zwischen

A ...... – nachfolgend Sicherungsgeber genannt –

und

B ...... – nachfolgend Sicherungsnehmer genannt –

§ 1 Gegenstand der Sicherungsübereignung

(1) Der Sicherungsgeber überträgt hiermit an den Sicherungsnehmer das Eigentum an folgendem Kraftfahrzeug (nachfolgend Sicherungsgut genannt):
Hersteller ... /Typ ... /Fahrgestellnummer ... /Amtliches Kennzeichen ... /Tag der Erstzulassung ... /Km-Stand ... /Versicherung ... .

(2) Das Sicherungsgut befindet sich in der Garage am ersten Wohnsitz des Sicherungsgebers. Eine dauernde Veränderung des Standortes bedarf der Einwilligung des Sicherungsnehmers.

(3) Für die Dauer der Sicherungsübereignung übergibt der Sicherungsgeber dem Sicherungsnehmer die über das Sicherungsgut ausgestellten Fahrzeugbriefe [jetzt: Zulassungsbescheinigung Teil II]. Der Sicherungsnehmer bestätigt den Empfang der vorgenannten Unterlagen.

(4) Die Übergabe des Sicherungsgutes an den Sicherungsnehmer wird in der Weise ersetzt, dass der Sicherungsnehmer dem Sicherungsgeber das Sicherungsgut zu treuen Händen überlässt. Soweit Dritte unmittelbaren Besitz am Sicherungsgut erlangen, tritt der Sicherungsgeber bereits jetzt seine bestehenden und zukünftigen Herausgabeansprüche an den Sicherungsnehmer ab.

§ 2 Sicherungszweck

Die Übereignung und die Übertragung der sonstigen mit diesem Vertrag bestellten Rechte und Ansprüche erfolgt zur Sicherung aller gegenwärtigen, künftigen – auch bedingten oder befristeten – Forderungen, die dem Sicherungsnehmer gegen den Sicherungsgeber aus dem Darlehensvertrag vom ...... in Höhe von ...... und Zinsen p. a. in Höhe von ...... zustehen, und zwar auch dann, wenn die vereinbarte Laufzeit des Darlehens verlängert wird.

§ 3 Deckungsgrenze

Die Parteien sind sich darüber einig, dass der Wert des Sicherungsgutes bei Vertragsabschluss ......% (Deckungsgrenze) der zu sichernden Forderung (§ 2) entspricht. Unterschreitet der Wert des Sicherungsgutes die Deckungsgrenze nachhaltig, so ist der Sicherungsgeber zu einer entsprechenden Ergänzung des Sicherungsgutes verpflichtet.

§ 4 Nutzung des Sicherungsgutes

(1) Im Rahmen des üblichen Gebrauchs ist es dem Sicherungsgeber gestattet, das Sicherungsgut zu nutzen. Er ist verpflichtet, das Sicherungsgut auf seine Kosten in ordnungsgemäßem und betriebs-

334 »Bedingungen« nicht iSv § 158, sondern iSv **»Allgemeine Geschäftsbedingungen«!**

335 Quelle: *Schaumburg/Dremel*, Formularbuch Recht und Steuern, 8. Aufl. 2014, B 23. Weitere Muster zB bei Schulze/Grziwotz/Lauda/*Eberl*, Kommentiertes Vertrags- und Prozessfomularbuch, 3. Aufl. 2017, § 930 Rn. 1 (Sicherungsübereignung einer beweglichen Sache) und § 930 Rn. 24 (Sicherungsübereignung eines Warenlagers mit wechselndem Bestand).

fähigem Zustand zu halten und insbesondere die notwendigen Reparaturen sachgerecht durchführen zu lassen. Der Sicherungsgeber hat die Wartungs-, Pflege und Gebrauchsempfehlungen des Herstellers zu befolgen.

(2) Der Sicherungsnehmer ist jederzeit berechtigt, das Sicherungsgut am Standort (§ 1 Abs. 2) zu überprüfen. Für diesen Zweck ist dem Sicherungsnehmer freier Zutritt zum Standort zu gewähren und jede zu diesem Zweck erforderliche Auskunft zu erteilen und die betreffenden Unterlagen zur Einsicht vorzulegen.

(3) Soweit sich das Sicherungsgut in unmittelbarem Besitz Dritter befindet, werden diese vom Sicherungsgeber angewiesen, dem Sicherungsnehmer Zutritt zum Sicherungsgut zu gewähren.

§ 5 Eigentum, Belastungen und sonstige Maßnahmen Dritter

(1) Der Sicherungsgeber versichert, dass ihm an dem Sicherungsgut das unbedingte sowie unbelastete Eigentum zusteht.

(2) Der Sicherungsgeber versichert ferner, dass rückständige Forderungen wegen Garagen- oder Stellplatzmiete, durch die ein Vermieterpfandrecht begründet sein könnte, sowie Prämienrückstände gegenüber dem Haftpflicht- oder dem Kasko-Versicherer oder Pfandrechte aus einem Werkvertrag nicht bestehen.

(3) Soweit das Sicherungsgut in gemieteten Räumen abgestellt wird, hat der Sicherungsgeber auf Verlangen des Sicherungsnehmers den Nachweis zu erbringen, dass die Mietzahlungen geleistet worden sind.

(4) Sollten Pfändungen oder sonstige Maßnahmen Dritter in das Sicherungsgut erfolgen, hat der Sicherungsgeber den Sicherungsnehmer unverzüglich hierüber zu informieren und alle Unterlagen zur Verfügung zu stellen, die der Sicherungsnehmer für den Widerspruch gegen die Pfändung oder sonstige Maßnahmen benötigt. Dies gilt gleichfalls für alle mit dem Sicherungsgut zusammenhängenden Vorkommnisse. Der Sicherungsnehmer ist befugt, zur Abwendung von Maßnahmen Dritter diese auf Kosten des Sicherungsgebers abzuwenden.

§ 6 Ersatzteile und Zubehör

Werden nach Abschluss dieser Vereinbarung Teile aus dem Sicherungsgut entfernt bzw. ausgebaut, so verbleiben diese solange im Eigentum des Sicherungsnehmers, bis sie durch gleichwertige Teile ersetzt worden sind. Hinzuerworbene Bestandteile und Zubehörstücke werden mit ihrem Einbau bzw. ihrer Einbringung in das Sicherungsgut Eigentum des Sicherungsnehmers; sie werden dem Sicherungsgeber gleichfalls leihweise zur Benutzung überlassen.

§ 7 Lastentragung

(1) Der Sicherungsgeber trägt sämtliche das Sicherungsgut betreffenden Gefahren, Haftungen, Steuern, Abgaben und alle sonstigen Lasten, auch soweit sie mit dem Betrieb des Sicherungsgutes in Zusammenhang stehen. Insbesondere bleibt der Sicherungsgeber Halter des Fahrzeugs iSv § 7 StVG.

(2) Der Sicherungsgeber ist verpflichtet den Sicherungsnehmer von allen Verbindlichkeiten freizustellen, die ihn als Eigentümer des Sicherungsgutes etwa treffen sollten.

§ 8 Versicherungen

(1) Der Sicherungsgeber ist verpflichtet, das Sicherungsgut für die Dauer der Sicherungsübereignung im Rahmen einer Vollkaskoversicherung sowie einer ausreichenden Haftpflichtversicherung zu versichern. Der Sicherungsgeber hat dem Sicherungsnehmer das Bestehen der Versicherung anzuzeigen sowie die Verpflichtung, sämtliche Prämienzahlungen dem Sicherungsnehmer unverzüglich nach dem Fälligkeitstermin unaufgefordert nachzuweisen. Besteht das Versicherungsverhältnis nicht mehr, so darf das Sicherungsgut nicht mehr genutzt werden.

(2) Sämtliche sich aus diesem Versicherungsverhältnis ergebenden gegenwärtigen und zukünftigen Ansprüche gegen den Versicherer tritt der Sicherungsgeber unter Maßgabe der Zweckbestimmung des § 2 an den Sicherungsnehmer hiermit ab.

(3) Der Sicherungsgeber ist verpflichtet, dem Versicherer mitzuteilen, dass das Sicherungsgut an den Sicherungsnehmer zu Eigentum übertragen ist und sämtliche Rechte aus dem Versicherungsvertrag, soweit sie das Sicherungsgut betreffen, dem Sicherungsnehmer zustehen und der Sicherungsnehmer in die Rechte, nicht aber in die Pflichten des Versicherungsvertrages eintritt. Dies gilt mit der Maßgabe, dass der Sicherungsgeber zur Aufhebung der Versicherung ohne Zustimmung des Sicherungsnehmers nicht berechtigt ist.

(4) Der Sicherungsgeber beantragt bei der Versicherung einen entsprechenden Sicherungsschein, der dem Sicherungsnehmer zu übersenden ist.

(5) Wenn der Sicherungsgeber die Versicherung nicht oder nicht ausreichend bewirkt hat, darf der Sicherungsnehmer dies auf Gefahr und Kosten des Sicherungsgebers vornehmen.

§ 9 Verwertung

(1) Verstößt der Sicherungsgeber gegen die ihm obliegenden Pflichten zur vertragsgemäßen Behandlung des Sicherungsgutes in erheblicher Weise oder verfügt er über das Sicherungsgut über den Rahmen des üblichen Gebrauchs hinaus, ist der Sicherungsnehmer berechtigt, die Nutzungsbefugnisse zu widerrufen und die Herausgabe des Sicherungsgutes zu verlangen. Dasselbe gilt, wenn der Sicherungsgeber die Zahlungen eingestellt hat oder ein Insolvenzantrag gestellt worden ist. Die Herausgabe kann der Sicherungsnehmer ferner dann verlangen, wenn der Sicherungsgeber mit fälligen Zahlungen hinsichtlich der durch diesen Vertrag gesicherten Forderung in Verzug ist oder seine vertraglichen Verpflichtungen nicht erfüllt.

(2) Im Falle des Zahlungsverzugs hinsichtlich der durch diesen Vertrag gesicherten Forderung und Nebenleistungen ist der Sicherungsnehmer zudem berechtigt, das Sicherungsgut in unmittelbaren Besitz zu nehmen und zu verwerten, soweit dies zur Erfüllung der rückständigen Forderung erforderlich ist.

(3) Die Verwertung ist dem Sicherungsgeber unter Fristsetzung von einem Monat schriftlich anzudrohen.

(4) Im Verwertungsfalle ist der Sicherungsnehmer berechtigt, das Sicherungsgut nach seiner Wahl öffentlich zu versteigern oder freihändig im eigenen Namen zu verkaufen. Der Sicherungsnehmer kann auch von dem Sicherungsgeber verlangen, dass dieser nach Weisungen das Sicherungsgut bestmöglich verwertet oder bei der Verwertung mitwirkt. Der Sicherungsgeber hat alles bei der Verwertung des Sicherungsgutes Erlangte unverzüglich an den Sicherungsnehmer herauszugeben. Der Sicherungsnehmer ist berechtigt, den Erlös zur Abdeckung der durch diesen Vertrag gesicherten Forderung zu verwenden.

(5) Nach Verwertung hat der Sicherungsnehmer nach Abführung der Umsatzsteuer einen noch verbleibenden Überschuss an den Sicherungsgeber herauszugeben.

§ 10 Rückübertragung und Freigabe von Sicherheiten

(1) Soweit die durch den Sicherungsübereignungsvertrag gesicherten und sich aus ihm ergebenden Forderungen in voller Höhe getilgt sind, hat der Sicherungsnehmer die ihm übertragenen Sicherheiten auf den Sicherungsgeber zurück zu übertragen.

(2) Schon vor vollständiger Befriedigung der durch diesen Vertrag gesicherten Ansprüche ist der Sicherungsnehmer auf Verlangen des Sicherungsgebers verpflichtet, das übertragene Sicherungsgut an den Sicherungsgeber ganz oder teilweise freizugeben, soweit der Schätzwert des Sicherungsgutes ...... % der gesicherten Ansprüche des Sicherungsnehmers nicht nur vorübergehend überschreitet. Der Sicherungsgeber hat dem Sicherungsnehmer in diesem Fall ein anderes werthaltiges Sicherungsgut zur Sicherung anzubieten.

(3) Für den Wertvergleich maßgebend ist der jeweilige Verkehrswert des Sicherungsgutes, der sich nach der jeweils aktuellen Schwacke-Liste richtet.

§ 11 Salvatorische Klausel

Soweit eine Bestimmung dieses Vertrages ganz oder teilweise unwirksam ist oder nicht durchgeführt werden kann, berührt dies die Gültigkeit des Vertrages im Übrigen nicht.

3. Eigentumsvorbehalt und Anwartschaftsrecht

a) Einfacher Eigentumsvorbehalt 291a

Das im BGB nicht geregelte, aber heute allgemein anerkannte **Anwartschaftsrecht**[336] *auf Eigentumserwerb* hat seine größte wirtschaftliche Bedeutung beim Kauf unter **Eigentumsvorbehalt** (§ 449), den wir eben bei → Rn. 285 angesprochen hatten.[337] Beim Eigentumsvorbehalt übergibt der Verkäufer einer beweglichen Sache diese dem Käufer bereits, behält sich das Eigentum daran jedoch vertraglich bis zur Zahlung des Kaufpreises vor. Beteiligt am Vorbehaltskauf und der Vorbehaltsübereignung sind demnach folgende Personen:

Vorbehaltsverkäufer (V)	→	übergibt die Kaufsache bereits, bleibt aber noch Eigentümer bis zur vollständigen Kaufpreiszahlung
Vorbehaltskäufer (K)	=	muss nicht sofort zahlen, hat bereits unmittelbaren Besitz, erwirbt Anwartschaft auf vollständigen Eigentumserwerb.

Ihre schuld- und sachenrechtlichen Rechtsbeziehungen und -positionen macht die folgende Grafik anschaulich:

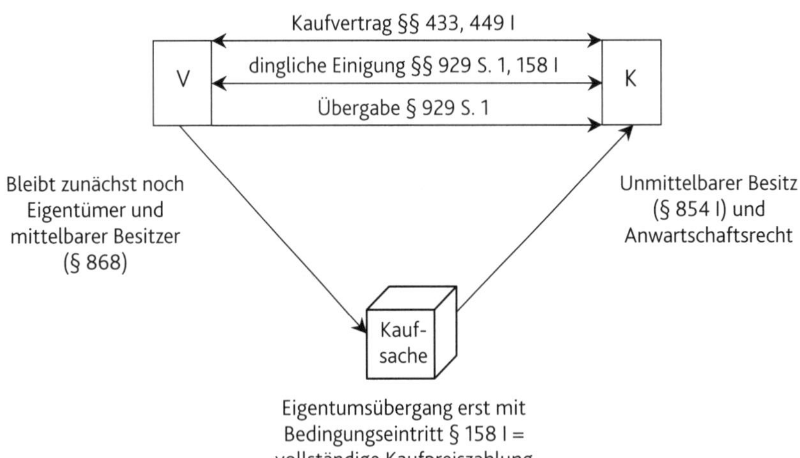

Diese Form der Kreditsicherung ähnelt der Sicherungsübereignung (→ Rn. 282 ff.), unterscheidet sich von ihr aber dadurch, dass hier der Kreditgeber von vornherein Eigentümer (und Verkäufer) des Sicherungsobjektes ist.

Beispiel: Die erfolgreiche Eventgestalterin K möchte einen zusätzlichen Oldtimer anschaffen, um der großen Nachfrage nach exklusiven Mietfahrzeugen für Hochzeiten und besondere Anlässe gerecht werden zu können. Über das dazu erforderliche Geld verfügt sie zwar noch nicht, aber angesichts der guten Auftragslage wird sie die entsprechenden Mittel mit dem »neuen« Wagen in kurzer Zeit verdient haben. Verkäufer V ist bereit, der K dergestalt Kredit zu gewähren, dass sie

---

336 Zur Einordnung des Begriffs vgl. *Medicus/Petersen* BürgerlR Rn. 456 und *Wörlen/Metzler-Müller* SchuldR BT Rn. 75 ff. Einzelheiten und anschauliche Fallbeispiele dazu zB bei *Helms/Zeppernick* SachenR I Rn. 250 ff.; *Vieweg/Werner* SachenR § 11 Rn. 34 ff.

337 S. dazu die Übungsfälle 4 und 5 bei *Wörlen/Metzler-Müller* SchuldR BT Rn. 78 und 81.

den Kaufpreis erst nach und nach in 24 Monatsraten abbezahlen muss. Er möchte sich aber für den Fall absichern, dass sich die Geschäfte der K nicht wie geplant entwickeln. Die beiden vereinbaren daher einen Kaufvertrag mit Eigentumsvorbehalt, nach dem K den Oldtimer bereits erhalten soll und auch nutzen darf, um mit den Mieteinnahmen den Kredit zu tilgen. Beide sind darüber einig, dass das Eigentum erst dann an K übergehen soll, wenn die letzte Monatsrate bezahlt ist. Den Wagen übergibt V sodann an K.

Es liegt hier ein **unbedingtes Verpflichtungsgeschäft** vor, während die **Erfüllung** (= das Verfügungsgeschäft), die Eigentumsübertragung (§ 929 S. 1), unter der **aufschiebenden Bedingung** (§ 158 I) der vollständigen Zahlung des Kaufpreises erfolgt. Der Vorbehaltskäufer erhält aufgrund des Vertrags bereits den Besitz und ein *Recht zum Besitz* (§ 986 I) an der Sache und kann diese nutzen. Die Kreditsicherheit für den Verkäufer besteht darin, dass er noch Eigentümer bleibt und bei Zahlungsverzug oder Nebenpflichtverletzungen ggf. vom Vertrag zurücktreten (§§ 323 V, 324) und dann die Herausgabe der Sache verlangen kann (vgl. § 449 II).

291b Der Vorbehaltskäufer rückt dem Erwerb des Eigentums an der Kaufsache umso näher, je mehr Kaufpreisraten er bezahlt hat. Seine Anwartschaft auf den Eigentumserwerb, das Anwartschaftsrecht, wird mit jeder Zahlung stärker. Das Anwartschaftsrecht ist also einerseits erst ein im Wachsen begriffenes Eigentum, wird aber andererseits in vielen Beziehungen dem Eigentum schon gleichgestellt. Man bezeichnet es gegenüber dem Eigentum als ein *»wesensgleiches Minus«*[338]. Andere[339] ordnen es als ein »Erwerbsrecht eigener Art« ein. Das Anwartschaftsrecht ist jedenfalls ein **dingliches, selbstständiges Recht** wie das Vollrecht Eigentum und kann unter entsprechender Anwendung der §§ 929 ff. übertragen werden. So kann der Käufer sein Anwartschaftsrecht zB auch verpfänden oder abtreten.

Merke: Wie der Besitz ist auch das Anwartschaftsrecht ein »sonstiges Recht« iSv § 823 I,[340] sodass der Anwartschaftsberechtigte bei Verletzung dieses Rechts Schadensersatz verlangen kann. Ferner ist § 1004 analog anwendbar.[341]

Gegen Verfügungen des (Noch-) Eigentümers über die Sache ist der anwartschaftsberechtigte Vorbehaltskäufer durch § 161 I 1 geschützt, wonach solche Verfügungen unwirksam sind. Ein **gutgläubiger Erwerb** wäre nach § 161 III zwar gem. §§ 929 S. 1, 931, 934 Alt. 1 möglich, er wird jedoch durch **§ 936 III** verhindert, der auch auf das Anwartschaftsrecht anzuwenden ist.[342]

Hinweis: Notieren Sie § 936 III neben § 161 III und § 449 neben § 936 III!

b) Verlängerter Eigentumsvorbehalt

291c Im Wirtschaftsleben (insbesondere im Handel) gestattet der Vorbehaltsverkäufer dem Vorbehaltskäufer häufig die Weiterveräußerung der noch nicht vollständig bezahlten Ware (= *Verfügungsermächtigung* gem. § 185 I, → Rn. 114), damit dieser sodann aus dem Veräußerungserlös seinen Zahlungsverpflichtungen gegenüber dem Vorbehaltsverkäufer nachkommen kann.

338 BGHZ 28, 21 = NJW 1958, 1133.
339 Palandt/*Ellenberger* Einf. Vor § 158 Rn. 9.
340 MüKoBGB/*Wagner* § 823 Rn. 214, 220 ff.
341 Vgl. MüKoBGB/*Baldus* § 1004 Rn. 35.
342 MüKoBGB/*Oechsler* § 936 Rn. 16.

■ Welcher Nachteil ist damit für den Vorbehaltsverkäufer verbunden? Überlegen Sie, bevor Sie weiterlesen!

► Er verliert dadurch seine Absicherung, denn er ist dann nicht mehr Eigentümer der Ware.

Deshalb lässt er sich vom Vorbehaltskäufer im Gegenzug für die Gestattung der Weiterveräußerung schon im Voraus die Kaufpreisforderung gegen den oder die Dritterwerber zur Sicherheit gem. § 398 abtreten und erhält damit eine neue Sicherheit (mit der Sicherungszession befassen wir uns sogleich bei → Rn. 300 ff., 306).[343] **291d**

> **Beispiel:** Großhändlerin G verkauft und liefert dem Internethändler K hochwertige Systemkameras unter Eigentumsvorbehalt und gestattet diesem die Weiterveräußerung an Endkunden gem. § 185 I. Im Gegenzug tritt K der G schon im Voraus die Kaufpreisforderungen gegen die Endkunden gem. § 398 zur Sicherheit ab.

Ist die unter Eigentumsvorbehalt gelieferte Ware dazu bestimmt weiterverarbeitet zu werden, so wird der Vorbehaltsverkäufer auch dies dem Vorbehaltskäufer regelmäßig gestatten.

> **Beispiel:** Edelmetallhändler G verkauft und liefert Gold- und Silberbarren an Goldschmiedin K, die daraus Schmuckstücke anfertigen möchte.

■ Wie kann G erreichen, dass er Eigentümer der neu hergestellten Schmuckstücke wird? Wir hatten die Problematik bereits behandelt!

► An sich würde K hier gem. § 950 Eigentümerin der Schmuckstücke. G und K können aber mit einer sog. *Verarbeitungsklausel* vereinbaren, dass K die Schmuckstücke für G herstellen soll und G daher Hersteller iSv § 950 ist. (Falls nicht mehr gewusst, lesen Sie → Rn. 134).[344]

c) Erweiterter Eigentumsvorbehalt

Normalerweise erwirbt der Vorbehaltskäufer das Eigentum an der Kaufsache, wenn er den Kaufpreis vollständig gezahlt hat. Er lässt sich aber auch dahingehend erweitern, dass weitere Forderungen mitabgesichert werden und das Eigentum zB erst dann übergehen soll, wenn alle Verbindlichkeiten des Vorbehaltskäufers gegenüber dem Vorbehaltsverkäufer vollständig erfüllt wurden. **291e**

Nichtig ist gem. § 449 III allerdings eine Vereinbarung, die den Eigentumsübergang auch von der Erfüllung von Forderungen abhängig macht, die gegenüber Dritten (insbesondere weiteren Konzernunternehmen, sog. *Konzernvorbehalt*) bestehen.[345]

4. Pfandrecht an Rechten und Forderungen

Neben beweglichen und unbeweglichen Sachen – den sog. *Sachsicherheiten* – dienen auch Rechte aller Art (sog. *Rechtssicherheiten*) der Kreditsicherung. Hierzu finden wir im Sachenrecht als Kreditsicherungstyp das Pfandrecht an Rechten und Forderungen (§ 1273 I lesen!). **292**

343 Weitere Einzelheiten zB bei *Helms/Zeppernick* SachenR I Rn. 239 ff.; *Vieweg/Werner* SachenR § 11 Rn. 12 ff.; *Wolf/Wellenhofer* SachenR § 14 Rn. 44 ff.

344 Mehr dazu zB bei *Lüke* SachenR Rn. 590, 608 f.; *Wolf/Wellenhofer* SachenR § 14 Rn. 76 ff.

345 S. dazu zB *Lüke* SachenR Rn. 610 ff.; sowie ausf. *Vieweg/Werner* SachenR § 11 Rn. 28 ff.

■ Ein Blick in § 1274 II – und Sie wissen, welche Rechte für dieses Pfandrecht in Betracht kommen!

▶ Ein Pfandrecht kann an allen Rechten bestehen, sofern diese **übertragbar** sind.

Beispiel: Folglich kommen zB Geldforderungen, Grundschulden, Miterbenanteile am Nachlass, Patent- und Urheberrechte, Aktien, Anteile an Handelsgesellschaften sowie GmbH-Anteile in Betracht.

Das Eigentum an Sachen zählt nicht zu den Rechten, an denen ein Pfandrecht an Rechten bestellt werden kann, da hier die bewegliche *Sache selbst* verpfändet werden kann. Nicht als Rechte verpfändbar sind auch das Erbbaurecht[346] und das Wohnungseigentum[347], da diese rechtlich den Grundstücken gleichgestellt sind und Grundpfandrechte daran bestellt werden können.[348] Die Sicherungszession hat das Pfandrecht an Rechten und Forderungen in der Praxis stark »verdrängt« (dazu sogleich bei → Rn. 300 ff.).

a) Bestellung und Übertragung des Pfandrechts

293 Aus § 1274 I ergibt sich, dass die Bestellung des Pfandrechts nach den für die Übertragung des Rechts geltenden Vorschriften erfolgt.

■ Wenn Sie als Kontoinhaber ein Guthaben auf einem Festgeldkonto bei einer Bank unterhalten und Sie dieses Ihrem Gläubiger G als Sicherheit für dessen Forderung gegen Sie verpfänden wollen, müssen Sie also welche Voraussetzungen beachten?

▶ Die für die Übertragung einer **Forderung** geltenden Vorschriften finden Anwendung. Da zur Übertragung einer Forderung ein **formloser Abtretungsvertrag** genügt (§ 398), ist eine formlose Einigung über die Pfandrechtsbestellung an der Festgeldforderung gem. § 398 ausreichend.

Allerdings ist – neben Ihrer hier gegebenen Berechtigung als Kontoinhaber und Gläubiger der Festgeldforderung – gem. § 1280 zusätzlich die **Anzeige der Verpfändung** an den *Schuldner* des Festgeldkontos, hier also an die Bank, erforderlich.

Erfordert die Übertragung der Forderung – und damit auch die Verpfändung – aber mehr als einen bloßen Abtretungsvertrag, ist keine Verpfändungsanzeige erforderlich (§ 1280 nochmals genau lesen!). Ist zB eine Grundbucheintragung oder die Übergabe einer Sache notwendig, bedarf es daher keiner Verpfändungsanzeige.[349] Dies betrifft etwa die Verpfändung einer Brief- oder Buchhypothek (näher dazu → Rn. 321 f.), da hier neben der Forderungsabtretung die Eintragung in das Grundbuch (§§ 1154 III, 873 I) bzw. die Übergabe[350] des Hypothekenbriefes (§§ 1154 I, 1117) erforderlich ist.

---

346 → **Rn. 335 ff.**

347 → **Rn. 227.**

348 *Prütting* SachenR Rn. 826.

349 Palandt/*Wicke* § 1280 Rn. 1.

350 Ein Besitzkonstitut – wie nach § 1117 I 2 möglich – reicht für die Pfandrechtsbestellung nicht aus, s. § 1274 I 2 iVm §§ 1205 f.

Prüfungsschema Pfandrecht an Rechten 293a

1. Zu sichernde **Forderung** (§§ 1273 II, 1204)
2. **Einigung** über Pfandrechtsbestellung (§ 1274 I iVm zB § 398/§ 873)
3. a) **Anzeige** an Gläubiger (§ 1280) *oder*
   b) **Übergabe** einer Sache (zB §§ 1154 I, 1117) *oder*
   c) **Grundbucheintragung** (zB §§ 1154 III, 873 I)
4. **Berechtigung** (idR kein[351] gutgläubiger Erwerb möglich)

■ Was müssen Sie veranlassen, um Ihrem Gläubiger G einen **Wechsel**[352] zu verpfänden? **Tipp:** Im BGB den Titel »Pfandrecht an Rechten« weiterlesen!

▶ Gemäß § 1292 müssen sich der berechtigte Gläubiger und der Pfandgläubiger über die Bestellung des Pfandrechts für eine zu sichernde Forderung einigen und den Wechsel mit einem die Verpfändung anzeigenden *Indossament*[353] übergeben.

Die **Übertragung** des Pfandrechts an Rechten vollzieht sich nach den Regeln des Pfandrechts an beweglichen Sachen, § 1273 II (lesen!). Es gelten also die §§ 1250 I, 398, 401. Auch das Pfandrecht an Rechten geht daher kraft Gesetzes mit über, wenn die gesicherte Forderung (§ 398) übertragen wird.

Hinweis: Notieren Sie § 1250 I neben § 1273 II!

Ein verpfändetes Recht kann durch Rechtsgeschäft gem. § 1276 nur mit Zustimmung 294
des Pfandgläubigers aufgehoben werden. Anderenfalls wäre es möglich, ohne dessen Willen den Gegenstand des Pfandrechts und damit dieses selbst zu beseitigen. Das Pfandrecht würde seinen Wert als Sicherung des Gläubigers verlieren.

b) Rechtsverhältnis vor der Pfandreife

Vor der Pfandreife, dh der Fälligkeit der Forderung (§ 1228 II lesen!) ist vor allem die 295
Frage relevant, wer eine verpfändete Forderung einziehen darf.

■ Die Antwort finden Sie in § 1281!

▶ Gemäß § 1281 darf der Schuldner in diesem Stadium nur an den Pfandgläubiger und den Gläubiger gemeinschaftlich leisten.

Es kann jeder von ihnen für sich allein vom Schuldner der verpfändeten Forderung die Leistung verlangen, aber jeder kann dabei nur verlangen, dass an *beide gemeinschaftlich geleistet* wird (§ 1281 S. 2). Beide sind gem. § 1285 gegenseitig verpflichtet, bei der Einziehung mitzuwirken.

Zum besseren Verständnis: Bei der Verpfändung einer Forderung gibt es den **Pfand-** 296
gläubiger, den **Gläubiger** der verpfändeten Forderung sowie den **Schuldner** der verpfändeten Forderung.

351 Wichtige **Ausnahme**: § 1293 – **Inhaberpapiere** (wie zB Inhaberschuldverschreibungen, § 793), sogar nach Abhandenkommen (§ 935 II)!

352 Ein Wechsel ist eine **besondere Form der Anweisung** (§ 783) oder eines Schuldversprechens (§ 780) und hat als schuldrechtliches Wertpapier insbesondere noch im internationalen Handel Bedeutung, s. zB *Creifelds,* Rechtswörterbuch, 22. Aufl. 2017, Stichwort Wechsel.

353 Lat. »dorso« = auf dem Rücken. Ein **Indossament** ist im Wertpapierrecht eine Erklärung (»für mich an G, gez. S«), durch die eine Person (= Indossant) die Rechte aus einem Orderpapier auf eine andere Person (= Indossatar) überträgt.

Um zu erörtern, was geschieht, wenn der Schuldner auf die verpfändete Forderung leistet, lösen wir

Übungsfall 40

K kauft bei V einen Perserteppich für 15.000 EUR. Von seiner Bank erhält er einen Kredit in Höhe von 10.000 EUR. Zur Sicherung bestellt er der Bank ein Pfandrecht an seiner Forderung (= Lieferanspruch gem. § 433 I 1) gegenüber V. V übereignet und übergibt dem K den Teppich. Welche Rechte stehen der Bank nunmehr noch zu?

297 ■ Was ist aufgrund der Übereignung des V an K mit dem Lieferanspruch des K rechtlich geschehen?

▶ Dieser ist gem. § 362 I durch Bewirkung der geschuldeten Leistung erloschen.

Um den Untergang des Pfandrechts in solch einer Situation zu vermeiden, bestimmt § 1287, dass sich das Pfandrecht im Wege der **dinglichen Surrogation**[354] am geleisteten Gegenstand fortsetzt.

■ Was hat die Bank also erworben?

▶ Gemäß § 1287 hat sie durch dingliche Surrogation ein Pfandrecht an dem Perserteppich erworben; das Pfandrecht an einem Recht (= Lieferanspruch) besteht also nunmehr als Pfandrecht an einer beweglichen Sache (= Teppich) fort.[355]

Mit der Lieferung wurde also der Gläubiger K Eigentümer des Teppichs und der Pfandgläubiger des verpfändeten Lieferanspruchs (= Bank) zum Inhaber eines Pfandrechts an dem an die Stelle des verpfändeten Lieferanspruchs getretenen Teppich.

298 Zur Wiederholung:

■ Was geschieht, wenn K den Kredit nicht zurückzahlen kann und bei der Pfandverwertung für den Teppich ein Versteigerungserlös von 14.000 EUR erzielt werden kann? Lesen Sie dazu § 1247 sowie ggf. nochmals → Rn. 279!

▶ Dann erhält die Bank von dem Erlös nur 10.000 EUR und ihre Kreditforderung erlischt (§ 1247 S. 1). Der restliche bei der Versteigerung erzielte Betrag tritt gem. § 1247 S. 2 an die Stelle des Pfandes und gebührt dem K als dem bisherigen Eigentümer des verpfändeten Teppichs.

c) Rechtsverhältnis nach der Pfandreife

299 Nach der Pfandreife, die mit der Fälligkeit der gesicherten Forderung eintritt (vgl. § 1228 II) kann der Pfandgläubiger gem. § 1282 die **verpfändete Forderung** im eigenen Namen **einziehen**. Der Schuldner kann nur an ihn leisten. Gemäß §§ 1275, 404 muss sich der Pfandgläubiger aber alle Einwendungen und Einreden gegen die verpfändete Forderung entgegenhalten lassen.

Hinweis: Notieren Sie §§ 1275, 404 neben § 1282!

354 **Surrogation** = Ersetzung eines Gegenstandes eines Vermögens durch einen Ersatzgegenstand (= Surrogat).

355 Ist der verpfändete Anspruch auf Leistung eines **Grundstücks** gerichtet, so verwandelt sich gem. § 1287 S. 2 das Pfandrecht in eine Sicherungshypothek am Grundstück.

§ 1277 verweist im Übrigen für die Verwertung auf die Vorschriften der ZPO (§§ 828 ff., 857 ZPO). Dh, der Pfandgläubiger kann sein Pfandrecht an einem Recht nur geltend machen, wenn seine pfandrechtliche Verwertungsbefugnis durch Urteil festgestellt ist. Er hat also nur bei der Verpfändung einer Forderung ein unmittelbares Einziehungsrecht ohne vollstreckbaren Titel (§§ 1279 ff.).

5. Sicherungszession

a) Überblick 300

An die Stelle des Pfandrechts an Rechten ist heute im modernen Kreditsicherungsrecht überwiegend das Rechtsinstitut der Sicherungszession[356] getreten. Diese erfolgt, indem ein Schuldner seinem Gläubiger zur Sicherung der gegen ihn bestehenden Forderung eine ihm gegen einen Dritten zustehende Forderung abtritt. Die Forderung kann auf Geld oder eine andere Leistung gerichtet sein.

Prüfungsschema Sicherungszession

1. **Einigung** über Forderungsabtretung (§ 398)
2. als Kreditsicherheit (**Sicherungsvereinbarung**)
3. **Bestand** und **Abtretbarkeit** (§§ 399 f.) der Forderung
4. **Berechtigung** (kein gutgläubiger Erwerb möglich)

Die Beteiligten bei der Sicherungszession sind:

Gläubiger (G)	=	Zessionar/Sicherungsnehmer/neuer Gläubiger (meist: kreditgewährende Bank)
Schuldner (S)	=	Zedent/Sicherungsgeber/alter Gläubiger der sicherungshalber abgetretenen Forderung (zB Kreditnehmer der Bank) und
Drittschuldner (DS)	=	Schuldner der sicherungshalber abgetretenen Forderung (zB Kunde von S, der Kaufpreisforderung nicht sofort begleicht)

was die nachfolgende Grafik verdeutlicht:

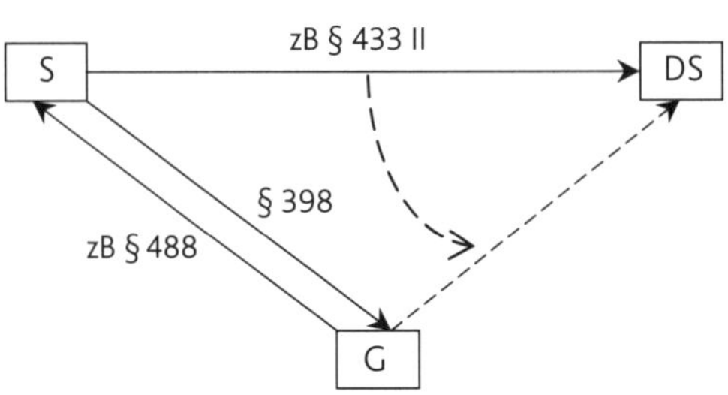

Die Vorteile dieses Kreditsicherungsrechts sind Folgende: 301

Bei der Verpfändung einer Forderung ist, wie wir gesehen haben (→ Rn. 293), nach § 1280 neben dem Verpfändungsvertrag die Anzeige an den Drittschuldner Voraussetzung. Durch die Anzeige wird die Verpfändung bekannt, was die Kreditwürdigkeit des

356 **Zession = Abtretung.**

Schuldners mindern kann. Auch ist vor Pfandreife dessen Mitwirkung bei der Einziehung der Forderung erforderlich. Um diese unerwünschten Effekte zu vermeiden, hat die Praxis das Institut der Sicherungsabtretung entwickelt. Es erfordert *keine Anzeige an den Drittschuldner*; der Gläubiger hat mehr Freiheiten bei der Verwertung der Sicherheit, und die Abtretung ist im Gegensatz zum Pfandrecht *nicht akzessorisch*.

b) Formvorschriften

302 Die Sicherungsabtretung erfolgt nach dem Abtretungsrecht gem. § 398. Regelmäßig genügt ein formloser Abtretungsvertrag zwischen Zedent (bisheriger Gläubiger) und Zessionar (neuer Gläubiger).[357] Sofern für die Abtretung eine Form vorgeschrieben ist (wie zB gem. § 1154 bei der Hypothekenforderung), so muss diese auch bei der Sicherungszession beachtet werden.

- ■ Warum erhält der Sicherungsnehmer durch die Abtretung materiellrechtlich mehr als das von den Beteiligten erstrebte Sicherungs- und Verwertungsrecht?
- ▶ Der Sicherungsnehmer wird nach außen vollberechtigter **Inhaber** des sicherungshalber abgetretenen Rechts.

303 Die Forderung soll aber entsprechend dem Sicherungszweck nicht in das Vermögen des Gläubigers übergehen, sondern ihm nur die Möglichkeit einer vorzugsweisen und gesonderten Befriedigung gegenüber den anderen Gläubigern geben. Im Verhältnis zum Sicherungsgeber ist der Sicherungsnehmer deshalb durch die Sicherungsvereinbarung treuhänderisch gebunden. Sofern er – entgegen der Sicherungsvereinbarung – über das Recht verfügt, ist diese Verfügung voll wirksam. Im Verhältnis zum Sicherungsgeber stellt sie allerdings eine Pflichtverletzung dar.

Dem Schuldner wird in der Regel eine *Einzugsermächtigung nach § 185* erteilt, um seine Kreditwürdigkeit zu erhalten. Somit kann er die Forderung im eigenen Namen geltend machen und Zahlung an sich verlangen.[358]

304 Wenn der Sicherungsgeber seine Schuld gegenüber dem Sicherungsnehmer erfüllt hat, steht ihm ein schuldrechtlicher Anspruch auf Rückabtretung (nach § 398) der sicherungshalber abgetretenen Forderung zu. Sofern die Sicherungsabtretung unter der auflösenden Bedingung (§ 158 II) des Wegfalls des Sicherungszwecks durch Tilgung der Schuld vereinbart wurde, fällt die Forderung mit der Tilgung automatisch an den Sicherungsgeber zurück.

c) Verwertungsrecht

305 Wenn der Schuldner die gesicherte Forderung bei Eintritt der Fälligkeit nicht erfüllt, kann der Gläubiger die zur Sicherheit abgetretene Forderung verwerten. Dies erfolgt entweder durch Verkauf (meist bei leicht veräußerbaren Forderungen wie zB bei Wertpapieren oder Wechseln) oder der Gläubiger zieht die Forderung selbst ein, indem er den Drittschuldner in Anspruch nimmt und ggf. auf Zahlung an sich klagt. Falls im Sicherungsvertrag nichts Entsprechendes vereinbart wurde, kann der Gläubiger zwischen beiden Arten der Verwertung wählen.

---

357 S. hierzu: *Wörlen/Metzler-Müller* SchuldR AT Rn. 422 ff.

358 Sog. **»stille Zession«**: Die Abtretung wird gegenüber dem Drittschuldner auch bei der Einziehung der Forderung nicht offengelegt, s. *Baur/Stürner* SachenR § 58 Rn. 4.

d) Globalzession

Forderungen können auch in größerem Umfang zur Sicherheit abgetreten werden. Wenn eine Vielzahl von gegenwärtigen und künftigen Forderungen unter einer Gesamtbezeichnung abgetreten wird, spricht man von *Globalzession*.[359] 306

Eine entsprechende Vertragsklausel könnte folgendermaßen lauten:

»Als Sicherheit ... tritt die Firma hiermit der Bank ihre sämtlichen gegenwärtigen und künftigen Forderungen aus Warenlieferungen ... an die Kunden mit den Anfangsbuchstaben ... bis ... ab.

Die gegenwärtigen Forderungen der Firma gegen diese Kunden gehen mit Unterzeichnung dieses Vertrags, die künftigen mit ihrer Entstehung auf die Bank über.«[360]

Der BGH stellt hinsichtlich der Bestimmtheit auf die einzelne Forderung ab und lässt es genügen, wenn diese ausreichend individualisierbar ist.[361]

Bei der Sicherungsglobalzession besteht wegen ihrer inhaltlichen Reichweite (ebenso wie bei einer umfangreichen Sicherungsübereignung) die Gefahr, dass der Schuldner »geknebelt« bzw. der Gläubiger übersichert wird. Dies kann bei AGB zur Unwirksamkeit gem. §§ 305c I, 307 I 1 oder aber zu Sittenwidrigkeit nach § 138 I führen, vor allem dann, wenn dem Schuldner durch die Sicherungsglobalzession jegliche wirtschaftliche Bewegungsfreiheit genommen wird.[362] Diese Situation ergibt sich, wenn er zwar einerseits dringend auf die Lieferung von Waren unter verlängertem Eigentumsvorbehalt (erinnern Sie sich noch? Ansonsten lesen Sie nochmals → Rn. 291c) angewiesen ist, wegen der zugunsten seiner Bank bestehenden Globalzession dem Warenlieferanten jedoch gar keine Forderungen in Verlängerung des Eigentumsvorbehalts mehr abtreten könnte.[363] 307

6. Factoring und Leasing

Factoring und Leasing sind keine Kreditsicherungsrechte. Sie werden an dieser Stelle im Hinblick auf ein besseres Verständnis der Sicherungszession bzw. des Eigentumsvorbehalts und der Sicherungsübereignung mit dargestellt. 308

a) Factoring

Das Factoring-Geschäft[364] enthält eine besondere Form der Übertragung von Forderungen: Der Forderungsgläubiger (meist: Unternehmer) überträgt seine Forderungen

359 Im Gegensatz zur **Singularabtretung (bzw. -zession)**, im Rahmen derer eine einzelne Forderung abgetreten wird.

360 Ausführlichere **Musterformulierungen** findet sich bei Fingerhut/*Karg*, Vertrags- und Formularbuch, 12. Aufl. 2009, § 17 Rn. 4 ff. (Sicherungsabtretungsvertrag); Hoffmann-Becking/Gebele/*Haag*, Beck'sches Formularbuch Bürgerliches, Handels- und Wirtschaftsrecht, 12. Aufl. 2016, III H 3 (Globalzession); Schulze/Grziwotz/Lauda/*Petow*, Kommentiertes Vertrags- und Prozessformularbuch, 3. Aufl. 2017, § 398 Rn. 25 (Vertragsbausteine für Sicherungszession in Form einer Globalzession).

361 BGHZ 108, 98 (105) = NJW 1989, 2383.

362 Hierzu *Prütting* SachenR Rn. 851 ff., 853.

363 Die Sittenwidrigkeit derart weitgehender Globalzessionen führt praktisch zu einem **Vorrang der** unter Eigentumsvorbehalt liefernden **Warenkreditgeber gegenüber** den sich über Globalzessionen absichernden **Geldkreditgebern** (= Banken), s. *Lüke* SachenR Rn. 603 ff., 605. Ausf. dazu *Vieweg/Werner* SachenR § 11 Rn. 18 ff.

364 Engl.: »Absatzfinanzierung«.

gegen seine Abnehmer (»Außenstände«) durch Abtretung (§ 398) auf einen **Factor** (in der Regel eine Bank) und erhält hierfür den entsprechenden Gegenwert gutgeschrieben – abzüglich einer Gebühr für die Leistung des Factors (ca. 0,5–1,5%). Der Unternehmer erspart sich dadurch die Debitorenbuchhaltung und das Mahnwesen.[365]

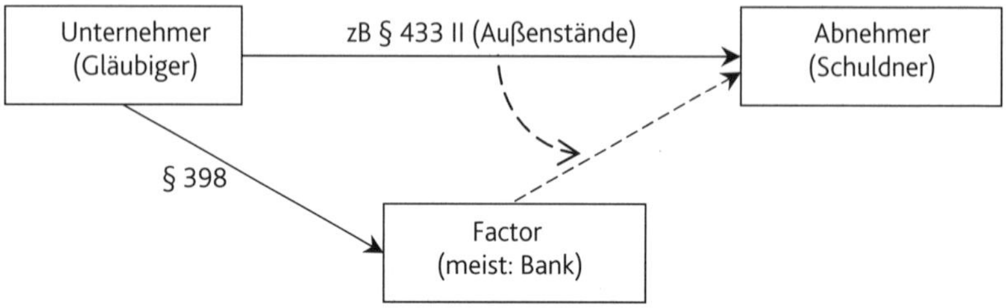

Es handelt sich hierbei um eine Kreditart, die gern von kleineren und mittleren Betrieben in Anspruch genommen wird. In der Regel werden nur Forderungen gegenüber einem näher bestimmten Kundenkreis mit einer Laufzeit bis zu 90 Tagen erfasst (bei längerfristigen sowie größeren Transaktionen spricht man zumeist von »*Forfaitierung*«).

309 Beim **»echten Factoring«** trägt der Factor das Risiko der Bezahlung der Forderungen durch die Abnehmer. Es handelt sich schuldrechtlich um einen **Forderungskauf**: Wenn der Factor das Angebot des Kunden zum Ankauf der Forderungen annimmt, ist der Kaufvertrag zustande gekommen. Auf den Zugang der Annahmeerklärung wird nach § 151 verzichtet. Sofern der Dritte nicht zahlt, geht dies zulasten des Factors.[366]

Das **»unechte Factoring«** stellt rechtlich ein Kreditgeschäft dar. Für die Übertragung der Forderungen gewährt der Factor dem Kunden ein Darlehen in Form eines Vorschusses auf den Forderungsbetrag. Sofern die Forderungen nicht realisiert werden können, ist der Factoring-Kunde verpflichtet, das Darlehen zurückzuzahlen. Das Zahlungsrisiko verbleibt also beim Unternehmer.[367]

Bei beiden Arten handelt es sich um eine Globalzession der gegenwärtigen und künftigen Forderungen des Factoring-Kunden. Wird sie beim unechten Factoring zur Absicherung des Darlehens vereinbart, kann sie sich – wie bei jedem anderen Kredit auch (→ Rn. 307) – angesichts von § 138 I als unwirksam erweisen. Unproblematisch ist es hingegen, wenn der Factoring-Kunde den Kaufpreis behalten darf und damit einen Gegenwert erhält (echtes Factoring) oder aber der Factor nur den Forderungseinzug für den Kunden übernimmt (Variante des unechten Factoring).[368]

310 ■ Wenn Sie an das allgemeine Schuldrecht (§§ 362 ff.) denken: Können Sie den Unterschied hinsichtlich der Erfüllungswirkung beider Arten des Factoring aufzeigen?

▶ Beim echten Factoring stellt die Forderungsabtretung das Erfüllungsgeschäft (§ 362 I) des jeweiligen Kaufvertrages über die Einzelforderung dar. Beim unechten Factoring hingegen erfolgt die Forderungsabtretung nur erfüllungshalber (§ 364 II) und der Factoring-Kunde muss den vom Factor erhaltenen Vorschuss zurückzahlen, wenn sich die übertragenen Forderungen als uneinbringlich erweisen.

365 *Baur/Stürner* SachenR § 58 Rn. 11.
366 Zu der Ansicht, dass auch das echte Factoring als Kreditgeschäft anzusehen sein könnte, s. *Baur/Stürner* SachenR § 58 Rn. 12 mwN.
367 *Prütting* SachenR Rn. 858.
368 Einzelheiten bei *Wolf/Wellenhofer* SachenR § 14 Rn. 70, 72, 74 f.

b) Leasing

Ähnlich wie beim Factoring gibt es auch beim Leasing zwei Grundformen, die sich hinsichtlich ihrer rechtlichen Struktur unterscheiden. Das »**Operating-Leasing**« ist letztlich eine Sonderform der Miete (§ 535), die neben der Gebrauchsüberlassung weitere mietuntypische Dienstleistungen (zB Wartung und Reparatur des Leasing-Gegenstands) umfasst. Das Operating-Leasing ermöglicht es einem Unternehmen etwa, stets Geräte der neuesten technischen Generation einzusetzen (zB Computer, Kopierer usw), ohne sich um die Beschaffung, den Unterhalt und den Verkauf kümmern zu müssen. **311**

Demgegenüber werden beim »**Finanzierungsleasing**« Elemente des kreditfinanzierten Kaufs mit solchen der Gebrauchsüberlassung kombiniert (»Mietkauf«). Der Leasing-Nehmer kann die Sache nutzen, muss sich aber zumeist um die Instandhaltung kümmern und die Kosten dafür wie ein Eigentümer tragen. Er hat die Möglichkeit (Kaufoption), das Eigentum an der Sache zum Ende der Vertragslaufzeit zu einem Preis zu erwerben, der typischerweise unter dem Restwert liegt. Die Leasingraten decken hier die Gebrauchsüberlassung ab, enthalten aber auch Kaufpreiselemente.[369] Anders als der Vorbehaltskäufer (→ Rn. 291a f.) erwirbt der Leasingnehmer kein Anwartschaftsrecht.[370]

Literatur zur Vertiefung (Rn. → 255–311): *Alexander,* Gesetzliche Pfandrechte an beweglichen Sachen, JuS 2014, 1; *Alexander,* Gemeinsame Strukturen von Bürgschaft, Pfandrecht und Hypothek, JuS 2012, 481; *Baur/Stürner* SachenR §§ 55, 57, 58; *v. Finckenstein/Kuschel*, Fortgeschrittenenklausur: Sachenrecht – Cabrio mit großer Schleife, JuS 2016, 717; *Gehrlein,* Die Wirksamkeit einer Sicherungsübereignung, MDR 2008, 1069; *Hofmann*, Der Zeitpunkt der Übergabe beim Eigentumsvorbehaltskauf, JA 2014, 178; *Helms/Zeppernick* SachenR I Kap. 7; *Heyers,* Wertungsjuristische Grundlagen der Bürgschaft – von einem liberalen zu einem sozialen Vertragsmodell, JA 2012, 81; *Hoffmann*, Das mobiliarsachenrechtliche Anwartschaftsrecht in der juristischen Ausbildung, JuS 2016, 289; *Hofmann*, Der Zeitpunkt der Übergabe beim Eigentumsvorbehaltskauf, JA 2014, 178; *Krüger* KreditsicherungsR Kap. 4.2, 4.4 und 5; *S. Lorenz,* Grundwissen Zivilrecht: Der Eigentumsvorbehalt, JuS 2011, 199; *S. Lorenz,* Grundwissen – Zivilrecht: Die Sicherungsübereignung, JuS 2011, 493; *Omlor,* Leasingrecht im Dreieck von Gewährleistungs–, Verbraucherschutz- und Aufsichtsrecht, JuS 2011, 305; *Petersen*, Die Abtretung, JURA 2014, 278; *Prütting* SachenR §§ 69–74; *Reinicke/Tiedtke,* Kreditsicherung, 5. Aufl. 2006, 2. Teil, A; *K. Schmidt*, Gesellschaftsrecht und Sachenrecht: Verpfändung eines Gesellschaftsanteils gehört nicht ins Grundbuch (Entscheidungsbesprechung BGH Beschl. v. 20.5.2016 – V ZB 142/15), JuS 2017, 168; *Schreiber* SachenR 4. Teil; *Schünemann*, Wirtschaftsprivatrecht, 6. Aufl. 2011, B III 8 h, j–l; *Schultheiß*, Referendarexamensklausur: Werkvertragsrecht und Kreditsicherungsrecht – Schwarzarbeit, JuS 2017, 142; *Schwab*, Schuldrecht AT: Formularmäßige Sicherungsabtretung der Ansprüche gegen den Unfallgegner an den Gutachter (Entscheidungsbesprechung BGH Urt. v. 21.6.2016 – VI ZR 475/15), JuS 2017, 163; *Stegmüller,* (Original-)Referendarexamensklausur: Anfechtung, Ausschlagung und Pfandrechtserwerb, JuS 2012, 442; *Vieweg/Werner* SachenR §§ 10-12; *Weber/Weber* KreditsicherungsR §§ 15–17; *Weber* Sachenrecht I – Bewegliche Sachen, 4. Aufl. 2016, § 12–14, 18; *Weber/Haselmann,* Die Konkurrenz um die Nutzungen zwischen Sicherungseigentümer und Inhaber eines Vermieterpfandrechts, JURA 2008, 372; *Westermann/Gursky/Eickmann* SachenR §§ 126–133, 136; *Wilhelm* SachenR 4. Teil; *Wolf/Wellenhofer* SachenR §§ 13–16.

369 *Prütting* SachenR Rn. 865.
370 *Baur/Stürner* SachenR § 74 Rn. 10; s. zum Leasing auch → **Rn. 257**.

IV. Kreditsicherheiten an Grundstücken

312 Nachdem wir die **Hypotheken** und die anderen Grundpfandrechte (**Grundschuld** und **Rentenschuld**) bereits mehrfach angesprochen haben, wollen wir uns die rechtliche Konstruktion der Grundpfandrechte anhand einiger wichtiger Vorschriften ansehen.

Die Grundpfandrechte sind im BGB im 7. Abschnitt des Sachenrechts in den §§ 1113–1203 geregelt. Allen Grundpfandrechten ist gemeinsam, dass sie regelmäßig dem Gläubiger zur Sicherung von nicht unbeträchtlichen längerfristigen Geldforderungen dienen. Welche **Grundpfandrechte** das BGB zur Verfügung stellt, können Sie aus der Überschrift des siebenten Abschnitts des BGB ersehen (vor §§ 1113 ff.; ähnlich auch die Überschrift der »Dritten Abteilung« des Grundbuches[371]): »Hypothek, Grundschuld, Rentenschuld«. Kein Grundpfandrecht ist die *Reallast*[372], auch wenn sie als Kreditsicherheit an einem Grundstück eingesetzt werden kann.

Übersicht 20

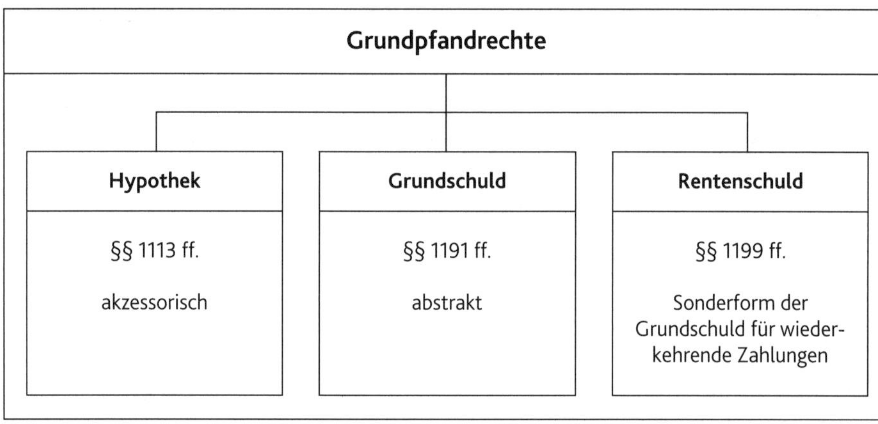

313 Denkbar wäre eigentlich auch, sich als Verkäufer für den Fall, dass der Käufer eines Grundstücks den Kaufpreis nicht sofort bezahlen kann, das Eigentum an einem Grundstück vorzubehalten.

- Dass dies nicht möglich ist, ergibt sich aus § 925 II iVm § 449 (beide Vorschriften lesen und selbst formulieren, warum das Gesetz einen Eigentumsvorbehalt an Grundstücken nicht gestattet!).
- ▶ Gemäß § 925 II ist eine Auflassung unter einer Bedingung unwirksam. Da § 449 die Vereinbarung vorsieht, dass das Eigentum erst unter der aufschiebenden Bedingung der vollständigen Bezahlung des Kaufpreises auf den Käufer übergehen soll, ist der Eigentumsvorbehalt nur an beweglichen (vgl. Wortlaut § 449) Sachen möglich.

314 Wenn also der Grundstücksverkäufer dem Käufer den Kaufpreis als Kredit gewährt, muss er die nachfolgende Eigentumsübertragung bzw. die Auflassung bedingungslos

371 → **Rn. 218.**
372 Wir werden sie aus didaktischen Gründen erst später behandeln, → **Rn. 394 ff.**

vornehmen und benötigt deshalb andere Möglichkeiten, sich abzusichern. Zu diesem Zweck kann der Schuldner dem Gläubiger ein Grundpfandrecht an einem Grundstück bestellen, mit der Folge, dass er ggf. die Zahlung einer bestimmten Geldsumme aus dem Grundstück verlangen kann.

1. Hypothek

a) Begriff

Die Legaldefinition der Hypothek finden Sie in § 1113 I (lesen!). Die Hypothek ist danach ein dingliches Recht des Gläubigers, sich ggf. wegen einer ihm gegen den Schuldner zustehenden Forderung aus einem Grundstück zu befriedigen. Dieses Recht des Gläubigers ist derart mit dem Grundstück verbunden, dass es auch bestehen bleibt, wenn der Schuldner das Eigentum an dem Grundstück auf einen anderen überträgt. Die Hypothek kommt dadurch nicht zum Erlöschen. **315**

Je nachdem, welche Art von Hypothek bestellt werden soll, müssen für ihre Bestellung folgende Voraussetzungen erfüllt sein: **316**

Prüfungsschema Hypothekenbestellung

1. Vorliegen einer **Forderung**
2. Wirksame **Einigung** } § 873 I
3. **Eintragung** ins Grundbuch } § 873 I
4. a) Briefhypothek: **Übergabe** des Briefes – §§ 1117 I 1, 1116 I
   oder
   b) Buchhypothek: Einigung über den **Ausschluss** der Brieferteilung und Eintragung des Ausschlusses – § 1116 II 3.
5. **Berechtigung** oder **§ 892**

b) Akzessorietät von Hypothek und Forderung

Entscheidend für das Bestehen der einmal eingetragenen Hypothek ist allein das Bestehen der ihr zugrundeliegenden Forderung gegen den Schuldner. Eine Forderung ist, wie aus der Formulierung des § 1113 I (nochmals lesen!) hervorgeht, umgekehrt auch zwingende Voraussetzung dafür, dass eine Hypothek überhaupt bestellt werden kann. Es gilt der Grundsatz »Keine Hypothek ohne Forderung«. Hypothek und Forderung sind streng voneinander abhängig. **317**

■ Wir haben dieses strenge Abhängigkeitsverhältnis bereits bei den Kreditsicherheiten an beweglichen Sachen und Rechten kennengelernt. Erinnern Sie sich? **318**

▶ Das Pfandrecht an beweglichen Sachen und Rechten ist streng akzessorisch (lesen Sie ggf. nochmals → Rn. 272 f.!).

■ Auch beim Personalkredit (→ Rn. 254 ff.) gibt es Vergleichbares. Überlegen Sie, bei welcher Personalsicherheit dort von »Akzessorietät« die Rede war!

▶ Eine ähnliche Abhängigkeit besteht zwischen der Verpflichtung des Bürgen aus einer Bürgschaft und der Hauptverbindlichkeit des Schuldners.[373]

373 → **Rn. 254**; vgl. *Wörlen/Metzler-Müller* SchuldR BT Rn. 342 ff.

Lesen Sie dazu noch einmal § 767 I 1: Auch Bürgschaftsschuld und Hauptschuld sind »akzessorisch«.

Eine solche Akzessorietät besteht ebenfalls zwischen Hypothek und der ihr zugrundeliegenden Forderung. Lesen Sie hierzu § 1137 I 1, der nicht ohne Grund auf § 770 (lesen!) im Bürgschaftsrecht verweist!

319 ■ Was bedeutet das zB, wenn die durch die Hypothek gesicherte Forderung gegen den Schuldner gestundet wurde?

▶ Der Eigentümer des belasteten Grundstücks kann sich ebenfalls auf die Stundung berufen, wenn der Gläubiger sich aus der Hypothek befriedigen will.

Da die Verjährung einen Anspruch nicht erlöschen lässt, behält der Gläubiger nach § 216 I das Recht, sich aus der ihm eingeräumten Sicherheit (Hypothek) zu befriedigen.[374]

Eine weitere wichtige Folge des Akzessorietätsprinzips zeigt uns § 1153 I (lesen!). Eine durch eine Hypothek gesicherte Geldforderung kann also nicht übertragen bzw. abgetreten werden, ohne dass auch die Hypothek auf den neuen Gläubiger übergeht. § 1153 II drückt das unmissverständlich aus (lesen!). Daraus folgt, anders formuliert: Der Gläubiger der Hypothek (»Hypothekar«) und der Gläubiger der Forderung müssen immer identisch sein, nicht jedoch der Eigentümer des haftenden Grundstücks und der Schuldner der Forderung!

Dazu folgendes **Beispiel:**

> Jungunternehmer S kauft von H einen Lastwagen mit Anhänger für 90.000 EUR. Für den als Darlehen gewährten Kaufpreis hat E, der Vater des S, dem H eine Hypothek bestellt. Als H den E aus der Hypothek in Anspruch nehmen will (vgl. § 1147), macht E geltend, dass S den Kaufvertrag wegen eines arglistig verschwiegenen Mangels gem. § 123 anfechten könne.
> Gemäß § 1137 I 1 iVm § 770 I iVm § 123 I kann E daher die Befriedigung aus der Hypothek gegenüber H verweigern.

Sofern dem E gegen H keine Einrede zur Verfügung steht, muss er an H zahlen. In diesem Fall geht die Forderung des H gegen S gem. § 1143 I 1 auf E über.[375]

374 Palandt/*Ellenberger* § 216 Rn. 2.
375 **Vgl. dazu das Schaubild auf Übersicht 21 (→ Rn. 319a).**

Übersicht 21

Rechtsstellung der Beteiligten nach Bestellung einer Hypothek 319a

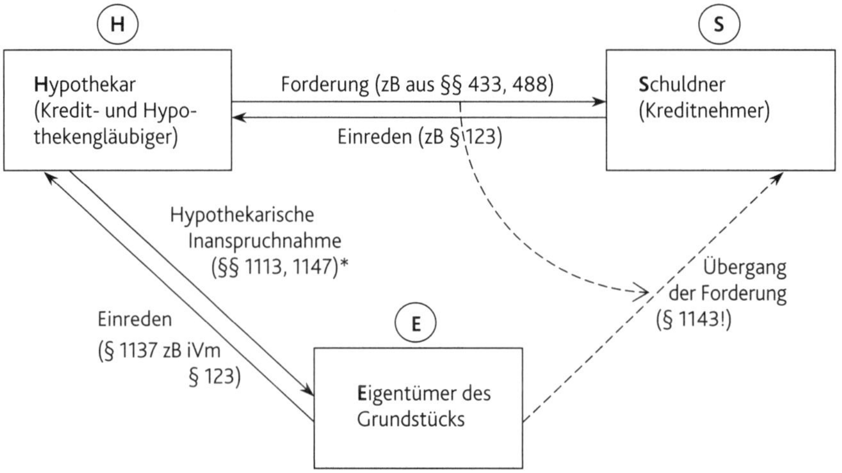

* **Lesen Sie § 1147 nochmals!** Befriedigung des Gläubigers, von der auch in § 1113 die Rede ist, heißt: der Gläubiger kann »sein Geld«, das der (hier mit dem Grundstückseigentümer nicht identische) Schuldner nicht (pünktlich) gezahlt hat, vom Eigentümer des haftenden Grundstücks fordern. Zahlt der Eigentümer »freiwillig«, geht nach § 1143 I 1 (lesen!) die Forderung auf ihn über! Zahlt er nicht freiwillig, so gilt § 1143 I 1 ebenfalls, wenn er aufgrund der Zwangsvollstreckung gem. § 1147 gezahlt hat.

c) Bestellung der Hypothek

■ Wenn Sie sich daran erinnern, wie das Eigentum an einem Grundstück übertragen wird, und berücksichtigen, dass es sich bei der Hypothek auch um ein Recht an einem Grundstück handelt, könnte Ihnen *eine* der Vorschriften, die für die Bestellung einer Hypothek maßgeblich ist, in den Sinn kommen! (Denken Sie nach!) 320

▶ Antwort: Fußnote [376]!

Die Bestellung einer Hypothek erfolgt also grds. durch **Einigung und Eintragung** ins Grundbuch. Abweichungen können sich ergeben, weil es zwei verschiedene Formen gibt, wie eine Hypothek bestellt werden kann: Entweder als »Briefhypothek« oder als »Buchhypothek«.

aa) Briefhypothek

Lesen Sie § 1116 I, aus dessen Formulierung hervorgeht, dass das Gesetz die Briefhypothek als den Regelfall ansieht. 321

376 **§ 873 I!**

Neben der Einigung und Eintragung im Grundbuch gem. § 873 I ist zum Erwerb der Briefhypothek gem. § 1117 I 1 (lesen!) die **Übergabe des Briefes** notwendig. Der Vorteil der Briefhypothek liegt darin, dass der Gläubiger diese Hypothek leichter übertragen kann, wenn er zB seine Forderung gegen den Schuldner an einen neuen Gläubiger abtritt. In diesem Fall genügt gem. § 1154 I 1 (lesen!) eine schriftliche Abtretungserklärung und die Übergabe des Briefes, ohne dass eine Umschreibung im Grundbuch erfolgen muss. Die Briefhypothek trägt den praktischen Bedürfnissen Rechnung, die hypothekarisch gesicherte Forderung schnell zu übertragen.

bb) Buchhypothek

322 Wird die Erteilung eines Briefes – bei der Buchhypothek – ausgeschlossen, so bedarf der **Ausschluss** gem. § 1116 II 3 (lesen!) ausdrücklich der **Eintragung** ins Grundbuch.

Soll eine dergestalt ins Grundbuch eingetragene Hypothek übertragen werden, muss sie im Grundbuch auf den neuen Inhaber eingetragen (und der frühere Inhaber gelöscht) werden.

Der Bestellung einer Buchhypothek wird man daher den Vorzug geben, wenn die Übertragung erschwert werden und die Person des Gläubigers jederzeit feststellbar sein soll. Eine Briefhypothek ist einfacher zu übertragen: Da eine Übertragung der Briefhypothek durch schriftliche Forderungsabtretung und Übergabe des Briefes auch außerhalb des Grundbuches vorgenommen werden kann, muss der jeweilige Hypothekeninhaber (Gläubiger) bei der Briefhypothek nicht mit dem im Grundbuch eingetragenen Gläubiger identisch sein.

d) Besondere Hypothekenarten

aa) Sicherungshypothek

323 Eine Hypothek kann **gutgläubig** vom Nichtberechtigten erworben werden. Aufgrund des öffentlichen Glaubens des Grundbuchs (§§ 891–892)[377] darf nicht nur davon ausgegangen werden, dass die Eintragung einer Hypothek, die vom Bestehen einer Forderung abhängig ist, richtig ist, sondern auch davon, dass diese Forderung tatsächlich besteht (vgl. § 1138 – lesen!).

Soll dieser Vertrauensschutz ausgeschlossen werden, muss die Hypothek gem. § 1184 I als Sicherungshypothek bestellt und als solche ausdrücklich (§ 1184 II) im Grundbuch bezeichnet werden (§ 1184 ganz lesen!). Der Gläubiger muss dann, um die Hypothek geltend machen zu können, den Bestand der Forderung nachweisen.

bb) Höchstbetragshypothek

324 Eine Sicherungshypothek kann auch in der Weise begründet werden, dass nur der jeweilige Höchstbetrag bestimmt ist, bis zu welchem das mit ihr belastete Grundstück haften soll (§ 1190 I 1, III – lesen!). Dieser Höchstbetrag muss gem. § 1190 I 2 in das Grundbuch eingetragen werden, während die eigentliche Forderung bis zu ihrer Feststellung im Sicherungsfall noch veränderbar ist.[378] Damit eignet sich die Höchstbetragshypothek zur Sicherung von **Kontokorrentkrediten** (bei Privatpersonen

377 → **Rn. 230 und 234.**

378 Palandt/*Herrler* § 1190 Rn. 2, 4.

spricht man auch vom *Überziehungskredit* oder *Dispositionskredit*, bei Unternehmen vom *Betriebsmittelkredit* oder einer *Kreditlinie*).

- ■ Worin liegt das Wesen eines Kontokorrentkredites?
- ▶ Beim Kontokorrentkredit handelt es sich um einen Kredit, bei dem die Kreditsumme ständigen Schwankungen unterworfen ist (vgl. §§ 355 ff. HGB). Möglich ist dabei natürlich auch, dass das Konto des Kreditnehmers vorübergehend ausgeglichen oder »im Plus« ist.
- ■ Verständnisfrage: Welche Folge hätte das für eine »normale« Hypothek, die ja mit einem festen Betrag ins Grundbuch eingetragen wird (§ 1115)?
- ▶ In diesem Moment wäre *diese* Kreditforderung zurückgeführt, also durch Erfüllung erloschen (§ 362 I). Wegen der Akzessorietät von Hypothek und Forderung gilt dies auch für die Hypothek.

Die Hypothek könnte auch nicht wieder aufleben, wenn das Konto wieder im Soll wäre, da es sich ja um eine neue Forderung handelt. Vielmehr geht sie auf den Eigentümer über, wenn die zugrundeliegende Forderung ganz oder teilweise erlischt, und zwar als:

cc) Eigentümerhypothek

Lesen Sie dazu § 1163 I! Danach steht die Hypothek, sofern die Forderung, für die sie bestellt ist, noch nicht entstanden oder erloschen ist, dem Eigentümer des Grundstücks selbst zu. Gemäß § 1177 I 1 (lesen und neben § 1163 I notieren!) verwandelt sich die Eigentümerhypothek in eine »Eigentümergrundschuld«. Um diese etwas eigenartige Konstruktion verstehen zu können, muss man das Wesen der Grundschuld kennen, die unabhängig von einer Forderung besteht und auf die wir gleich (→ Rn. 327) zu sprechen kommen. 325

dd) Gesamthypothek

Eine Hypothek kann als Gesamthypothek auch an mehreren Grundstücken bestellt werden mit der Folge, dass jedes Grundstück für die ganze Forderung haftet und der Gläubiger nach seiner Wahl seine Befriedigung aus jedem Grundstück zu einem beliebigen Teil, also auch zum vollen Betrag, suchen kann (§ 1132 I lesen!). 326

2. Grundschuld

a) Begriff

Die Grundschuld ist ein Grundpfandrecht, das den Bedürfnissen des Kreditverkehrs wesentlich besser entspricht als die Hypothek. Das Wesen der Grundschuld ist in § 1191 I beschrieben. Lesen Sie diese Vorschrift und vergleichen Sie sie mit § 1113 I! 327

- ■ Was fällt Ihnen bei diesem Vergleich auf? (Worin liegt der Unterschied in den Formulierungen?)
- ▶ Bei der Grundschuld wird das Bestehen einer Forderung *nicht* vorausgesetzt!

Ansonsten lauten die beiden Vorschriften fast identisch. Sofern sich daraus, dass die Grundschuld keine Forderung voraussetzt, nicht etwas anderes ergibt, sind gem. § 1192 I die Vorschriften des Hypothekenrechts auf die Grundschuld entsprechend anwendbar.

Hinweis: Auf die Grundschuld sind gem. § 1192 I alle Vorschriften des Hypothekenrechts anwendbar, die keine Akzessorietät voraussetzen (selbst wenn sie von einer Forderung sprechen!). Dies sind insbesondere die §§ 1115 I Hs. 1, 1116–1136, 1147, 1154.[379]

b) Keine Akzessorietät

328 Banken sichern langfristige Kredite im Regelfall durch Grundschulden ab.

Hinweis: In der Praxis des Wirtschaftslebens hat die Grundschuld ungleich größere Bedeutung als die Hypothek!

Auch bei der Grundschuld besteht regelmäßig zwischen dem Grundpfandrecht und einer Forderung ein wirtschaftlicher Zusammenhang, aber keine rechtliche Akzessorietät. Die Grundschuld entsteht unabhängig davon, ob auch die Forderung existiert. Einreden gegen die Grundschuld können grds. nur auf das Grundschuldverhältnis selbst gestützt werden. Deshalb ziehen Banken die Grundschuld der Hypothek vor.

329 Für den Schuldner und den Grundstückseigentümer birgt die Grundschuld als **abstraktes**, von einer Kreditforderung unabhängiges **Sicherungsmittel** allerdings Gefahren. In das öffentliche Bewusstsein rückten diese, als deutsche Banken etwa ab dem Jahr 2003 damit begannen, verstärkt notleidende Kredite (Neudeutsch: »*Non-performing Loans*«), bei denen der Schuldner mit den fälligen Zins- und Tilgungszahlungen in Verzug geraten war, an Finanzinvestoren zu verkaufen. Wird die Kreditforderung gem. § 398 übertragen, geht damit aber – anders als bei einer Hypothek gem. § 1153 – nicht automatisch auch die Grundschuld mit über. Sie muss vielmehr gesondert übertragen werden. Deshalb ist es denkbar, dass Kreditforderung und Grundschuld an verschiedene Personen übertragen werden und beide den Schuldner in Anspruch nehmen. Im schlimmsten Fall muss dann der Schuldner doppelt leisten – einmal auf die Forderung und zusätzlich noch einmal auf die Grundschuld![380]

Beispiel: E nimmt bei G ein Darlehen über 250.000 EUR auf, um sich auf seinem Grundstück ein Haus bauen zu lassen. Als Kreditsicherheit bestellt er dem G eine Grundschuld über 250.000 EUR an dem Grundstück. Als er die Darlehensschuld komplett getilgt hat, erfährt er, dass G dringend Geld benötigt und die Grundschuld ohne die zugrunde liegende Darlehensforderung an den D abgetreten hat.
Wegen der Nichtakzessorietät der Grundschuld wirkt sich die Darlehensrückzahlung auf sie nicht unmittelbar aus. Wenn G den E aus der Grundschuld in Anspruch nehmen würde (§§ 1192 I, 1147), könnte er ihm zwar entgegenhalten, dass die Grundschuld nur zur Sicherung des Darlehens bestellt wurde und dass dieses inzwischen zurückgezahlt ist. Zwischen E und D gab es aber keine derartigen Absprachen, sodass D die Grundschuld (nach deren Kündigung, § 1193 I 1) grundsätzlich in voller Höhe geltend machen könnte!

c) Sicherungsgrundschuld

330 Dem hat der Gesetzgeber inzwischen mit § 1192 Ia 1 einen Riegel vorgeschoben: Bei einer Sicherungsgrundschuld, die zur Sicherung eines Anspruchs verschafft wurde,[381] können Einreden, die dem Eigentümer aufgrund des Sicherungsvertrags mit dem bis-

---

379 Ausf. dazu MüKoBGB/*Lieder* § 1192 Rn. 2 ff. mwN.

380 S. *Prütting* SachenR Rn. 770 ff.

381 Anders als eine Sicherungshypothek (→ Rn. 323) darf sie **nicht** unter der **Bezeichnung Sicherungsgrundschuld** in das Grundbuch **eingetragen** werden, Palandt/*Herrler* § 1191 Rn. 13 mwN. Ein **Bsp.** für die Eintragung finden Sie bei → **Rn. 219.**

herigen Gläubiger gegen die Grundschuld zustehen oder sich aus dem Sicherungsvertrag ergeben, auch jedem Erwerber der Grundschuld entgegengesetzt werden. In einem solchen (formfreien) **Sicherungsvertrag** (§ 311 I) wird bei der Besicherung eines Kredits mit einer Grundschuld ausdrücklich oder zumindest konkludent geregelt, dass der Gläubiger die Rechte aus der Grundschuld nur geltend machen darf, wenn die besicherte Forderung nicht vertragsgemäß zurückgezahlt wird.[382]

Hinweis: Die Bestellung einer Sicherungsgrundschuld bildet in der Praxis den Regelfall!

Übersicht 21a 330a

Rechtsstellung der Beteiligten nach Bestellung einer (Sicherungs-)Grundschuld

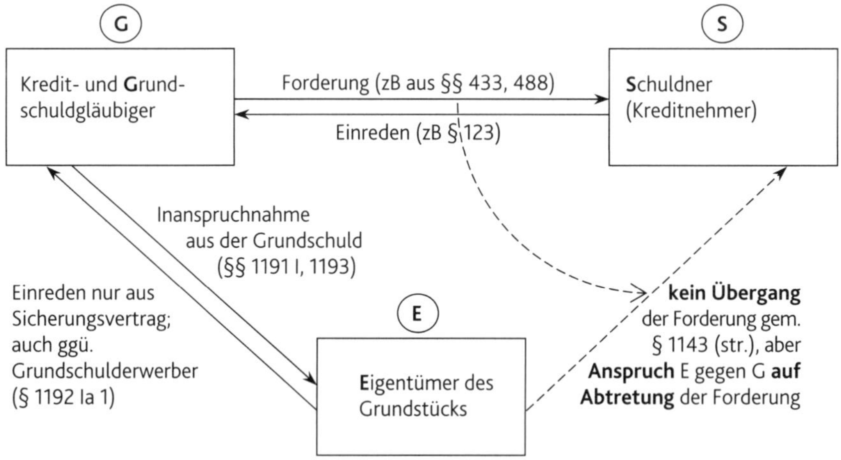

* Zahlt der Eigentümer *auf die Grundschuld*, tritt kein Forderungserwerb kraft Gesetzes ein, aber er hat grundsätzlich Anspruch gegen den Gläubiger auf Abtretung der Forderung.[383] Außerdem erwirbt er durch die Zahlung auf die Grundschuld eine Eigentümergrundschuld in entsprechender Anwendung (§ 1192 I) des § 1143 I.[384]

382 Für das Grundbuchamt ist der Sicherungscharakter idR aus der eingereichten **Bestellungsurkunde** ersichtlich, wenn diese den Sicherungsvertrag oder einen Hinweis auf eine Kaufpreisfinanzierung enthält, *Vieweg/Werner* SachenR § 15 Rn. 92. Davon ist ferner auszugehen, wenn eine **Bank** als Grundschuldgläubigerin **eingetragen** ist, *Wolf/Wellenhofer* SachenR § 28 Rn. 16.

383 BGH NJW-RR 1999, 504 (505). AA zB MüKoBGB/*Lieder* § 1191 Rn. 143 mwN: automatischer Übergang der Forderung entspr. § 1143.

384 BGH NJW-RR 2003, 11 (12). Dieses Ergebnis ist weitgehend unstr., nicht jedoch die Begründung, s. dazu *Prütting* SachenR Rn. 765, 772.

330b Auch bei der Sicherungsgrundschuld handelt es sich um ein *nichtakzessorisches* Kreditsicherungsmittel. Wurde der besicherte Kredit getilgt (= zurückgezahlt), besteht die Grundschuld unverändert fort, da § 1163 I gem. § 1192 I gerade nicht entsprechend anwendbar ist. Aufgrund des Sicherungsvertrags kann der Sicherungsgeber (idR = Grundstückseigentümer) jedoch vom Sicherungsnehmer (= Kreditgeber) nun die Rückübertragung der Grundschuld verlangen.[385] Die rechtliche Konstruktion ist insofern mit der bei einer Sicherungsübereignung (→ Rn. 282 ff., 286) vergleichbar.[386]

Zum Schutz des Sicherungsgebers verlangt das Gesetz bei der Sicherungsgrundschuld zwingend eine **Kündigung** der Grundschuld **mit sechsmonatiger Frist** (§ 1193 II 2). Darüber hinaus besagt § 1192 Ia 1, dass § 1157 S. 2 (und damit auch § 892 – alle Vorschriften lesen!) keine Anwendung findet. Dadurch wird der *gutgläubige einredefreie Erwerb* ausgeschlossen,[387] der bei einer »normalen« Grundschuld ebenso wie bei einer Hypothek möglich ist.[388]

d) Bestellung der Grundschuld

331 Zur Bestellung einer Grundschuld müssen folgende Voraussetzungen erfüllt sein:

Prüfungsschema Grundschuldbestellung

[0. Nur Sicherungsgrundschuld: **Sicherungsvertrag** (= Vertrag über Grundschuldbestellung zur Forderungssicherung)]	[§ 311 I]
1. Wirksame **Einigung** über die Grundschuldbestellung 2. **Eintragung** ins Grundbuch	§ 873 I
3. a) Briefgrundschuld: **Übergabe** des Briefes – §§ 1192 I, 1117 I 1, 1116 I **oder** b) Buchgrundschuld: Einigung über den **Ausschluss** der Brieferteilung und Eintragung des Ausschlusses – §§ 1192 I, 1116 II 3.	
4. **Berechtigung** oder **§ 892**	

Die Bestellung einer Grundschuld erfolgt wie die einer Hypothek. Sie unterscheidet sich aber dadurch, dass es für dieses *nichtakzessorische* Grundpfandrecht auf das Bestehen einer Forderung *nicht* ankommt. Sofern auch hier – wie im Regelfall – ein Anspruch gesichert werden soll (= Prüfungspunkt 0), bedeutet dies nur, dass zugunsten des Grundstückseigentümers besondere Schutzvorschriften greifen (§§ 1192 Ia, 1193 II 2 nochmals lesen!).

331a ■ Wie erfolgt also die Bestellung einer **Briefgrundschuld**? Schauen Sie sich das Prüfungsschema an, lesen Sie die dort angegebenen Vorschriften sowie ggf. nochmals → Rn. 319 f. und überlegen Sie!

---

385 S. zB *Vieweg/Werner* SachenR § 15 Rn. 91 mwN.

386 *Helms/Zeppernick* SachenR II Rn. 240.

387 § 1192 Ia führt aber nicht dazu, dass nach alter Rechtslage durch einredefreien gutgläubigen Erwerb bereits erloschene Einreden wieder aufleben, BGH ZIP 2013, 2352.

388 Vgl. *Prütting* SachenR Rn. 771a. Die Rechtslage ähnelt damit derjenigen bei der Sicherungshypothek → **Rn. 323**.

► Erforderlich ist (1) die dingliche Einigung über ihre Bestellung sowie (2) deren Eintragung in das Grundbuch (§ 873 I). Daneben ist zum Erwerb der Briefgrundschuld (3a) gem. §§ 1192 I, 1117 I 1 die Übergabe des Grundschuldbriefes notwendig. Sofern es sich bei dem Besteller nicht um den (4) Berechtigten handelt, ist gem. § 892 I auch ein gutgläubiger Erwerb vom Nichtberechtigten möglich, wenn dieser im Grundbuch als Eigentümer eingetragen ist. Es darf dann allerdings weder ein Widerspruch gegen die Richtigkeit eingetragen sein noch dem Erwerber die Unrichtigkeit der Eintragung bekannt sein (§ 892).

■ Und was ist demnach für die Bestellung einer **Buchgrundschuld** erforderlich (ggf. nochmals → Rn. 322 lesen!)?

► Es bedarf wiederum (1) einer dinglichen Einigung über die Grundschuldbestellung sowie (2) deren Eintragung in das Grundbuch (§ 873 I). Ferner ist eine (3b) Einigung über den Ausschluss der Brieferteilung und deren Eintragung in das Grundbuch notwendig (§§ 1192 I, 1116 II 3). Sofern es sich bei dem Besteller nicht um den (4) Berechtigten handelt, ist gem. § 892 I ein gutgläubiger Erwerb vom Nichtberechtigten möglich, wenn dieser im Grundbuch als Eigentümer eingetragen ist. Es darf aber kein Widerspruch gegen die Richtigkeit eingetragen sein und die Unrichtigkeit dem Erwerber auch nicht bekannt sein (§ 892).

Bei der **Sicherungsgrundschuld** tritt neben das dingliche Bestellungsgeschäft (= Prüfungspunkte 1–4) die schuldrechtliche *Sicherungsabrede* (= Sicherungsvertrag, Prüfungspunkt 0), mit der zwischen dem Sicherungsgeber und dem Sicherungsnehmer vereinbart wird, dass die Grundschuld zur Absicherung eines Anspruchs bestellt wird. Es greifen dann die Schutzvorschriften der §§ 1192 Ia, 1193 II 2 zugunsten des Grundstückseigentümers. Der Rechtscharakter der Sicherungsgrundschuld als nichtakzessorisches Sicherungsrecht bleibt davon grundsätzlich unberührt. Bei Mängeln der Sicherungsabrede wurde die Grundschuld ohne Rechtsgrund bestellt und kann gem. § 812 I 1 Alt. 1 zurückgefordert werden.[389] **331b**

Die **Übertragung** einer bereits entstandenen Grundschuld erfolgt gem. § 1192 I iVm § 1154. § 1154 muss dabei so gelesen werden, als stünde dort an Stelle des Wortes »Forderung« der Begriff »Grundschuld«: Eine Briefgrundschuld wird daher regelmäßig durch schriftliche Abtretungserklärung (§ 398 – bezogen auf die Grundschuld, nicht auf die Forderung!) und Übergabe des Grundschuldbriefes übertragen. Eine Buchgrundschuld geht gem. § 1192 I iVm § 1154 III über: Erforderlich ist eine formlose Einigung (Abtretung, § 398) sowie die Eintragung in das Grundbuch.[390] **331c**

3. Rentenschuld

Die Rentenschuld ist eine besondere Form der Grundschuld, bei der der Schuldner an den Gläubiger in regelmäßigen Zeitabschnitten eine bestimmte Geldsumme aus dem Grundstück zahlen muss (§ 1199 I – lesen!). **332**

Vor allem wegen des einseitigen Ablösungsrechts des Eigentümers (§§ 1199 II, 1201) tendiert die Bedeutung der Rentenschuld in der Praxis gegen Null. Zweck dieser Art der Kreditsicherung war ursprünglich vornehmlich die wirtschaftliche Sondersituati-

389 *Vieweg/Werner* SachenR § 15 Rn. 90 mwN.
390 *Helms/Zeppernick* SachenR II Rn. 252 ff.

on von Landwirten: Sie sollten die Möglichkeit haben, Kredite aus ihren Ernteerträgen zu bezahlen.[391]

Fassen wir das Wichtigste zu den Grundpfandrechten abschließend anhand der folgenden Übersicht (21) zusammen.

Literatur zur Vertiefung (→ Rn. 312–333): *Alexander*, Gemeinsame Strukturen von Bürgschaft, Pfandrecht und Hypothek, JuS 2012, 481; *Alpmann und Schmidt* SachenR II 4. Teil 1. und 2. Abschn.; *Baur/Stürner* SachenR §§ 36–47; *Becker*, Zur rechtskonstruktiven Sprengkraft des Wertpapierrechts am Beispiel der Inhabergrundschuld (§ 1195 BGB), JA 2014, 896; *v. Bismarck*, Grundpfandrechte: Einführung in die Rechtsverhältnisse und den Ersterwerb, JA 2011, 572; *Braun/Schultheiß*, Grundfälle zu Hypothek und Grundschuld, JuS 2013, 871; *Gergen*, (Original-)Referendarexamensklausur: Kreditsicherheiten-, Sachen-, Familien-, Erb- und Zwangsvollstreckungsrecht, JuS 2015, 47; *Helms/Zeppernick* SachenR II Kap. 8; *Joussen*, Der gesetzliche Übergang der Hypothek, JURA 2005, 577; *Kern/Klett*, Referendarexamensklausur: Abtretung und Schuldübernahme bei hypothekarisch gesicherter Forderung, JuS 2013, 541; *Koch*, Zulässigkeit und Auswirkungen der Übertragung von Darlehensforderung und Grundschuld, JURA 2010, 179; *Krüger* KreditsicherungsR Kap. 4.3; *Martens*, Die Sicherungsgrundschuld, AL 2016, 21; *Meyer*, Einwendungen und Einreden des Grundstückeigentümers gegen den Grundschuldgläubiger nach neuem Recht, JURA 2009, 561; *Monz*, Die Geltendmachung von Einreden bei Hypothek und Grundschuld, AL 2013, 213; *Petersen*, Der Dritte im Immobiliarsachenrecht, JURA 2016, 280; *Petersen*, Ablösungsrechte Dritter, JURA 2013, 1026; *Pressel*, Von Grundschuldbriefen – Referendarexamensklausur Bürgerliches Recht und Zivilprozessrecht, JA 2015, 618; *Prütting* SachenR §§ 54–67; *Reinicke/Tiedtke*, Kreditsicherung, 2. Teil, B; *Scherpe*, Referendarexamensklausur: Grundpfandrechte, Bürgschaft und Zivilprozessrecht – Wer zuerst zahlt…, JuS 2014, 51; *Schreiber* SachenR 5. Teil 3. Kap. D; *Schreiber*, Der Ersterwerb der Hypothek, JURA 2013, 1013; *Schünemann*, Wirtschaftsprivatrecht, 6. Aufl. 2011, B III 8 i; *Thomale*, Fortgeschrittenenklausur: Kreditsicherungsrecht – Heuschrecken, JuS 2013, 1097; *Vieweg/Werner* SachenR § 15; *Vogel*, Die Grundschuldzession nach dem Risikobegrenzungsgesetz, JA 2012, 887; *Wagner*, »Happy Hypo(thekenbrief)« – Zur Formbedürftigkeit der Abtretungserklärung nach § 1154 I BGB, JA 2014, 13; *Weber/Weber* KreditsicherungsR §§ 11–14; *Weber* SachenR II § 13–16; *Weller*, Die Sicherungsgrundschuld, JuS 2009, 969; *Westermann/Gursky/Eickmann* SachenR §§ 94–98, 103–120; *Westermann* Einführung Kap. 18; *Westermann* SachenR §§ 19–23; *Wolf/Wellenhofer* SachenR §§ 26–28.

391 Näher dazu MüKoBGB/*Lieder* § 1199 Rn. 1.

Übersicht 21b

333

Hypothek und Grundschuld	
Hypothek (§§ 1113 ff.)	**Grundschuld (§§ 1191 ff.)**
Die Hypothek (H) ist ein dingliches Recht des Gläubigers, sich wegen einer ihm zustehenden Forderung aus dem Grundstück zu befriedigen (§ 1113 I). Forderung und H sind voneinander abhängig = **Akzessorietätsprinzip** (vgl. dazu zB §§ 1153, 1137 I) *Voraussetzungen für die* **Bestellung** *einer Hypothek:* a) Vorliegen einer Forderung b) wirksame Einigung (§ 873 I) c) Eintragung ins Grundbuch (§ 873 I) d) Übergabe des Briefes bei Briefhypothek (§§ 1117, 1116 I) Einigung und Eintragung bzgl. Ausschluss der Brieferteilung bei Buchhypothek (§ 1116 II) e) Berechtigung oder § 892 (Briefhypothek ist leichter übertragbar, vgl. § 1154 I 1)	Die Grundschuld (G) ist ein dingliches Recht des Gläubigers, sich aus dem Grundstück zu befriedigen (§ 1191 I). Bestehen einer Forderung ist nicht erforderlich, die G ist ein *abstraktes* Recht (= **nicht akzessorisch**). Soweit sich daraus (G ohne Forderung) nichts anderes ergibt, gelten für G die Vorschriften über H (vgl. § 1192 I). G ist bevorzugtes Kreditsicherungsmittel von Banken. Dient sie der Absicherung konkreter Forderungen, handelt es sich um eine **Sicherungsgrundschuld**, bei der ein besserer Schutz des Eigentümers durch die §§ 1192 Ia, 1193 I 3, II 2 angeordnet ist (Erhalt von Einreden aus dem Sicherungsvertrag; Kündigung mit 6-monatiger Frist; kein gutgläubiger Erwerb). *Voraussetzungen für die* **Bestellung** *einer Grundschuld:* gem. *§ 1192 I wie Hypothek* b)–e), dabei a) = Vorliegen einer *Forderung unerheblich*

8. Kapitel. Andere Rechte an fremden Sachen

Die dinglichen **Verwertungsrechte** (Hypothek, Grundschuld, Rentenschuld sowie das Pfandrecht an beweglichen Sachen) geben dem Berechtigten die Befugnis, den Pfandgegenstand oder das belastete Grundstück zu verwerten. 334

Dingliche **Nutzungsrechte** hingegen erfassen die aus dem Eigentum fließenden Nutzungsbefugnisse. Sie ähneln dadurch den schuldrechtlichen Verträgen der Miete (§ 535) oder der Pacht (§ 581), sind aber im Unterschied zu diesen *dinglicher* Natur. Neben dem Erbbaurecht sieht das BGB bei Grundstücken Grunddienstbarkeiten (§ 1018) und beschränkte persönliche Dienstbarkeiten (§ 1090) sowie – an Grundstücken und an beweglichen Sachen – den Nießbrauch (§ 1030) vor.

I. Erbbaurecht

1. Inhalt

Die erstrebte »Idealform des Wohnens« stellt für die wohl meisten Menschen das Wohnen in einem Eigenheim auf einem eigenen Grundstück dar. Allerdings ist der Erwerb eines Grundstückes wie auch der Bau eines Hauses eine teure Angelegenheit. Durch das Erbbaurecht wird die Bebauung eines Grundstücks ermöglicht, obwohl der Bauherr nicht Grundstückseigentümer wird. Für ihn hat dies den Vorteil, dass er den Grundstückskauf nicht finanzieren muss. In der Praxis bestellen daher insbesondere Kirchen, gemeinnützige Stiftungen und Gemeinden aus sozialen Erwägungen Erbbaurechte, um zB den Eigenheimbau junger Familien zu fördern.[392] 335

Hinweis: Kehrseite der Medaille ist allerdings, dass während der gesamten Laufzeit des Erbbaurechts – ähnlich wie bei Miete oder Pacht – ein Erbbauzins zu zahlen ist und dass sich ein Erbbaurecht – gerade zum Ende der Laufzeit hin – deutlich schlechter weiterverkaufen lässt als ein normales Hausgrundstück.

■ Wenn Sie sich an das erinnern, was Sie im Allgemeinen Teil des BGB gelernt haben, könnten Ihnen Zweifel an der rechtlichen Konstruktion des Erbbaurechts kommen. Welche Vorschriften des Allgemeinen Teils des BGB könnten dazu im Widerspruch stehen?

▶ Gebäude, die auf Grundstücken errichtet werden, sind gem. §§ 93, 94 wesentliche Bestandteile des Grundstücks, dessen Eigentümer dadurch auch Eigentum an den Gebäuden erlangt (vgl. § 946).

Für das Erbbaurecht trifft das ErbbauRG[393] aber eine Sonderregelung. Gemäß § 12 ErbbauRG ist das Gebäude wesentlicher Bestandteil des Erbbaurechts und nicht der Eigentümer des Grundstücks, sondern der Inhaber des Erbbaurechts Eigentümer des Gebäudes. 336

392 *Vieweg/Werner* SachenR § 16 Rn. 61; MüKoBGB/*Heinemann* Vor § 1 ErbbauRG Rn. 9.

393 **dtv-BGB Nr. 10**. Die ErbbauVO v. 15.1.1919 wurde 2007 ohne inhaltliche Änderung in ErbbauRG umbenannt. Das Erbbaurecht war ursprünglich (1900–1919) in den aufgehobenen §§ 1012–1017 des BGB geregelt, s. MüKoBGB/*Heinemann* Vor § 1 ErbbauRG Rn. 1 f.

Bei dem Erbbaurecht handelt es sich um ein beschränktes dingliches Recht am Grundstück. Danach darf der Berechtigte auf oder unter der Erdoberfläche des Grundstücks ein Bauwerk haben. Der Eigentümer verliert den Besitz des belasteten Grundstücks sowie alle Nutzungen. Das Bauwerk, das vom Erbbaurecht erfasst wird, haftet konsequenterweise nicht für die am Grundstück bestehenden Grundpfandrechte (§ 12 I 3 ErbbauRG).

Das Erbbaurecht hat einige »Eigentümlichkeiten«:

Normalerweise wird es nur auf Zeit begründet – häufig für 99 Jahre, wobei das ErbbauRG aber keine Zeitvorgaben enthält. Es kann veräußert werden (ggf. unter der Voraussetzung, dass der Grundstückseigentümer zustimmen muss – § 5 I ErbbauRG) und ist vererblich.

Die Beziehungen zwischen Eigentümer und Erbbauberechtigtem werden meist durch einen entsprechenden Vertrag geregelt. Gemäß § 2 ErbbauRG haben diese Vereinbarungen dingliche Wirkung; es werden also der jeweilige Eigentümer des Grundstücks und der jeweilige Erbbauberechtigte daran gebunden.

Als Entschädigung für die Entziehung von Besitz und Nutzung wird ein Erbbauzins zugunsten des Grundstückseigentümers vereinbart (§ 9 I ErbbauRG).

2. Bestellung

337 ■ Für die Bestellung des Erbbaurechts gelten grds. die gleichen Voraussetzungen (und Vorschriften!) wie für den Erwerb und die Belastung des Grundstücks mit einem Recht – also welche?

▶ Für den Eigentumserwerb an Grundstücken sowie für die Belastung von Grundstücken mit einem Recht sind gem. § 873 Einigung und Eintragung erforderlich. Gleiches gilt gem. § 11 I ErbbauRG für die Bestellung eines Erbbaurechts (§ 925 ist danach allerdings *nicht* anzuwenden).

Diesem Verfügungsgeschäft liegt ein schuldrechtlicher Vertrag zugrunde, der dem Grundstückskaufvertrag ähnelt (statt des einmalig zu zahlenden Kaufpreises wird ein idR jährlich zu entrichtender Erbbauzins vereinbart)[394] und der – wie der Grundstückskaufvertrag – der Form des § 311b I (notarielle Beurkundung) bedarf (§ 11 II ErbbauRG).

Prüfungsschema Erbbaurechtsbestellung

1. Wirksame **Einigung** } § 873 iVm § 11 ErbbauRG
2. **Eintragung** ins Grundbuch } § 873 iVm § 11 ErbbauRG
3. **Berechtigung** oder **§ 892**

338 Von Amts wegen enthält das Erbbaurecht ein besonderes Grundbuchblatt – das sog. *»Erbbaugrundbuch«* (§ 14 ErbbauRG). Dieses stellt das Grundbuch im Sinne des BGB dar. Im Erbbaugrundbuch wird der Inhalt des Erbbaurechts festgelegt, im (Grundstücks-) Grundbuch wird nur Bezug auf dieses genommen (§ 14 II ErbbauRG). Das Erbbaugrundbuch wird gem. § 16 ErbbauRG von Amts wegen geschlossen, wenn das Erbbaurecht gelöscht wird.

394 Vgl. *Prütting* SachenR Rn. 870.

Da auf das Erbbaurecht die für Grundstücke geltenden Vorschriften entsprechende Anwendung finden[395] – einschließlich der Vorschriften für Ansprüche aus dem Eigentum – (vgl. § 11 ErbbauRG), ist dieses wie ein Grundstück zu behandeln.

■ Welche Ansprüche hat der Erbbauberechtigte also bei Entziehung oder Störung des Besitzes? 339

▶ Er hat die Ansprüche entsprechend § 985 und § 1004.

■ Und was ist, wenn er nicht »flüssig« ist und sein Erbbaurecht zur Absicherung eines Kredits belasten will/muss?

▶ Dann kann er dieses mit denselben Rechten wie ein Grundstück belasten, also Hypotheken oder Grundschulden bestellen.

3. Beendigung

Da das Bauwerk als wesentlicher Bestandteil des Erbbaurechts gilt[396] (§ 12 I 1, 340
2 ErbbauRG), fällt es automatisch mit dem Ende des Erbbaurechts in das Eigentum des Grundstückseigentümers (§ 12 III ErbbauRG) und haftet nicht mehr für die Belastungen des Erbbaurechts.[397]

Normalerweise endet das Erbbaurecht mit Ablauf der im Vertrag bestimmten Zeit. In der Praxis liegen diese Zeiträume zwischen 30 und 100 Jahren. Gemäß § 27 I ErbbauRG hat der Eigentümer eine Entschädigung für das Bauwerk zu leisten, das in sein Eigentum fällt, ohne dass ihm dafür Kosten entstanden sind.

■ Wie der Grundstückseigentümer kann auch der Erbbauberechtigte Miet- und 341
Pachtverträge abschließen. Was geschieht wohl mit diesen Verträgen, wenn das Erbbaurecht erlischt und der Grundstückseigentümer das Grundstück unbelastet übernimmt?

▶ Hier gilt wiederum die gleiche Regelung wie für Grundstücke (§ 566 und § 581 II), dh, der Grundstückseigentümer tritt in diese ein (vgl. § 30 ErbbauRG).

Eine Besonderheit – und nicht mit dem Erlöschen des Erbbaurechts zu verwech- 342
seln – ist der sog. »*Heimfall*«. Darunter versteht man die Verpflichtung des Erbbauberechtigten, sein Recht auf den Grundstückseigentümer zu übertragen (vgl. § 2 Nr. 4 ErbbauRG). Die Folge hiervon ist, dass es dann wieder dem Eigentümer zusteht und er es an einen Dritten übertragen kann. Meist wird eine entsprechende Regelung bei Begründung des Erbbaurechts getroffen, etwa für den Fall der Vernachlässigung des Bauwerks oder den des Verzugs mit der Zahlung des Erbbauzinses (vgl. § 9 IV ErbbauRG).

■ Welche Rechtswirkungen hat die Erfüllung des Heimfallanspruchs? 343

▶ Der Berechtigte verliert sein Eigentum an dem Gebäude und das Erbbaurecht wird auf den Grundstückseigentümer übertragen.

■ Was wird wohl der Erbbauberechtigte in diesem Fall vom Grundstückseigentümer verlangen?

▶ Eine Vergütung, denn sonst wäre der Eigentümer auf Kosten des Erbbauberechtigten bereichert.

---

395 **Mit Ausnahme der §§ 925, 927, 928.**

396 **»Gilt« = Fiktion.** Denn das BGB kennt keine Bestandteile an Rechten, sondern nur an Sachen. Durch diese Regelung wird erreicht, dass das Bauwerk nicht im Eigentum des Grundstückseigentümers steht, sondern in dem des Erbbauberechtigten.

397 *Prütting* SachenR Rn. 874.

Diese in § 32 ErbbauRG geregelte Vergütung wird meist durch Vereinbarung zwischen Eigentümer und Erbbauberechtigtem im Voraus bestimmt.

Übersicht 22

344

Erbbaurecht		
Inhalt	**Bestellung**	**Beendigung**
Ursprünglich in den §§ 1012 ff. BGB geregelt; seit 1919 in der ErbbauVO, die 2007 in ErbbauRG umbenannt wurde	Gemäß § 11 ErbbauRG gilt § 873: Einigung und Eintragung Grundlage: notariell beurkundeter schuldrechtlicher Vertrag (§ 11 II ErbbauRG iVm § 311b I) Außerdem: entsprechende Anwendung der §§ 985, 1004	Gemäß § 12 I ErbbauRG ist Bauwerk wesentlicher Bestandteil des Erbbaurechts (s. §§ 94, 95 iVm § 12 II ErbbauRG) Mit Beendigung von Erbbaurecht fällt Bauwerk ins Eigentum des Grundstückseigentümers (§ 12 III ErbbauRG)

Literatur zur Vertiefung (→ Rn. 334–344): *Alpmann und Schmidt* SachenR II 5. Teil 2. Abschn.; *Baur/Stürner* SachenR § 29 C; *Helms/Zeppernick* SachenR II Kap. 9 E; *Löhr*, Kommunales Vermögensmanagement über »marktgerechte« Erbbaurechte, ZKF 2016, 176; *Löhr*, Unverstanden und korrumpiert: Stiefkind kommunales Erbbaurecht, ZKF 2015, 97; *Prütting* SachenR § 75; *Schlögel*, Einheimischenmodelle und Erbbaurecht, ZfIR 2016, 175; *Schreiber*, Beschränkte dingliche Rechte, JURA 2006, 270; *Schreiber* SachenR 5. Teil 3. Kap. G; *Vieweg/Werner* SachenR § 16 IV; *Wagner/Weber*, Die Beendigung des Erbbaurechts in der Grundbuchpraxis, Rpfleger 2016, 685; *Westermann/Gursky/Eickmann* SachenR § 66; *Weber* SachenR II § 2 V; *Westermann* SachenR § 18 II 1; *Wolf/Wellenhofer* SachenR § 3 Rn. 48 ff.

II. Dienstbarkeiten

1. Überblick

345 Zum Einstieg eine Verständnisfrage:

- Was geschieht mit den dinglichen Verwertungsrechten (→ Rn. 334: zB einem Pfandrecht oder einer Grundschuld), wenn der Eigentümer der beweglichen Sache oder des Grundstücks wechselt?
- ▶ Da dingliche Verwertungsrechte die Sache oder das Grundstück unmittelbar belasten, spielt es keine Rolle, wer der jeweilige Eigentümer ist; dh, die Rechte bleiben bestehen.

346 Wer – vergleichbar dazu – erreichen will, dass ihm nicht nur sein Vertragspartner – also der jetzige Eigentümer des Grundstücks –, sondern der jeweilige Eigentümer zu einer Duldung oder Unterlassung verpflichtet sein soll, darf nicht lediglich einen schuldrechtlichen Vertrag mit dem jetzigen Eigentümer schließen, sondern muss ein dingliches Recht, eine »Dienstbarkeit« begründen.

- Wenn Sie §§ 1018 und 1090 lesen, wissen Sie, was Inhalt der Dienstbarkeit ist? 347
- Inhalt der Dienstbarkeit ist, dem Berechtigten *einzelne Nutzungen und Vorteile* an dem Grundstück zu gewähren.
- Ein Blick in § 1030 – und der Unterschied zum Nießbrauch ist klar?
- Der Nießbrauch erfasst grds. die *gesamten Nutzungen* des belasteten Gegenstandes.

Bei den Dienstbarkeiten unterscheidet das Gesetz zwischen der »Grunddienstbarkeit« (§ 1018) und der »beschränkten persönlichen Dienstbarkeit« (§ 1090 – neben § 1018 notieren!). Anders als der Nießbrauch können Dienstbarkeiten nur Grundstücke oder grundstücksgleiche Rechte (zB das Wohnungseigentum[398] oder das Erbbaurecht) belasten. Beide Dienstbarkeiten sind auch auf die gleichen Arten von Nutzungen gerichtet. Hinsichtlich des Berechtigten ist jedoch zu unterscheiden.

- Worin liegt ihr Unterschied?
- Der Unterschied ergibt sich daraus, wer Inhaber der Dienstbarkeit ist.

Während **Grunddienstbarkeiten** dem **jeweiligen Eigentümer** eines bestimmten Grundstückes zustehen, geben **beschränkte persönliche Dienstbarkeiten** einer **Person** Rechte unabhängig von dem Eigentum an einem Grundstück.

Will der Vertragsschließende also erreichen, dass der jeweilige Eigentümer des Grundstücks Berechtigter sein soll, so muss eine **Grunddienstbarkeit** bestellt werden (= **»subjektiv-dingliches Recht«**). Diese belastet das dienende Grundstück zugunsten eines anderen Grundstücks (= herrschendes Grundstück). 348

> **Beispiel:** Wegerecht, um über das Nachbargrundstück eine Zufahrt zu einer öffentlichen Straße zu sichern. Der jeweilige Eigentümer des herrschenden Grundstücks ist gleichzeitig Inhaber der Grunddienstbarkeit.[399]

- Die Grunddienstbarkeit als subjektiv-dingliches Recht ist gem. § 96 als wesentlicher Bestandteil mit dem Eigentum am herrschenden Grundstück verbunden. Welche Rechtsfolge ergibt sich daher bei der Übereignung des herrschenden Grundstücks?
- Mit der Übereignung des herrschenden Grundstücks geht die Grunddienstbarkeit auf den Erwerber über.

Will hingegen der Vertragsschließende, dass nur er persönlich Berechtigter sein soll, 349
so wird eine **beschränkte persönliche Dienstbarkeit** bestellt. Diese ist ein **»subjektiv-persönliches Recht«**, dh sie steht dem Berechtigten als Person zu – ohne Rücksicht darauf, ob er der Eigentümer eines Grundstücks ist.

> **Beispiel:** Berechtigung für eine juristische Person (Energieversorgungsgesellschaft in der Rechtsform einer AG oder GmbH), eine Stromleitung über das Grundstück zu führen. Die beschränkte persönliche Dienstbarkeit ist an die Person des Berechtigten gebunden und nicht übertragbar (§ 1092 I 1).

Zum Schutz gegen mietrechtliche Sonderkündigungsrechte[400] sichern sich auch Mieter exklusiver Ladenflächen oder besonderer Gewerberäume sowie Betreiber von Windkraftanlagen auf gemieteten oder gepachteten Flächen durch Eintragung einer sog. *Mieterdienstbarkeit* gem. § 1090 ab.[401]

---

398 → **Rn. 227**.
399 Ein **Bsp. für eine Eintragung** finden Sie bei → **Rn. 213 f.**
400 Insbes. gem. § 111 InsO und § 57a ZVG.
401 S. dazu zB *Krüger* NZM 2012, 377; BGH NJW-RR 2011, 882, für Studierende aufbereitet von *K. Schmidt* JuS 2011, 935.

350 Obwohl der Eigentümer aufgrund seines (Voll-)Rechts sein Grundstück uneingeschränkt nutzen kann, darf er sich an seinem eigenen Grundstück eine Grunddienstbarkeit bestellen lassen (= *Eigentümerdienstbarkeit*), sofern ein wirtschaftliches oder ideelles Bedürfnis hierfür besteht.[402]

> **Beispiel:** Bauunternehmer errichtet Reihenhauszeile und lässt vor dem Verkauf der einzelnen Hausgrundstücke Wege- sowie Leitungsrechte zugunsten der nicht unmittelbar an der öffentlichen Straße gelegenen Grundstücke eintragen

2. Bestellung der Dienstbarkeiten

351 ■ Bei der Grunddienstbarkeit und der beschränkten persönlichen Dienstbarkeit handelt es sich um Rechte an Grundstücken. Welche Voraussetzungen für ihre Entstehung/Bestellung müssen daher erfüllt sein?

▶ Gemäß § 873 entstehen sie durch Einigung und Eintragung ins Grundbuch.

352 Außerdem muss der Bestimmtheitsgrundsatz eingehalten werden. Das heißt, aus dem Inhalt der Dienstbarkeit muss sich eindeutig ergeben, welche Handlungen oder Maßnahmen der Grundeigentümer des dienenden Grundstücks dulden bzw. welche Art der tatsächlichen Nutzung er unterlassen muss. Das Gesetz sieht keine zeitliche Beschränkung für deren Dauer vor. Ein **gutgläubiger Erwerb** ist möglich (gem. § 892).

Prüfungsschema Bestellung von Dienstbarkeiten

1. **Einigung** (§ 873 I) über einzelne Nutzungsrechte/Unterlassungsansprüche/Abwehrrechtsausschlüsse zugunsten
   a) des Eigentümers eines anderen Grundstücks (*Grunddienstbarkeit*, § 1018)
   b) einer Person (*beschränkte persönliche Dienstbarkeit*, § 1090)
2. **Grundbucheintragung** (§ 873 I)
3. **Berechtigung** oder **§ 892**

3. Inhalt der Dienstbarkeiten

353 Gemäß § 1018 (lesen!) kann das Grundstück auf drei verschiedene Arten belastet werden. Ein möglicher Inhalt besteht darin, dass der Berechtigte das belastete Grundstück in *einzelnen Beziehungen benutzen* darf, ohne dass der Eigentümer dies verbieten kann (sog. **Nutzungsrechte**).[403]

■ Fallen Ihnen hierzu Beispiele aus dem täglichen Leben ein? Einzelne hatten wir bereits genannt.

▶ Wegerechte, Führung von Leitungen über das Grundstück, Abbaurechte (zB Abbau von Kies), Wohnungsrecht (§ 1093).[404]

354 Die zweite mögliche Inhaltskategorie besteht darin, dass bestimmte Handlungen nicht vorgenommen werden dürfen, die sonst der Eigentümer kraft seines Eigentums vornehmen könnte. Die normalen nachbarrechtlichen Duldungspflichten werden erweitert oder abgeschwächt (sog. **Anspruch auf Unterlassung**).[405]

---

402 S. dazu *Wolf/Wellenhofer* SachenR § 29 Rn. 4.
403 S. *Prütting* SachenR Rn. 884.
404 *Wolf/Wellenhofer* SachenR § 29 Rn. 7 f.
405 Näher dazu *Prütting* SachenR Rn. 885, 893 ff.

■ Nennen Sie einige Beispiele hierzu!

▶ Beispiele für Unterlassungsansprüche hinsichtlich einzelner Handlungen sind: Verbot der Bebauung oder Errichtung bestimmter Betriebe auf dem Grundstück (zB Tankstelle), Wettbewerbsverbote (zB Vertrieb bestimmter Warengattungen).

Ferner kann als Inhalt der Dienstbarkeit auch vereinbart werden (dritte Inhaltsgrup- **355**
pe), dass der Eigentümer des belasteten Grundstücks ein Recht nicht ausüben darf. In erster Linie sind hier Abwehransprüche aus § 1004 gemeint (**Ausschluss von Abwehrrechten**).[406]

Ein Industrieunternehmen kann zB den angrenzenden Anliegern ihr Recht abkaufen, nach §§ 1004, 906 die Unterlassung von Immissionen zu verlangen. Die mit der Dienstbarkeit belasteten Grundstückseigentümer dürfen ihre Abwehrrechte dann nicht mehr ausüben.[407]

Lassen Sie uns das Gelernte vertiefen mit **356**

Übungsfall 41[408]

E ist Eigentümer eines größeren Grundstücks. Er einigt sich mit der Schnellrestaurant-Kette Buletten-Queen-AG (B-AG) über folgende Punkte, die auch in das Grundbuch eingetragen werden sollen: »E gestattet der B-AG, auf dem Grundstück des E in Dresden, Leipziger Straße 4 (Amtsgericht Dresden, Grundbuch von Dresden-Altstadt I, Flurstück 74/1), ein Buletten-Queen-Restaurant (Fast-Food-Restaurant) zu errichten und zu betreiben. E selbst darf auf diesem Grundstück kein Fast-Food-Restaurant errichten oder anderen die Errichtung eines Fast-Food-Restaurants gestatten. Weder E noch ein anderer ist befugt, auf diesem Grundstück andere als die schnellrestaurantspezifischen Produkte der B-AG zu lagern und zu verkaufen. Hierfür erhält E jährlich 3.000 EUR.«

■ Welches Nutzungsrecht haben E und die B-AG im vorliegenden Fall vereinbart?

▶ Eine beschränkte persönliche Dienstbarkeit.

■ Was ist Voraussetzung für die wirksame Einigung zwischen E und der B-AG?

▶ Die Einigung muss hinreichend bestimmt und inhaltlich zulässig sein.

■ Trifft das zu?

▶ Da E sich zur Duldung der Errichtung und des Betreibens eines Fast-Food-Restaurants durch die B-AG und zur Unterlassung des Errichtens bzw. Betreibens eines eigenen Schnellrestaurants verpflichtet hat, liegen die Voraussetzungen der hinreichenden Bestimmtheit vor. Die Vereinbarung ist auch inhaltlich zulässig, zumal E als Grundstückseigentümer frei darüber entscheiden kann, zu welchem Zweck sein Grundstück genutzt werden soll.[409]

Bei der weiteren Verpflichtung, keine anderen schnellrestaurant-spezifischen Produk- **357**
te als die der B-AG zu lagern und zu verkaufen, handelt es sich um eine sog. *Wettbewerbsklausel* und *Verkaufsbeschränkung*, die vor allem im Brauerei-, Gaststätten- und Tankstellengewerbe häufig zu finden ist. Ob diese Inhalt einer Dienstbarkeit sein kann, wird von der hM differenziert entschieden:

⇒ Sofern dem Eigentümer untersagt wird, überhaupt bestimmte Produkte zu lagern bzw. zu vertreiben, wird dieser in seiner Eigentumsberechtigung beschränkt. Eine

406 Vgl. *Prütting* SachenR Rn. 886.

407 *Wolf/Wellenhofer* SachenR § 29 Rn. 13.

408 Ähnlicher Fall bei *Alpmann und Schmidt* SachenR II Fall 25 (Tankstellendienstbarkeit).

409 Nach der Rspr. des BGH (BGHZ 29, 244 [246] = NJW 1959, 670) handelt es sich hierbei um ein **einheitliches Recht**, das zwei Arten der Belastung (Einräumung eines **Benutzungsrechts** und **Verpflichtung zur Unterlassung** gewisser Handlungen) enthält.

solche Dienstbarkeit ist zulässig.[410] Fallbezogen: E muss es unterlassen, auf seinem Grundstück ein weiteres Schnellrestaurant zu betreiben bzw. anderen den Betrieb zu gestatten.

⇒ Ist es allerdings dem Eigentümer gestattet, bestimmte Produkte zu lagern und zu vertreiben, aber gewisse Produkte von Konkurrenzunternehmen nicht, so liegt keine Grundstücksbelastung vor. Denn das Recht zur freien Auswahl eines bestimmten Warenlieferanten ist kein Ausfluss des Eigentumsrechts am Grundstück.[411]

358 ■ Kann nach alledem die Unterlassungspflicht, keine anderen schnellrestaurantspezifischen Produkte als die der B-AG zu lagern und zu verkaufen, Inhalt der beschränkten persönlichen Dienstbarkeit sein?

▶ Da diese Wettbewerbsbeschränkung keine Grundstücksbelastung darstellt, kann sie nicht Inhalt vorgenannter Nutzungsbeschränkung sein.

Inhalt der Dienstbarkeit kann nicht eine Leistungsverpflichtung des Eigentümers sein, auch wenn das Handeln als Pflicht zur Unterlassung formuliert ist.[412]

359 Ob eine Änderung der Verhältnisse auch eine Änderung der Dienstbarkeit zur Folge hat, betrachten wir mit

Übungsfall 42[413]

Die Familien des E und N sind seit dem 19. Jahrhundert Nachbarn. Sie betreiben beide Landwirtschaft. 1930 wurde zugunsten des E eine Grunddienstbarkeit als Reit- und Fahrrecht begründet, damit E mit seinem Pferdewagen zu seinem Wohnhaus gelangen konnte. Inzwischen fährt E einen Pkw. Darf er auch mit diesem die Zufahrt benutzen?

360 Problematisch ist also, ob und inwieweit der Inhalt der Grunddienstbarkeit einer Veränderung der Verhältnisse angepasst werden kann. Sofern die Dienstbarkeit in ihrem Inhalt und Umfang, der sich aus dem Grundbuch ergibt, keine Änderung des ursprünglichen Nutzungszwecks erfährt, kann sie auch unter veränderten Umständen ausgeübt werden.

■ Um die Lösung für unseren Fall zu finden, müssen wir zunächst ermitteln, was der Zweck und der Umfang der Grunddienstbarkeit waren!

▶ Zweck und Umfang als Zufahrtsrecht dienten dazu, dass E mit seinem Gefährt sein Wohnhaus erreichen konnte.

■ Hat sich hiervon etwas bzw. was hat sich geändert?

▶ Eine Änderung ist nur hinsichtlich der Art des »Fahrzeugs« eingetreten, mit dem das Zufahrtsrecht ausgeübt wird. Statt vier Beine *und* vier Räder hat dieses *nur* noch vier Räder…

Nach alledem darf E auch mit seinem Pkw die Zufahrt benutzen.

361 Zu einem anderen Ergebnis käme man, wenn E sein Wohnhaus aufgeben und stattdessen in seinem Gebäude einen Getränkemarkt einrichten würde. Diese Änderung der Zweckbestimmung des herrschenden Grundstücks wird nicht mehr von Inhalt und Umfang der Dienstbarkeit erfasst. Der Nachbar N muss in diesem Fall die An- und Abfahrt der Kunden nicht dulden.

410 So die stRspr des BGH, s. ua BGH NJW 1985, 2474 (2475).
411 BGHZ 29, 244 (249) = NJW 1959, 670.
412 *Prütting* SachenR Rn. 887, 893 f. mwN.
413 In Anlehnung an *Wolf/Wellenhofer* SachenR § 29 Rn. 16 f.

Aufgrund der Dienstbarkeit entsteht zwischen dem jeweiligen Dienstbarkeitsberechtigten und dem Eigentümer des belasteten Grundstücks ein **gesetzliches Schuldverhältnis**, im Rahmen dessen auch § 278[414] Anwendung finden kann. Der Berechtigte muss gem. § 1020 S. 1 und § 1090 II auf die Interessen des Eigentümers Rücksicht nehmen und seine Dienstbarkeit möglichst schonend ausüben. Der Eigentümer des belasteten Grundstücks muss die Ausübung der Dienstbarkeit dulden. Er darf keine störenden Handlungen vornehmen. **362**

Um das Verhältnis zwischen dem schuldrechtlichen und dem dinglichen Rechtsgeschäft zu verdeutlichen, wandeln wir obigen Fall ab: **363**

Abwandlung zu Übungsfall 42

N veräußert das Grundstück an D. Nachdem die Schlaglöcher in der Zufahrt immer zahlreicher werden, verlangt E von D die Instandsetzung des Weges. Er beruft sich unter anderem auf eine mit N getroffenen privatschriftliche Vereinbarung aus dem Jahre 1930, im Rahmen derer sich N verpflichtet hatte, den Weg instand zu halten.

■ Besteht eine Verpflichtung von D gegenüber E aufgrund des schuldrechtlichen Vertrags?
▶ Eine solche Verpflichtung besteht nicht, da D sich nicht mit E über die Instandhaltungspflicht geeinigt und D auch nicht die Verpflichtung des N gegenüber E gem. § 414 übernommen hatte.
■ Besteht nunmehr zwischen D und N ein gesetzliches Schuldverhältnis?
▶ Da E und N im Jahr 1930 das Wegerecht wirksam gem. §§ 873, 1018 begründeten und D von N das Grundeigentum mit dem Wegerecht belastet erworben hat, besteht zwischen D und E dieses gesetzliche Schuldverhältnis.

Im Sachenrecht ist das gesetzliche Schuldverhältnis eine sachbezogene Verpflichtung. Es begründet im gesetzlich umschriebenen Umfang die Verpflichtung zwischen dem Sachinhaber (= Grundstückseigentümer) und dem Berechtigten. Wenn diese Sachbeziehung entfällt, so entfällt auch die Verpflichtung.[415] **364**

■ Was ist wohl Voraussetzung dafür, dass die Instandhaltungspflicht Inhalt des zwischen E und D bestehenden gesetzlichen Schuldverhältnisses ist?
▶ Diese Nebenleistung hätte durch Einigung und Eintragung Inhalt der Dienstbarkeit werden müssen.

Lesen Sie § 1021! Da im vorliegenden Fall diese Nebenleistungspflicht nicht ins Grundbuch eingetragen wurde, kann D nicht von E zur Instandhaltung herangezogen werden.

4. Schutz der Dienstbarkeiten

Da die Dienstbarkeiten absolute dingliche Rechte sind, genießen sie Schutz gegenüber jedermann. Aus § 1027 und § 1090 II ergeben sich Unterlassungs- und Beseitigungsansprüche gem. § 1004, wenn der Berechtigte durch Dritte oder durch den Eigentümer des belasteten Grundstücks in seiner Dienstbarkeit beeinträchtigt wird. **365**

414 Dazu *Wörlen/Metzler-Müller* SchuldR AT Rn. 401 ff.

415 Beim **schuldrechtlichen** Verpflichtungsgeschäft hingegen besteht die Verpflichtung – unabhängig davon, wo sich der Vertragsgegenstand befindet – fort. Eine Änderung tritt nur im Fall der Abtretung oder Schuldübernahme ein.

Lesen Sie nun zur Wiederholung Übersicht 23, → Rn. 365a.

Literatur zur Vertiefung (→ Rn. 345–365a): *Alpmann und Schmidt* SachenR II 4. Teil 3. Abschn.; *Baur/Stürner* SachenR §§ 33, 34; *Helms/Zeppernick* SachenR II Kap. 9 B, C; *Krüger,* Mieterdienstbarkeit, NZM 2012, 377; *Petersen,* Der Dritte im Immobiliarsachenrecht, JURA 2016, 280; *Prütting* SachenR §§ 77, 81; *Schreiber,* Beschränkte dingliche Rechte, JURA 2006, 270; *Schreiber* SachenR 5. Teil 3. Kap. E I. 1 und 2; *Sick,* Numerus clausus der sachenrechtlichen Rechtsinstitute, ZfIR 2016, 57; *Vieweg/Werner* SachenR § 16 II; *Weber* SachenR II § 18, 19; *Westermann/Gursky/Eickmann* SachenR §§ 122, 123; *Westermann* SachenR § 18 II 3; *Wolf/Wellenhofer* SachenR § 29.

Übersicht 23

365a **Dienstbarkeiten**

Grunddienstbarkeiten	**Beschränkte persönliche Dienstbarkeiten**
§§ 1018–1029	§§ 1090–1093

Gemeinsamkeit

Beziehen sich auf *einzelne* Grundstücksnutzungen (vgl. § 1018 und § 1090 I)

Unterschied	
Jeweiliger Grundstücks*eigentümer* ist Berechtigter → subjektiv-dingliches Recht (zB Wegerecht zugunsten des Nachbargrundstücks)	*Persönliche* Berechtigung am Grundstück *unabhängig vom Eigentum* → subjektiv-persönliches Recht (zB Wohnrecht)

Bestellung

Einigung und Eintragung (§ 873)

§ 1018	§ 1090 I

Inhalt

Jeweiliger Eigentümer	**Persönlich Berechtigter**
• Duldung der Nutzung in einzelnen Beziehungen • Unterlassung bestimmter Handlungen • Ausschluss von Abwehrrechten	• Nutzung in einzelnen Beziehungen • Sonstige Befugnis → konkurrenzloser Vertrieb; Emissionsberechtigung
§ 1018	§ 1090 I

Schutz

Unterlassungs- und Beseitigungsansprüche
§§ 1027 – 1004 – 1090 II

III. Nießbrauch

1. Überblick 366

Lesen Sie zunächst § 1030! Der Nießbrauch ist das *umfassendste* dingliche Nutzungsrecht. Dem Berechtigten werden grds. *alle Nutzungen* des belasteten Gegenstandes gewährt, sofern nicht einzelne Nutzungen ausgeschlossen sind.

■ Was kann alles Gegenstand des Nießbrauchs sein (orientieren Sie sich an den folgenden Paragrafen!)?

▶ Gegenstand des Nießbrauchs können bewegliche und unbewegliche **Sachen** (§ 1030 I) sowie **Rechte** (§ 1068) sein. Einen Sonderfall bildet der Nießbrauch an einem Vermögen (vgl. § 1085), auf den hier aber nicht näher eingegangen werden kann.

Der Nießbrauch ist unveräußerlich (§ 1059)[416] und unvererblich (§ 1061). Da ein 367 Eigentümer einem anderen selten solche weitgehenden Rechte einräumt, hat der Nießbrauch nur in Sonderfällen wirtschaftliche Bedeutung. So etwa bei der vorweggenommenen Erbfolge bei der Übertragung von Gesellschaftsanteilen oder Grundbesitz zu Lebzeiten der Eltern auf die Kinder als **Vorbehaltsnießbrauch**. Zu nennen ist ferner der **Versorgungsnießbrauch** für die Lebzeit des Berechtigten. Dieser kommt häufig als erbrechtliche Verfügung vor, durch die ein Ehegatte dem Überlebenden dieses Recht am Nachlass vermacht, um dessen soziale Existenz besser zu sichern. Denn das gesetzliche Erbrecht des Ehegatten besteht neben Kindern nur zur Hälfte am Nachlass. Häufig sind auch steuerliche Gründe für den Nießbrauch maßgebend: Dadurch werden die in den Nutzungen liegenden Einkünfte auf andere Familienangehörige verlagert und so Einkommens- bzw. Erbschaftssteuern gespart.[417]

2. Nießbrauch an Sachen

a) Bestellung des Nießbrauchs

An **Grundstücken** wird der Nießbrauch wie andere dingliche Grundstücksbelastun- 368 gen bestellt, und zwar durch *Einigung* und *Eintragung* gem. § 873. Nach den § 1031 iVm § 926 wird vermutet, dass sich die Nießbrauchsbestellung auch auf das Grundstückszubehör erstreckt.

Bei **beweglichen Sachen** sind gem. § 1032 S. 1 (lesen!) *Einigung* und *Übergabe* erforderlich; die Einigung muss die Entstehung des Nießbrauchs inhaltlich enthalten. Unter den gleichen Voraussetzungen wie beim Eigentumserwerb ist auch ein **gutgläubiger Erwerb** des Nießbrauchs möglich (gem. § 892 für Grundstücke, gem. § 1032 S. 2 iVm § 932 für bewegliche Sachen).

Prüfungsschema Nießbrauchsbestellung

1. **Einigung** (§ 873 I/§ 1032 S. 1) über umfassendes dingliches Nutzungsrecht (§ 1030)
2. a) bewegliche Sachen: **Übergabe** (§ 1032 S. 1)
   b) Grundstücke: **Grundbucheintragung** (§ 873 I)
3. **Berechtigung** oder § 892 oder § 1032 S. 2

---

416 **Ausnahme**: § 1059a beim Nießbrauch zugunsten einer **juristischen Person** (insbesondere AG, GmbH) oder einer rechtsfähigen **Personengesellschaft** (§ 14 II – insbesondere OHG, KG, GbR).

417 Näheres bei *Prütting* SachenR Rn. 896; *Wolf/Wellenhofer* SachenR § 30 Rn. 2 f.

369 ■ Bei der Bestellung des Nießbrauchs handelt es sich um einen abstrakten, dinglichen Vertrag. Welche Verpflichtungen kommen wohl als Kausalgeschäfte in Betracht?
▶ Verpflichtung zur Bestellung des Nießbrauchs kann insbesondere ein erbrechtliches Vermächtnis (§ 1939) oder ein Schenkungsversprechen (§§ 516 I, 518) sein.

Der Nießbrauch an einer beweglichen Sache kann auch durch Ersitzung erworben werden. Gemäß § 1033 (lesen!) gelten hierfür die Voraussetzungen wie bei der Ersitzung des Eigentums an beweglichen Sachen.

■ Welche Vorschrift ist also einschlägig?
▶ Antwort: Fußnote [418].

b) Rechte und Pflichten des Nießbrauchers

370 Der Nießbraucher hat eine Reihe von Befugnissen. So ist er gem. § 1036 I (lesen!) zum Besitz der Sache berechtigt.

■ Denken Sie an das zum Besitz Gelernte. Welche Arten von Besitz haben Nießbraucher und Nießbrauchbesteller inne?
▶ Der Besteller ist mittelbarer (§ 868), der Nießbraucher in der Regel unmittelbarer Besitzer.[419]

Der Nießbraucher hat ein umfassendes Nutzungsrecht, er kann also auch die »Früchte ernten«, wie zB die Mieten eines Hauses einnehmen oder die Erzeugnisse eines landwirtschaftlichen Grundstücks behalten. An allen Früchten erwirbt er mit der Trennung nach § 954 Eigentum (zur Erinnerung: alle zitierten Vorschriften lesen!).

371 Allerdings muss der Nießbraucher die bisherige wirtschaftliche Bestimmung der Sache aufrechterhalten (vgl. § 1036 II), er darf also nicht Garten- in Bauland verwandeln. Ebenfalls muss er nach den Grundsätzen einer ordentlichen Wirtschaft verfahren und darf weder in die Substanz der Sache eingreifen noch sie umgestalten oder wesentlich verändern (§ 1037). Rechtlich kann er nicht über die Sache verfügen.

Zwischen dem Eigentümer des Grundstücks (der nicht zwingend der Besteller des Nießbrauchs ist!) und dem Nießbraucher entsteht ein gesetzliches Schuldverhältnis.

372 Die maßgebende Verpflichtung des Nießbrauchers besteht in der Erhaltung der Sache in ihrem wirtschaftlichen Bestand; ggf. muss er dafür Ausbesserungen und Erneuerungen vornehmen (§ 1036 ganz lesen!). Er muss darüber hinaus die Sache ggf. versichern (§ 1045) und die öffentlichen Lasten (wie zB Grund- und Gewerbesteuer) tragen (§ 1047).

■ Gemäß § 1065 hat der Nießbraucher bei einer Beeinträchtigung des Nießbrauchsrechts die gleichen Ansprüche, wie sie dem Eigentümer zustehen. Welche Ansprüche kann er somit geltend machen?
▶ Den Herausgabeanspruch nach § 985 sowie den Beseitigungs- und Unterlassungsanspruch nach § 1004. Darüber hinaus genießt er auch den Besitzschutz, sofern er – was den Regelfall darstellt – Besitzer der Sache ist.

c) Erlöschen des Nießbrauchs

373 ■ Da der Nießbrauch unvererblich ist, kommt welcher Erlöschenstatbestand in Frage?

418 **§ 937 – neben § 1033 notieren!**
419 *Er kann allerdings auch die Sache vermieten und ist dann mittelbarer Besitzer (ersten Grades).*

- Der Tod des Nießbrauchers.

Dies regelt auch § 1061 (lesen!). Bei juristischen Personen oder einer rechtsfähigen Personengesellschaft erlischt der Nießbrauch mit der Auflösung der juristischen Person bzw. der Gesellschaft. Weitere Erlöschensgründe sind der Verzicht, die Vereinigung des Nießbrauchs mit dem Eigentum in einer Person bei beweglichen Sachen (§ 1063) oder Grundstücken (§ 1072 – neben § 1063 notieren!).

3. Nießbrauch an Rechten

a) Gegenstand

Sofern ein Recht Nutzungen abwirft, kann es auch Gegenstand des Nießbrauchs sein. 374
Die Bestellung erfolgt nach den für die Übertragung des Rechts geltenden Vorschriften (§ 1069 I).

- Ein Blick in § 1069 II sagt Ihnen, dass nur bestimmte Rechte für den Nießbrauch in Betracht kommen. Welche? Nennen Sie auch Beispiele!
- Nur **übertragbare** Rechte können Gegenstand des Nießbrauchs sein.

Beispiele: Forderungen, Urheberrechte und Patente, Aktien, GmbH-Anteile.

Nach § 1068 II finden auf den Nießbrauch an Rechten die Vorschriften über den Nießbrauch an Sachen entsprechende Anwendung, sofern sich aus den Sonderregelungen der §§ 1069–1084 nichts anderes ergibt. Der Nießbraucher hat also ein Recht auf die Nutzungen, wie zB die Zinsen einer Forderung und die Dividende einer Aktie.

b) Nießbrauch an Forderungen

Beim Nießbrauch an Forderungen stehen drei Personen miteinander in Verbindung: 375
Der Gläubiger und der Schuldner der belasteten Forderung sowie der Nießbraucher.

Bei **unverzinslichen** Forderungen hat der Nießbraucher gem. § 1074 das Recht zu deren Einziehung und kann deshalb Leistung an sich verlangen (lesen Sie § 1076 und notieren Sie die Vorschrift neben § 1074!). Allerdings erhält er an dem geleisteten Gegenstand kein Eigentum. Dieses steht dem Gläubiger zu, und der Nießbraucher erwirbt nur den Nießbrauch an ihm. Als Objekt des Nießbrauchs tritt der geleistete Gegenstand dann an die Stelle der Forderung (§ 1075 I).

Bei **verzinslichen** Forderungen stehen dem Nießbraucher die Zinsen zu. Er und der Gläubiger können nur gemeinschaftlich kündigen, eine Zahlung des Schuldners auf das Kapital kann nur an beide gemeinschaftlich erfolgen (§ 1077). Auch hier werden die geleisteten Sachen Eigentum des Gläubigers, der Nießbraucher erhält an ihnen den Nießbrauch.[420]

c) Nießbrauch an Wertpapieren und Gesellschaftsanteilen

An Orderpapieren, wie zB dem Wechsel, wird der Nießbrauch durch Indossament, 376
Einigung über die Nießbrauchsbegründung und Übergabe des Papiers begründet (vgl. § 1069 I). Bei Inhaberpapieren sind Einigung und Übergabe Voraussetzung (§ 1081).

420 *Prütting* SachenR Rn. 922.

Sofern der Gesellschaftsvertrag Entsprechendes vorsieht (vgl. §§ 717, 1069 II) kann der Nießbrauch auch am Anteil einer Personengesellschaft oder einer GmbH bestellt werden. Der Nießbraucher hat dann Anspruch auf den Gewinn, der auf den Gesellschaftsanteil entfällt.[421]

Prägen Sie sich das Wichtigste zum Nießbrauch nun an der folgenden Übersicht 24, → Rn. 377 ein.

Übersicht 24

377

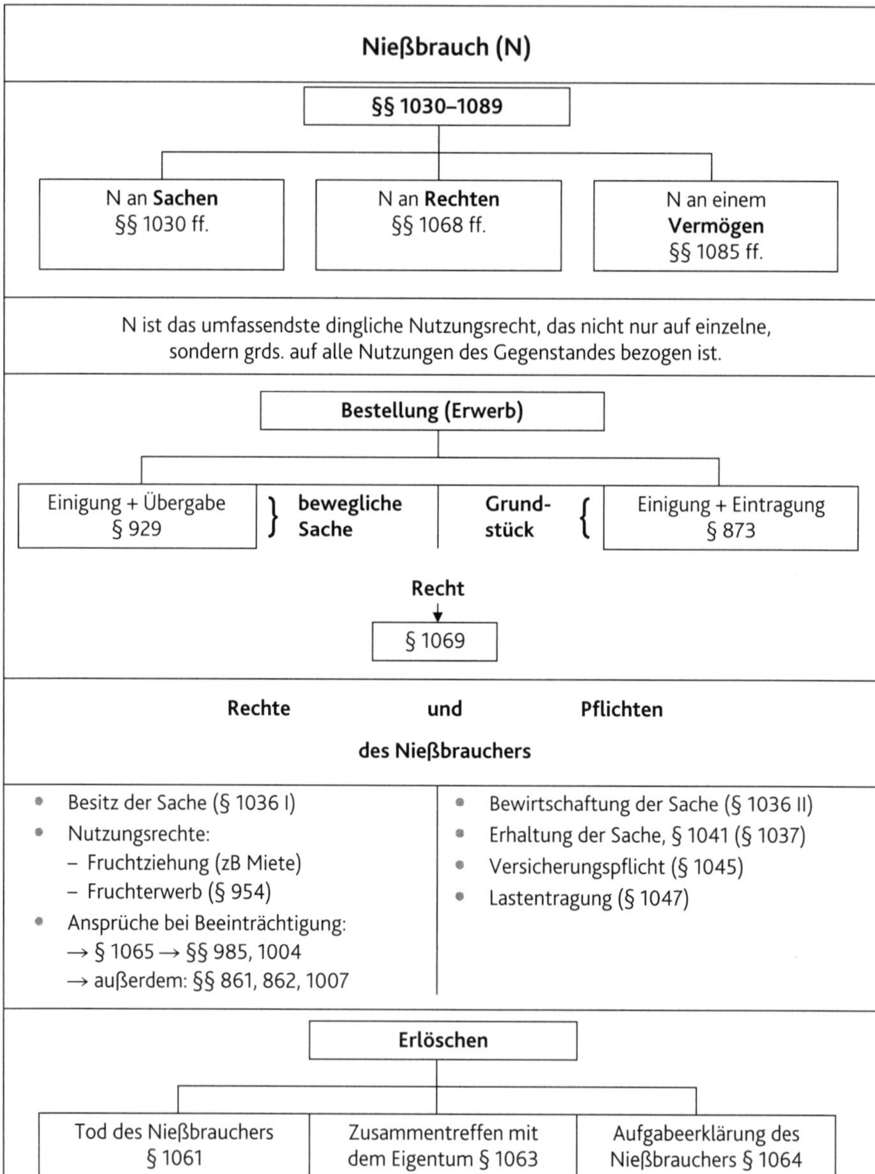

421 Die **Stimmrechtsausübung** steht dem Nießbraucher aber nicht zu (str.), s. Palandt/*Herrler* § 1068 Rn. 3 mwN.

Literatur zur Vertiefung (→ Rn. 366–377): *Alpmann und Schmidt* SachenR II 4. Teil 3. Abschn. C; *Baur/Stürner* SachenR § 54; *Hauck*, Nießbrauch an Rechten, AcP 216 (2016), 345; *Helms/Zeppernick* SachenR II Kap. 9 A; *Prütting* SachenR §§ 78–80; *Schreiber*, Beschränkte dingliche Rechte, JURA 2006, 270; *Schreiber* SachenR 5. Teil 3. Kap. E I. 3; *Sick*, Numerus clausus der sachenrechtlichen Rechtsinstitute, ZfIR 2016, 57; *Vieweg/Werner* SachenR § 16 III; *Weber* SachenR II § 17; *Westermann/Gursky/Eickmann* SachenR § 121; *Wolf/Wellenhofer* SachenR § 30.

IV. Vorkaufsrecht und Reallast

1. Vorkaufsrecht

a) Begriff und Arten

Das Vorkaufsrecht dürfte Ihnen aus dem zweiten Buch des BGB bekannt sein. Lesen Sie – zur Wiederholung – die §§ 463 ff. 378

- Wie kann also ein Kaufinteressent (zu dessen Gunsten ein schuldrechtliches Vorkaufsrecht besteht) den Vertrag, den der Verkäufer mit einem Dritten schließt, an sich ziehen?
- ▶ Er übt gegenüber dem Verpflichteten das Vorkaufsrecht aus. Gemäß § 464 II kommt dann der Kaufvertrag mit dem Verkäufer unter den Bestimmungen zustande, welche dieser mit dem Dritten vereinbart hat.

Auf diese Vorschrift zum **schuldrechtlichen** Vorkaufsrecht verweist § 1098 II auch für das in den §§ 1094 ff. geregelte **dingliche** Vorkaufsrecht.

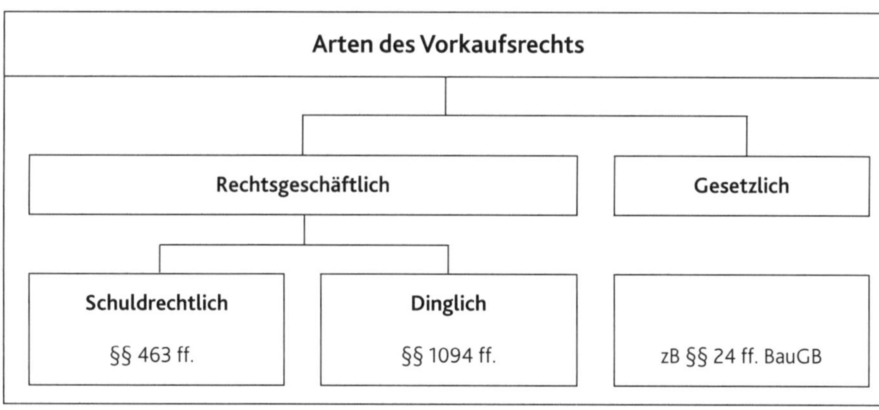

Das **schuldrechtliche Vorkaufsrecht** betrachten wir zunächst mit 379

Übungsfall 43

Der Nachbar N ist seit langem schon an dem – neben seinem Wohnhaus gelegenen – Grundstück des E interessiert. Da E zurzeit noch nicht verkaufen will, vereinbaren beide zugunsten des N ein Vorkaufsrecht.
Nach zwei Monaten verkauft E das Grundstück an seinen Freund F.

- Wie kann F überhaupt Eigentümer des Grundstücks werden?
- ▶ Gemäß §§ 873, 925 wird F Eigentümer durch Einigung (= Auflassung iSd § 925) und Eintragung ins Grundbuch.[422]

422 Falls nicht mehr gewusst → **Rn. 222 f.**

Sobald also F im Grundbuch eingetragen ist, ist er wirksam Eigentümer des Grundstücks geworden.

■ Welcher Anspruch kommt dann für N in Betracht?
▶ N kann lediglich einen Schadensersatzanspruch gegen E gem. §§ 435, 437 Nr. 3, 280 I und III, 283 geltend machen.

Anhand dieses kleinen Falles wird deutlich, dass ein *schuldrechtliches Vorkaufsrecht* den Berechtigten nicht genügend sichert. Denn ein wirksamer Kaufvertrag kann auch mit einem Dritten (hier: F) zustande kommen und der Dritte ungehindert das Eigentum an dem Grundstück erwerben.

■ Ein weiterer Nachteil ergibt sich aus § 473 (lesen!). – Welcher?
▶ Das Vorkaufsrecht ist grds. nicht übertragbar und erlischt mangels anderer Vereinbarung mit dem Tod des Berechtigten.

Außerdem kann das schuldrechtliche Vorkaufsrecht jeweils nur für *einen* Verkaufsfall bestellt werden.[423]

380 Durch ein **dingliches Vorkaufsrecht** werden diese Nachteile vermieden. Während das persönliche (schuldrechtliche) Vorkaufsrecht nur schuldrechtliche Beziehungen zwischen dem Vorkaufsberechtigten und dem Vorkaufsverpflichteten begründet, ist das dingliche Vorkaufsrecht ein dingliches Recht[424] und wirkt deshalb auch *gegenüber Dritten* wie eine *Vormerkung* (§ 1098 II).

Hinweis: Notieren Sie § 883 II 1 neben § 1098 II und lesen sowie dazu ggf. nochmals → Rn. 242!

■ Was kann Gegenstand dieser beiden Vorkaufsrechte sein? (Ein Blick ins Gesetz ... erleichtert die Rechtsfindung!)
▶ Gegenstand des persönlichen (schuldrechtlichen) Vorkaufsrechts kann gem. § 463 jeder »*Gegenstand*« (also: Sachen oder Rechte) sein, während sich das dingliche Vorkaufsrecht nach § 1094 nur auf *Grundstücke* beziehen kann.

381 Einem **dinglichen Vorkaufsrecht** liegt nicht immer ein persönliches (= schuldrechtliches) Vorkaufsrecht zugrunde.[425] Grundgeschäft kann auch eine Schenkung oder ein entgeltlicher Vertrag sein, demzufolge der Eigentümer gegen eine Vergütung das Vorkaufsrecht bestellt. Der Vorkaufsberechtigte hat damit auch nicht die absolute Sicherheit, später einmal das Grundstück sein Eigentum nennen zu können.

■ Was ist nämlich »Bedingung« für die Ausübung dieses Rechts?
▶ Der *Verkauf* des Grundstücks.
■ Kennen Sie Fälle, in denen das Vorkaufsrecht nicht zum Zuge kommt?
▶ Das ist möglich, wenn das Grundstück nicht an einen Dritten verkauft wird, sondern ihm geschenkt oder mit einem anderen Grundstück getauscht wird.[426]

423 Palandt/*Weidenkaff* Vor § 463 Rn. 6.

424 Dies ist nicht unbestritten. Da es sich aber als Belastung des Grundstücks auswirkt und den Eigentümer in seiner rechtlichen Verfügungsmöglichkeit einschränkt, kommen einige Vorschriften über dingliche Rechte zur Anwendung, vor allem § 873 hinsichtlich seiner Begründung, *Prütting* SachenR Rn. 938 mwN.

425 Ein schuldrechtliches Vorkaufsrecht ist allerdings dann neben der Bestellung eines dinglichen Vorkaufsrechts als **zusätzlich vereinbart** anzusehen (= **Auslegung!**), wenn die Vorkaufsberechtigung bereits vom Vertragsschluss an und unabhängig von der Eintragung des Vorkaufsrechts im Grundbuch bestehen soll, BGH NJW 2014, 622.

426 Palandt/*Herrler* § 1097 Rn. 2.

Beispiel: Dingliche Vorkaufsrechte werden in der Praxis vor allem bei langjährigen Miet- und Pachtverhältnissen bestellt. So zB, wenn ein Händler sein Ladengeschäft auf einen längeren Zeitraum verpachtet und dem Pächter das dingliche Vorkaufsrecht an seinem Grundstück einräumt. 382

In Betracht kommen daneben auch nachbarschaftliche Vereinbarungen – wie in unserem Fall. Ferner vereinbaren die kirchlichen Organisationen üblicherweise dingliche Vorkaufsrechte im Erbbaugrundbuch (erinnern Sie sich? Lesen Sie anderenfalls nochmals → Rn. 337 f.!), wenn sie Erbbaurechte bestellen. So können sie Übertragungen verhindern, die den kirchlichen Zielen zuwider laufen (zB an Sekten oder Bordellbetreiber).

Praktisch bedeutsam sind ferner vor allem die siedlungs- und baurechtlichen **gesetzlichen Vorkaufsrechte**. Der Staat sichert sich mit ihrer Hilfe einen Zugriff auf Grundstücke, um diese dann für bestimmte Zwecke (Landbedarf der Gemeinde soll befriedigt, bebaubarer Boden Bauwilligen zugeführt bzw. die städtebauliche Entwicklung oder Sanierung gefördert werden) zu verwenden. So gibt es das gesetzliche Vorkaufsrecht des Siedlungsunternehmens nach dem Reichssiedlungsgesetz[427] und das der Gemeinden aufgrund der §§ 24 ff. BauGB.[428] 383

b) Entstehung und Wirkung

Das **dingliche Vorkaufsrecht** kann durch Rechtsgeschäft oder durch Gesetz begründet werden. Die gesetzlichen Vorkaufsrechte bedürfen keiner Eintragung im Grundbuch. Das **rechtsgeschäftliche** Vorkaufsrecht entsteht gem. §§ 873 I, 1094 durch Einigung und Eintragung. Es kann zugunsten einer Person (§ 1094 I lesen – also: *subjektiv-persönlich*) oder zugunsten des jeweiligen Eigentümers eines anderen Grundstücks (= *subjektiv-dinglich* – § 1094 II lesen) bestellt werden. Nach § 1097 Hs. 1 ist es in der Regel auf *einen* Verkaufsfall beschränkt. Es kann allerdings auch für *mehrere oder alle Verkaufsfälle* bestellt werden (§ 1097 Hs. 2). 384

Die Wirkung des dinglichen rechtsgeschäftlichen Vorkaufsrechts betrachten wir anhand von 385

Übungsfall 44

Dieses Mal (s. Fall 43) haben N und E durch schriftlichen Vertrag vereinbart, dass das Vorkaufsrecht ins Grundbuch eingetragen werden soll – was auch ordnungsgemäß geschieht. Einige Zeit später gerät E in finanzielle Schwierigkeiten. Deshalb verkauft er das Grundstück an D und erklärt die Auflassung. D wird im Grundbuch ordnungsgemäß als Eigentümer eingetragen. Als N hiervon erfährt, besteht er unverzüglich auf Übertragung des Eigentums am Grundstück an sich.

■ Welche Anspruchsgrundlage kommt für das Begehren des N in Betracht?

▶ N könnte gegen E einen Anspruch auf Übertragung des Grundstückseigentums aus § 433 I 1 haben.

■ Einzige (!) Voraussetzung hierfür ist was?

---

427 Nach §§ 4 ff. RSiedlG haben gemeinnützige Siedlungsunternehmen kraft Gesetzes ein Vorkaufsrecht beim Verkauf landwirtschaftlicher Grundstücke bestimmter Größe.

428 Die Ausübung dieses Vorkaufsrechts erfolgt durch **Verwaltungsakt** (§ 28 II BauGB). Solange die Nichtausübung nicht feststeht, darf das Grundbuchamt **keinen Eigentumswechsel eintragen**. Nachteilige Manipulationen hinsichtlich des Kaufpreises zulasten der Gemeinde verhindert § 28 III 1 BauGB: Danach bestimmt sich die Höhe des von der Gemeinde zu zahlenden Kaufpreises nach dem Verkehrswert des Grundstücks, s. *Baur/Stürner* SachenR § 21 Rn. 34.

▶ Voraussetzung des Grundstücksübereignungsanspruchs ist, dass zwischen N und E ein Kaufvertrag zustande gekommen ist.

Unmittelbar haben beide keinen entsprechenden Vertrag geschlossen. Durch die Ausübung des Vorkaufsrechts könnte ein solcher zwischen N und E gem. § 464 II zustande gekommen sein.

Es müsste also der E dem N

(1.) ein wirksames dingliches Vorkaufsrecht *bestellt* haben,

(2.) der *Vorkaufsfall* muss *eingetreten* sein und N müsste

(3.) das Vorkaufsrecht fristgerecht *ausgeübt* haben.

386 ■ Was setzt die **Bestellung** (1) und damit die Entstehung des dinglichen Vorkaufsrechts gem. §§ 873 I, 1094 voraus?

▶ E und N müssten sich geeinigt haben, dass der Eigentümer des zu belastenden Grundstücks (= E) für den Fall des Verkaufs an einen Dritten und der Ausübung des Vorkaufsrechts durch den Berechtigten (= N) verpflichtet sein soll, das Eigentum zu den mit dem Dritten vereinbarten Bedingungen an den Berechtigten (= N) zu übertragen.

Da die dingliche[429] Einigung zur Bestellung des Vorkaufsrechts formfrei gültig ist,[430] N sich mit E (mit dem Inhalt der §§ 1094 I, 464 II) geeinigt hat und eine entsprechende Eintragung im Grundbuch erfolgte, ist ein Vorkaufsrecht wirksam entstanden.

387 ■ Als weitere Voraussetzung muss der **Vorkaufsfall** (2) eingetreten sein. Was ist darunter zu verstehen?

▶ Gemäß §§ 1098 I, 463 liegt der Vorkaufsfall vor, wenn der Verpflichtete mit einem Dritten einen formgerechten, rechtswirksamen Kaufvertrag über das betreffende Grundstück abgeschlossen hat.

Da der Grundstückseigentümer E (Vorkaufsverpflichteter) die Immobilie wirksam an den Dritten D verkauft hat, ist auch diese Voraussetzung gegeben.

Aus den §§ 464, 469 (lesen!) ergibt sich, dass sich der Berechtigte entscheiden kann, ob er von seinem Vorkaufsrecht Gebrauch machen will. Der Verpflichtete hat ihm nicht nur den Abschluss, sondern auch den Inhalt des von ihm mit dem Dritten geschlossenen Vertrags unverzüglich mitzuteilen.

388 Der Vorkaufsberechtigte muss das **Vorkaufsrecht** innerhalb einer Frist von zwei Monaten **ausüben** (3).

■ Hat sich N an diese Frist gehalten?

▶ Da gem. § 469 II 1 der Empfang der Mitteilung für die Ausübung des Vorkaufsrechts maßgebend ist und N unverzüglich nach Kenntniserlangung seinen Anspruch gegenüber E geltend gemacht hat, wurde die Frist eingehalten.

---

429 Die **schuldrechtliche Vereinbarung** über die Bestellung eines dinglichen Vorkaufsrechts muss hingegen gem. **§ 311b I 1** notariell beurkundet werden; der Formmangel wird jedoch **analog § 311b I 2** durch Einigung und Eintragung des dinglichen Vorkaufsrechts in das Grundbuch **geheilt**, BGH NJW 2016, 2035 Rn. 12.

430 BGH NJW 2016, 2035 Rn. 14; lesenswert dazu *K. Schmidt* JuS 2017, 71.

Die Rechtsfolge ergibt sich aus § 464 II: mit der Ausübung des Vorkaufsrechts kommt *kraft Gesetzes* ein Kaufvertrag zwischen E und N zustande, und zwar zu den Bedingungen, die E mit D vereinbart hat. (So kann N zB nicht geltend machen, der Kaufpreis sei ihm zu hoch.) 389

- Das Ergebnis der Fallfrage lautet deshalb?
- ▶ N hat gegenüber E einen Anspruch auf Übertragung des Eigentums an dem Grundstück gem. § 433 I 1, da ein Kaufvertrag zwischen beiden unter den Voraussetzungen der §§ 873 I, 1094, 1098, 464 II zustande gekommen ist.

Problematisch ist, dass – aufgrund der Eintragung des D im Grundbuch – E nicht mehr Eigentümer des Grundstücks ist. Das Rechtsverhältnis zwischen dem Berechtigten und dem Käufer (D) ist durch Verweisung auf die **Vormerkung** geregelt. Lesen Sie § 1098 II iVm § 888 I sowie zur Vormerkung ggf. nochmals → Rn. 242 f.! Käufer D wird nicht dem Berechtigten N gegenüber zur Eigentumsübertragung verpflichtet. Allerdings ist die Eigentumsübertragung vom Verkäufer E auf den Käufer D dem Vorkaufsberechtigten N gegenüber unwirksam. Gemäß § 888 I muss der Käufer D der Umschreibung des Eigentums auf den Vorkaufsberechtigten N zustimmen. 390

- An welches Verhältnis erinnert Sie dies? 391
- ▶ Das Verhältnis entspricht dem zwischen dem vormerkungswidrig Eingetragenen und dem durch die Auflassungsvormerkung Geschützten.

Da der Käufer D bereits im Grundbuch als Eigentümer eingetragen ist, kann er den Anspruch auf Rückzahlung des bereits entrichteten Kaufpreises nur gegenüber dem Berechtigten N geltend machen (§ 1100 S. 1 lesen!). Durch die Zahlung an D wird N von seiner Verpflichtung zur Zahlung des aus dem Vorkauf dem E geschuldeten Kaufpreises frei (§ 1101).

Das Verhältnis zwischen den Beteiligten lässt sich wie folgt darstellen:

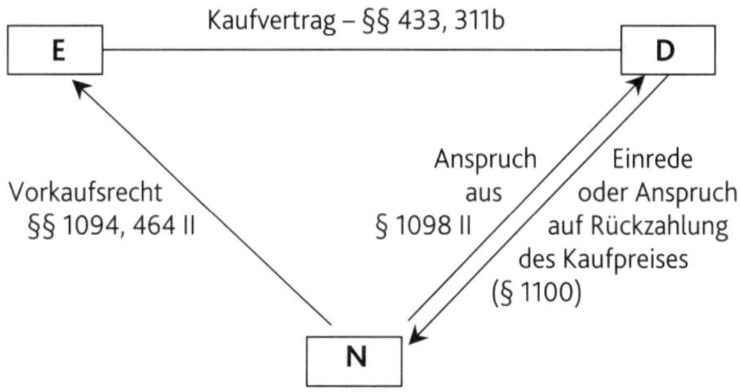

c) Rechtsnatur

Das Vorkaufsrecht ist durch den Verkauf des Grundstücks an einen Dritten bedingt. Es handelt sich um ein **Gestaltungsrecht**. Mit seiner Ausübung wird die Rechtslage umgestaltet: Es kommt zwischen den Parteien des Vorkaufs (= zwischen Verkäufer E und Berechtigtem N) ein gegenüber dem mit dem Dritten geschlossenen Kaufvertrag rechtlich selbstständiger Kaufvertrag zustande. Der Berechtigte tritt also nicht etwa in den zwischen dem Verpflichteten und dem Dritten geschlossenen Vertrag ein, son- 392 dern es bestehen vielmehr zwei Verträge, die sich aber idR nur darin unterscheiden, dass an die Stelle des Dritten der Berechtigte als Käufer tritt.[431] Der Berechtigte wird dadurch Gläubiger und Schuldner eines Vertrages, dessen Bedingungen er selbst gar nicht ausgehandelt hat.[432] Lesen Sie nun die Zusammenfassung auf Übersicht 25, → Rn. 393.

Übersicht 25

393

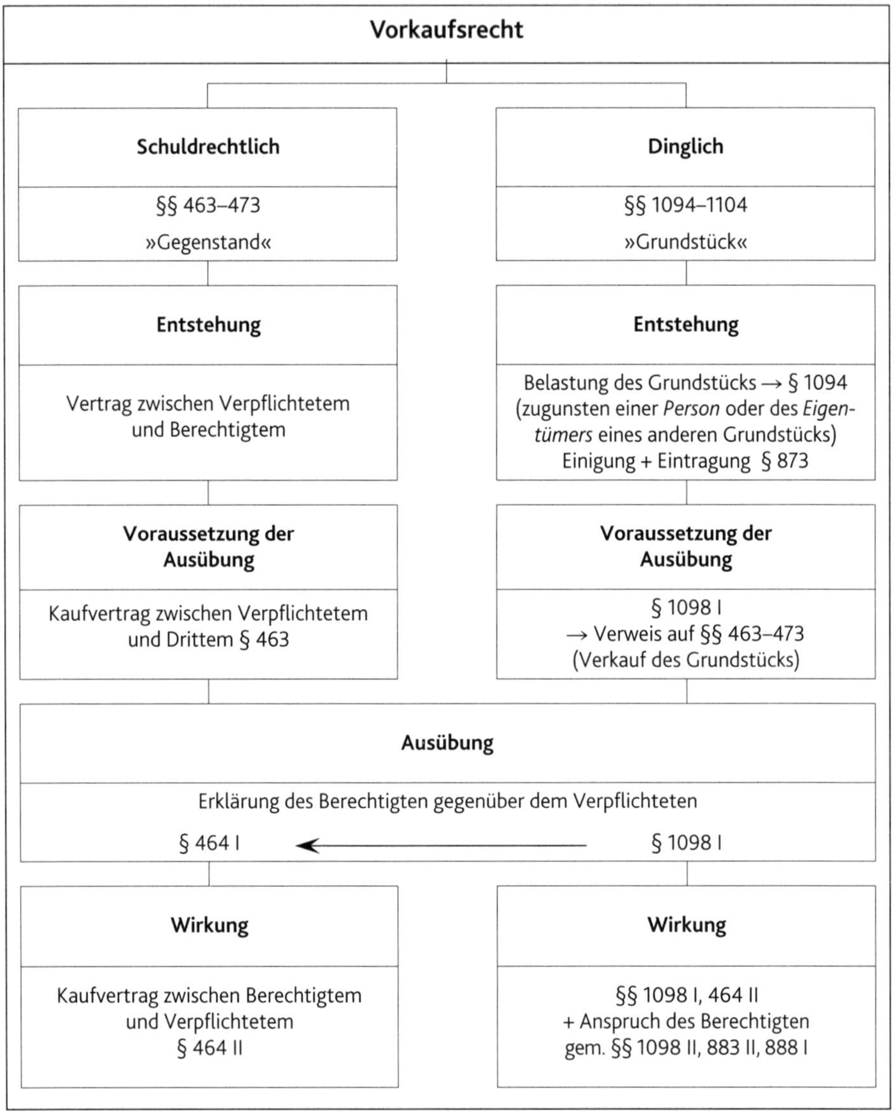

431 Jauernig/*Berger* § 464 Rn. 4; Einzelheiten zur Rechtsnatur des Vorkaufs bei MüKoBGB/*Westermann* § 463 Rn. 7.

432 *Prütting* SachenR Rn. 938.

2. Reallast

a) Überblick

Gemäß § 1105 I (wie immer: lesen!) sind kraft einer Reallast an den Berechtigten wiederkehrende Leistungen aus dem Grundstück zu entrichten. 394

- An welche Formulierung (Tipp: Grundpfandrechte!) erinnert Sie diese Vorschrift?
- Die Formulierung erinnert an die Rentenschuld iSd § 1199, denn dort ist für das Grundpfandrecht eine ähnliche Verpflichtung des Grundstückeigentümers vorgesehen.
- Worin besteht zwischen beiden Rechten der Unterschied? (§ 1105 und § 1199 zur Wiederholung lesen!)? 395
- Bei der Rentenschuld lautet die Pflicht auf Zahlung. Bei einer Reallast schuldet der Eigentümer des belasteten Grundstücks wiederkehrende Leistungen aller Art.

> **Beispiel:** Hierzu gehören neben Geld- auch Dienst- und Sachleistungen, wie zB die Unterhaltung einer Grabstätte, Unterhaltung und Betrieb einer Fähre; Unterhaltungs- und Baulasten, Lieferung von Erzeugnissen des Grundstücks.[433]

Auch wenn der Wortlaut des § 1105 dahingehend zu verstehen ist, dass die Leistungen *aus dem Grundstück* zu erbringen sind, heißt das nicht, dass diese aus dem Grundstück gewonnen werden müssen. Vielmehr haftet das Grundstück für die Erbringung der Leistungen, dh wenn die Leistungen nicht erbracht werden, darf der Reallastberechtigte das Grundstück im Wege der Zwangsvollstreckung verwerten (§§ 1107, 1118 iVm § 1147). Der jeweilige Eigentümer des Grundstücks muss dann die Zwangsverwaltung oder Zwangsvollstreckung in seine Immobilie dulden. Damit kann die Reallast auch als Kreditsicherungsmittel eingesetzt werden. 396

b) Entstehung und Rechtsfolgen

Reallasten werden in der Praxis vor allem zur Sicherung von privaten Rentenansprüchen bestellt: So kann der Eigentümer sein Grundstück gegen eine private Altersrente auf einen anderen übertragen.[434] Häufig kommt auch eine Hofübergabe vor – wie in 397

Übungsfall 45

Der 70-jährige Bauer B übergibt seinen landwirtschaftlichen Betrieb an seinen Sohn S. Dieser wird im Grundbuch als Eigentümer eingetragen. B und S vereinbaren, dass dem B das sog. Altenteil zustehen soll. Dieses umfasst eine monatliche Rente in Höhe von 500 EUR, weitere 600 EUR für den Lebensunterhalt, jährlich drei Zentner[435] Kartoffeln sowie die Pflege des B im Krankheitsfall. Was müssen B und S zur Absicherung des B veranlassen?

- Wie Sie sicher gemerkt haben, geht es darum, die Voraussetzungen für die Bestellung einer Reallast aufzuzeigen!

433 Vgl. MüKoBGB/*Mohr* § 1105 Rn. 23.
434 S. *Wolf/Wellenhofer* SachenR § 26 Rn. 41 mit weiteren Bsp.
435 **1 Zentner** = 100 Pfund = **50 kg**.

▶ Gemäß §§ 873, 1105 müssen sich S und B dahingehend einigen, dass der jeweilige Eigentümer des Grundstücks verpflichtet sein soll, bestimmte wiederkehrende Leistungen für B zu erbringen.

Die Reallast entsteht mit der Eintragung ins Grundbuch, Abteilung 2.

398 ■ Welche Rechtsfolgen ergeben sich hieraus?

▶ Der jeweilige Eigentümer des Grundstücks ist verpflichtet, die in der Vereinbarung genannten Einzelleistungen zu erbringen.

■ Was passiert, wenn S die Verpflichtung zur monatlichen Rentenzahlung nicht erfüllt? Lesen Sie auch § 1108!

▶ Zum einen haftet hierfür das Grundstück, zum anderen der Eigentümer persönlich mit seinem gesamten Vermögen.

Diese beiden Ansprüche stammen aus der Reallast. Auch wenn S das Grundstück an einen Dritten D veräußern und übereignen würde, müsste D aus der Reallast an B zahlen.

399 Unabhängig davon ist aus dem Übergabevertrag zwischen B und S ein *schuldrechtlicher* Anspruch auf Zahlung der Beträge und Erbringung der Leistung entstanden.

■ Kann B hieraus Ansprüche auch gegen den Erwerber D des Grundstücks geltend machen?

▶ Grds. besteht dieser Anspruch nur zwischen S und B (= Parteien des Schuldverhältnisses). Ein Erwerber tritt nur aufgrund einer Schuldübernahme ein.

400 Aus den §§ 1110 und 1111 (wie immer: lesen!) ergibt sich, dass die Reallast als subjektiv-dingliches Recht oder als beschränktes persönliches Recht bestellt werden kann.

c) Rechte und Pflichten der Beteiligten

401 Da der jeweilige Eigentümer des Grundstücks haftet, kann der Reallastberechtigte von diesem die Duldung der Zwangsvollstreckung in das Grundstück verlangen. Für die während der Dauer seines Eigentums fällig werdenden Leistungen haftet der Grundstückseigentümer daneben auch persönlich (§ 1108 I).

Eine Inhaltsänderung der Reallast ist nach den §§ 877, 873 möglich; es kann der Umfang der Leistungsverpflichtung erhöht oder ermäßigt werden. Die Aufgabe dieses dinglichen Rechts bestimmt sich nach §§ 875, 876.

(Lesen Sie zur Wiederholung nun Übersicht 26.)

Übersicht 26

402

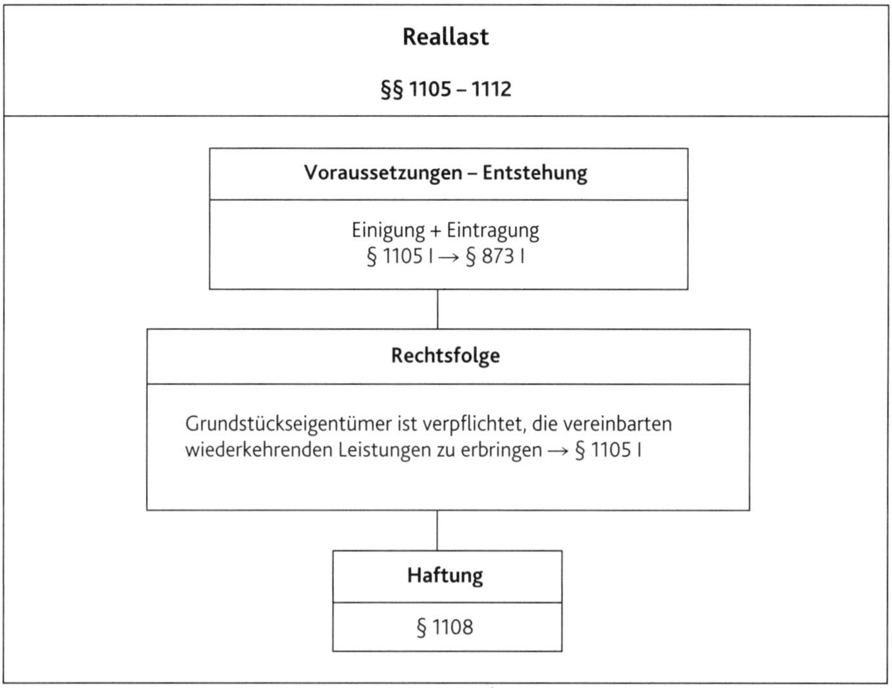

Literatur zur Vertiefung (→ Rn. 378–402): *Alpmann und Schmidt* SachenR II 4. Teil 4. und 5. Abschn.; *Baur/Stürner* SachenR §§ 21, 35; *Becker,* Das Anspruchssystem der privatrechtlichen Reallast (§§ 1105 ff. BGB), JA 2013, 171; *Helms/Zeppernick* SachenR II Kap. 6 und 9 D; *Kohler,* Dingliches Vorkaufsrecht und Gutglaubensschutz gemäß § 893, ZfIR 2016, 809; *Prütting* SachenR §§ 82, 83; *K. Schmidt,* Dingliche Einigung ohne notarielle Beurkundung (Entscheidungsbesprechung BGH Urt. v. 8.4.2016 – V ZR 73/15), JuS 2017, 71; *Schreiber* SachenR 5. Teil 3. Kap. F, E III; *Schreiber,* Die Vorkaufsrechte des BGB, JURA 2012, 114; *Vieweg/Werner* SachenR § 16 V, VI; *Weber* SachenR II § 12, 20; *Westermann/Gursky/Eickmann* SachenR §§ 124, 125; *Wolf/Wellenhofer* SachenR § 18 Rn. 31 ff., § 26 Rn. 40 ff.

Sachverzeichnis

(Die Zahlen beziehen sich auf die Randnummern.)